밥의 인문학

이 저서는 2013년 정부(교육부)의 재원으로 한국연구재단의 지원을 받아
수행된 연구이다(NRF‒2013S1A3A2055243).

밥의 인문학

한국인의 역사, 문화, 정서와 함께해온 밥 이야기

정혜경 지음

아주 따뜻한 '밥' 한 그릇

이 책은 우리가 매일 먹는 '따뜻한 밥 한 그릇'에 관한 이야기다. 현재 대학에서 영양학을 가르치고 있는 나의 학문적 근거는 '서구 영양학'이다. 식단이나 식재료 분석의 소재도 대개 서구식에 기반을 둔다. 그러나 서구의 영양체계는 세계인들이 광범위하게 고통받고 있는 비만과 만성질환 문제의 주범으로 지목된 지 오래다. 칼로리와 영양이 사람의 건강을 100퍼센트 책임지지 못하는 탓이다. 서양인들이 일본과 한국을 비롯한 동양의 식문화에 고개를 돌리게 된 것도 그런 맥락에서다.

건강의 핵심은 어떤 먹을거리를 먹어왔는지, 앞으로 무엇을 먹을 것인지 선택하는 데 있다. 지역환경 조건에 의해 주로 육식과 빵을 선택한 서구는 경제적으로는 선진국일지 몰라도 건강 면에서는 불우하다. 하지만 '밥'을 음식의 기반으로 한 우리는 건강 면에서나 문화 면에서 축복받은 민족이다. 세계 최초로 추정되는 1만 5000년 전의 볍씨가 우리 땅 충북 소로리에서 발견되었을 만큼 줄기차게 밥을 사랑하고 먹어온 민족이다. 그뿐인가? 우리 민족은 밥을 잘 먹기 위해 자랑스러운 발효음식인 간장, 된장 그리고 김치까지 만들어냈다. 밥은 우리 민족이 5,000년의 역사를 살아내게 한 가장 큰 원동력이다. 김이 모락모락 나는 흰쌀밥은 한때 한울님으로 숭배되었다. 오랜 가난에서 벗어나려는 희망의 상징이 되었고, 또 한때는 민족의 한恨의 대상이 되기도 했다. 밥은 그렇게 우리 민족과 운명을 같이한다. 그러므로 우리 사회에서 밥의 중심이 되는 쌀에 대한 관심도 역사와 더불어 줄기차게 이어져 내려온 게 당연하다.

그동안 쌀에 모아진 관심은 크게 두 가지로 나뉜다. 하나는 경제·자원적인 측면으로, 여기에 대해서는 그동안 많은 연구가 이루어졌다. 다른 하나는 인문학적인 접근이라고 볼 수 있으나, 지금까지는 우리 사회에서 미미한 관심밖에 끌지 못했다. 쌀의 경제·자원적인 접근—과거에 쌀이 권력의 핵심으로 작용한 결과로 인해—은 착취적인 식민주의적 경향을 띤다. 현재 쌀 시장의 개방 문제도 이 같은 맥락의 접근으로 보인다. 반면, 쌀을 문화적 논리로 풀어보려는 노력은 그동안 힘이 없는 소수의 논리였다. 그러는 사이 우리 사회에서는 쌀이 가진 의미는 약화되고, 식생활에서 우위를 차지했던 '주식主食'의 위치마저 흔들리게 되었다. 쌀이 경제·자원적인 측면에서 힘을 가지려면 무엇보다 먼저 문화적인 접근이 필요하다. 쌀로 짓는 밥은 우리 한식의 기본이자 핵심이다. 음식은 단순히 경제·기술적인 측면에서만 접근할 수 없는 고유한 문화의 영역에 속한다. 밥을 이야기하면서 "인문학적 시각의 논의가 필요하다"고 주장하는 건 이같은 맥락에서다. 그래야만 우리 밥의 위상이 흔들림으로 인해 건강이 흔들리고, 사회까지 흔들리는 위험한 상황을 타개해나갈 수 있다.

이 책은 밥이 한국인에게 가지는 가치와 의미를 인문학의 시각에서 풀어가는 작업에 방점을 찍는다. 그러나 밥의 과학을 제대로 설명하고, 잘 모르면서도 아는 것처럼 지나가는 밥의 조리법, 그리고 밥과 건강의 문제를 함께 짚어보는 것도 빠뜨리지 않았다. 현재 한국인의 밥, 밥상, 쌀에 대해 이야기하는 책은 비교적 많이 출판되어 있다. 특히 쌀에 관한 책이 많은데, 주로 쌀의 사회경제적 문제점을 다룬다. 그러나 이러한 책들은 젊은이들의 감성에는 맞지 않는다. 나는 젊은이들이 우리 민족의 핵심인 '밥'에 흥미를 가지지 않고 외면하는 현실이 큰 문제라고 늘 생각해왔다. 한국 전통문화의 우수성이나 계승에 대해 많이 이야기하지만, 실제로 우리의 의식주 가운데 현대까지 살아남은 분야는 식생활뿐이다. 물론 지금은 식생활마저도 젊은 세대에게 외면당하는 처지지만! 젊은 세대가 즐기고 사랑하지 않는 문화는 살아남기 어렵다. 내가 '밥'을 이야기하는 것은 이런 우려 때문이다. 1970년대까지만 해도 우리의 1인당 쌀 섭취량은 1년에 140~150킬로그램이었다. 지금은 70킬로그램이다. 더 이상 곤두박질 칠 수 없을 만큼 바닥으로 떨어졌다. 이대로 간다면 밥이 우리 밥상에서 사라질지도 모른다. 부디 이 땅의 젊은 세대들이 이 책을 읽고, 우리 문화의 마지막 보루인 밥을 사랑해주기 바란다.

　이 책은 총 5부로 구성되었다. 제1부에서는 우리 역사 속의 밥과 쌀 이야기를 통해 쌀의 역사적 뿌리를 찾아보았다. 이를 위해 선사시대, 삼국시대, 고려시대, 조선시대 그리고 근대와 일제강점기, 현대에 이르기까지, 우리 밥과 쌀의 굴곡진 역사를 간략히 짚어보았다. 제2부에서는 한국인의 상징으로서 밥의 문화사를 연대기별로 살폈다. 밥 없이는 치르지 못하는 통과의례와 집집마다 모셨던 신줏단지 속 쌀 이야기, 권력의 상징으로서의 밥, 엄청난 대식가였던 조선인들 그리고 조선시대 이후 고조리서에 등장하는 우리가 잃어버린 밥들을 찾아보았다. 그러다 보니 과거 밥의 원형을 오히려 북한에서 출판된 조리서 속에서 만날 수 있었고, 여기서 이를 소개했다. 앞으로 잊히지 않고 살아남기를 바라는 마음에서 팔도의 명물밥 요리도 소개한다. 제3부에서는 이 책의 최초 집필 동기라고도 할 수 있는 밥에 얽힌 아름다운 이야기를 찾아 소개했다. 제4부에서는 '밥의 과학'이라는 측면에서 최근 쌀의 장점으로 부각되고 있는 건강상의 효능이 과연 얼마나 과학적인지 꼼꼼하게 따져보고, 조리과학적인 측면에서 밥을 효과적으로 지을 수 있는 방법도 살폈다. 마지막으로 제5부에서는 현재 우리가 먹고 있는 다양한 밥을 중심으로, 이에 얽힌 이야기와 조리법들을 수록했다. 이 책을 읽은 독자들에게 드리는 실질적인 팁이 되었으면 좋겠다.

책을 쓰는 내내 스스로 정화되고, 치유되고 있다는 느낌이 들었다. 음식을 공부하고, 대학에서 학생들을 가르치고, 두 아이를 키워내면서 살았던 과정은 대부분의 직장여성과 마찬가지로 내게도 전쟁터였다. 그러나 당연한 일로 받아들였고 누구로부터도 특별히 위로를 받는다거나 하지 못했다. 그런데 바쁜 일상의 전쟁터에서 시간을 쪼개고 쪼개 '밥 이야기'를 쓰는 동안 나는 예기치 못한 선물을 받았다. 작업을 통해 오히려 내가 위로받았기 때문이다. 이는 아마도 모든 사람이 가지는 '밥은 따뜻한 것'이라는 생각 때문이 아니었을까?

그리고 또 한 가지 즐거움이 나를 찾아왔다. 글 쓰는 틈틈이 다시 요리를 시작하게 되었다는 점이다. 매일 음식 이야기를 하면서도 일에 치여서 직접 요리하기가 어려웠는데, 이제 다시 요리를 하기 시작한 것이다. 그러면서 또 한 번 요리의 힘, 음식의 힘을 느끼게 되었다. 정말이지 큰 행운이 아닐 수 없다. 이 모든 것이 '따뜻한 밥 한 그릇'이 주는 힘이었다고 고백한다면 과장일까?

밥의 역사와 조리과학까지 욕심껏 다루다 보니 다소 딱딱한 느낌도 든다. 하지만 이 책을 끝낸 지금, 나는 서구 영양학을 공부하면서 품었던 의문에서 시작한 '한국음식문화에 대한 내 공부의 역사'가 떠올라 가슴이 설렌다. 초심으로 돌아간 기분이 든다.

처음 공부를 시작할 때 한식에 대해 가졌던 경이와 그때의 가슴 떨림을 기억하여 '한국인의 밥'을 썼고, 그 일을 끝낸 지금 나는 이 책을 통해 다시 태어난 느낌이다. 한 가지 아쉬운 점은 사람들의 가슴을 울리는 따뜻한 밥 이야기, 사랑이 듬뿍 담긴 밥 이야기를 마음먹은 대로 구현하지 못했다는 것이다. 오랫동안 한식을 사랑하고 한식 전도사를 자청하면서 살아온 사람으로서, 정작 사람들의 가슴을 따뜻하게 데워주는 음식 이야기를 풀어내지 못한 데 늘 아쉬움을 가지고 있었는데, 이 책으로 그 빚의 일부나마 갚게 되어서 마음이 좋다.

이 책이 출간되기까지 감사해야 할 분들이 많다. 현재 나는 사회과학자들이 주로 모여 먹거리를 연구하는 한국연구재단의 'SSK 먹거리 지속가능성 연구단'에 자연과학 전공자로 참여하고 있다. 지난 1년간 이분들과의 치열한 학제 간 공부를 통해 다양한 학문과 연결되어 있는 먹거리체계 및 운동의 성격을 이해하게 되었다. 이 과정 덕분에 문화와 과학의 만남을 지향하는 이 책의 출간에 용기를 낼 수 있었기에 이에 감사드린다. 또한 전문서적 출판이 어려운 상황에서도 음식 관련 책을 꾸준히 발간하는 도서출판 따비의 박성경 대표께서 이 책의 출판을 흔쾌히 허락해준 데 대해서도 감사함을 전한다. 무엇보다 나의 졸고를 꼼꼼히 읽고 수정해준 신수진 선생께도 감사드린다.

그리고 무엇보다 늘 바쁜 엄마의 '따뜻한 밥 한 그릇'이 그리웠을 나의 가족들에게 사랑과 고마움, 위로를 전한다.

2015년 4월

호서대학교 식품영양학과 정혜경

차례

'밥'은 운명이다

한국음식의 핵심은 밥이다. 이렇게 말하면 사람들은 대개 "밥이야 매일 먹는 건데, 새삼스레 뭐가 중요하다는 거지?" 하면서 고개를 갸우뚱한다. 언젠가 '한국음식의 핵심은 밥이다'는 기사가 인터넷을 통해 나갔을 때도 그랬다. 생각보다 너무 많은 댓글이 달려서 놀란 적이 있다. 부정적인 의견도 많았다. "어째서 밥이냐? 말도 안 된다. 김치나 간장, 된장같이 우수한 한국 고유의 발효음식도 많은데 어떻게 밥이 핵심이냐?"처럼 말이다. 심한 표현도 많아서 적지 않게 당황했지만, 더욱 놀라웠던 건 사람들이 한국음식에 관심이 많다는 사실이었다. 우리 음식에 대한 애정의 깊이를 확인하는 순간이었다. 나로서는 한식의 핵심을 정확히 짚어보고 함께 생각해보는 계기가 필요하다고 절감한 순간이기도 했다. 한식은 우리의 정신이자 혼으로서 모든 사람이 관심을 갖는 핵심적인 문화라는 것. 그렇다면 무엇보다도 우리 전통음식의 핵심인 '밥'을 먼저 공부해야 하지 않을까?

흔히 한국음식을 말할 때면 김치나 간장 같은 발효음식을 거론한다. 매운 음식 이야기도 많이 한다. 하지만 이런 태도는 한국음식의 핵심을 바로 보지 못한 처사다. 한국음식 가운데 왕중 왕은 '밥'이다. 한국인은 밥을 먹기 위해 김치나 간장 같은 발효음식을 반찬으로 먹는 것이지, 반찬을 먹으려고 밥을 먹는 게 아니다. 다시 말해 밥 이외의 부식들은 밥이 없으면 아무 의미가 없다. 우리가 맛있는 반찬들, 예를 들어 잘 익힌 간장게장이나 맛깔스러운 젓갈, 장아찌를 만날 때 "밥도둑"이라고 꼭 한마디 하고 넘어가는 것만 봐도 그렇다. 아무리 맛있는 반찬이라한들 밥이 없으면 먹을 수가 없다. 밥만 먹을 수는 있어도 반찬만 먹을 수는 없다. 밥이 없으면 한식은 성립되지 않는다.

한국음식문화의 가장 큰 특징은 무엇일까? 대개 '여러 사람이 모여 밥을 먹는 것'이라고 생각한다. 틀린 말은 아니지만, 그렇다고 만족할 만한 대답도 아니다. 밥을 먹는 것은 맞지만 좀더 정확히 말하면 '밥을 주식으로 하고 그 외의 국이나 반찬들을 부식副食으로 먹는 주·부식형의 식사 관습이다'라는 것이 정확한 답이다. 물론 밥이라고 할 때 쌀로 지은 것만을 지칭하지는 않는다. 넓게 보면 보리나 콩, 팥, 조 같은 곡식 전체를 밥이라고 할 수 있지만, 대체적으로 쌀밥이 우세하다. 과거, 일반 평민들에게는 쌀밥을 먹을 기회가 1년에 몇 번 없었다. 삼국시대를 보자. 한반도 북쪽에 사는 평민들은 주로 조나 기장을 먹었고, 남부의 평민들은 보리를 먹었다. 남부에 사는 귀족층 정도

만이 쌀을 먹었다. 이 시기의 쌀밥은 부귀의 상징이자 소망의 대상이었다.

한국인에게 밥은 의미가 매우 크다. 동학의 2대 교주였던 해월 최시형 선생은 "밥이 하늘(한울님)이다"라고 주장했다. 조상들이 밥을 얼마나 소중하게 여겼는지 알 수 있게 해주는 발언이다. 뿐만 아니다. '밥이 보약이다'라는 믿음도 우리에겐 익숙하고 굳건하다. 또 '밥 한 알이 귀신 열을 쫓아낸다'는 속담을 보아도 한국인에게 밥이 얼마나 소중했는지 짐작하고도 남는다. 지금은 또 어떤가? 아직도 많은 한국인은 "한국음식"이라고 말하는 순간 '김이 모락모락 나는 희고 기름진 쌀밥'을 연상한다. 이 땅의 어머니들이 집 나간 자식을 기다리면서 구들목에 묻어두었던 것도 흰쌀밥이었고, 유화부인이 집 떠나는 아들 주몽의 손에 쥐어준 것도 곡식 씨앗이었다. 흥부의 박에서 제일 먼저 나온 것도 금은보화가 아니라 흰쌀밥이었다. 그만큼 쌀밥은 우리 민족과 가깝다. 떨어질 수 없는 운명 공동체 같은 존재다. 오죽하면 모 식품회사에서 '햇반'이라는 이름으로 밥을 만들었겠는가. 그냥 출시한 정도가 아니라 대히트를 기록하지 않았던가. 이전이라면 누가 과연 쌀을 쪄서 팔 생각을 했을까.

쌀의 특징은 무엇일까? 다른 식재료와 비교할 때 어떤 점이 두드러질까? 답은 바로 '가공을 많이 하지 않은 채 오래 먹어도 질리지 않는 곡물'이다. 서양의 대표적인 작물인 밀을 보자. 밀은 가공하지 않은 채로 먹을 수 없다. 일단 가루로 만든 다음 이스트 같은 팽창제를 넣고 소금이나 버터를 가미해서 빵으로 만들어야 먹을 수 있다. 국수로 만든다고 해도 조리를 한 다음 국물에 말아 먹거나 양념을 해서 먹어야지, 마른 면만 먹을 수는 없다. 생각해보면 쌀은 참 대단한 식품이다. 조리법도 단순하고 매일 먹어도 질리지 않으니까! 쌀이 완전식품에 가깝다는 증거이기도 하다.

　쌀이 얼마나 기가 막힌 식품인지 살펴보자. 우선 쌀은 단맛이 있다. 따라서 먹기가 좋다. 소화가 잘 될 뿐만 아니라 칼로리가 높다. 한마디로 쌀은 '식품성'이 높다. 이 사실은 한자에도 고스란히 반영되어 있다. 가령 '곡물 곡' 자인 穀을 보자. 벼 화禾가 변으로 쓰인다. 그런가 하면 단일 글자로 가장 많은 뜻을 가졌을지도 모르는 기氣 자를 보자. 여기에도 쌀 미米가 들어간다. '기'라는 것은 유형·무형의 기운을 뜻하는 것으로, '자연 만물의 기본적인 그 무엇'을 뜻한다. 그것이 쌀로 구성되어 있다는 것은 바로, '쌀이 만물의 근본'이라는 말이다. 동양에서는 그만큼 쌀을 중요한 것으로 여겼다. '곡' 자나 '기' 자는 우리가 늘 접하던 글자들이다. 그런 일상적인 단어에 쌀을 뜻하는 글자가 숨어 있다니, 재미있는 일 아닌가! 과거의 왕조에서는 쌀로 세금租(이 글자도 禾 변으로 되어 있다)을 받았고, 때로는 화폐의 기능도 했다. 문자에 이런 정황이 반영된 것도 결코 이상한 일은 아니다. 심지어 인체의 배설물을 지칭하는 분糞 자에도 쌀 미米가 들어 있다. 물론 분糞에는 우리가 먹어서 생긴 온갖 배설물이 다 들어 있지만, 그중 가장 중요한 내용물은 역시 밥이다. 그래서 米를 넣었을 것이다.

이처럼 생명과 같은 구실을 했던 쌀이 요즘 와서 천덕꾸러기
가 되고 있다. 과거에 늘 모자라 전전긍긍했던 쌀은 농업혁명으
로 일대 전환기를 맞는다. 급기야 1980년대 들어서면서 쌀 생
산량이 급증, 남아돌 정도가 되었다. 게다가 요즘에는 쌀을 마
치 비만과 당뇨의 주범인 양 취급하는 일이 벌어지고 있다. 젊
은이들 가운데서는 "다이어트를 하려면 탄수화물을 줄여야
한다"면서 쌀을 기피하는 기현상까지 벌어지고 있다. 하지만 이
것은 하나만 알고 둘은 모르는 이야기다. 쌀이 그 정도밖에 안
된다면, 왜 우리 조상들이 수천 년 동안 쌀을 주식으로 먹었겠
는가? 또 전세계 인구 가운데 쌀을 주식으로 하는 인구가 다른
곡식을 주식으로 하는 인구보다 훨씬 많은 것은 어떻게 설명할
수 있겠는가? 남아시아나 동남·동북아시아 사람들의 주식도 쌀
이다. 쌀은 가장 많은 인류가 먹는 먹거리임에 틀림없다. 아이
러니한 것은 요즘 빵을 주식으로 하는 서구권에서 다이어트의
가장 확실한 방법으로 '쌀'을 추천한다는 점이다. 그뿐인가. 외
국에서는 지금 쌀 먹기를 장려하는 '쌀 축제'를 벌이는 중이다.
이제 우리 민족의 생명줄이었던 밥에 대해 다시 생각할 때다.
'한식 세계화'보다 중요한 것은 '쌀과 밥의 중요성을 인식하고
그 건강하고 따뜻한 문화를 복원'하는 일이다. 이 책은 우리 민
족의 운명인 밥에 관한 이야기다.

1부

허스토리Herstory

_ 한국인의 밥史

우리는 왜 밥을 먹는가? 언제부터 밥을 먹어왔고, 어떤 변천의 과정을 거쳐 오늘에 이르렀는가? 이러한 의문에 답하는 것부터 이야기를 시작하자. 우리는 주식이 무엇인가에 따라 지구상의 사람들을 대개 두 그룹으로 나눈다. 한 그룹은 밀가루로 만든 빵을 먹는 민족이고, 다른 한 그룹은 쌀로 지은 밥을 먹는 민족이다. 밀 재배가 용이했던 서구에서는 빵이, 고온 다습한 기후에 적합한 쌀 재배가 용이했던 아시아에서는 밥이 주식으로 자리 잡게 되었다. 우리나라 사람들의 주식도 오래전부터 밥이다.

밥을 지을 때 가장 중요한 곡물인 쌀을 먹기 시작한 것은 언제부터일까? 그리고 밥은 어떻게 변해왔을까? 간단하게나마 선사시대의 밥부터 시작해서 삼국시대, 통일신라시대를 거쳐 고려시대, 조선시대 그리고 일제강점기를 헤쳐 현대에 이르기까지 '우리 밥의 역사herstory'를 돌아보자. 내가 굳이 밥의 역사에 '허스토리'를 쓰는 것은 밥의 속성이 사랑이라고 생각하는 탓이다. 사랑의 상징은 어머니이고, 어머니는 세상에서 가장 아름다운 여성이니까.

밥은 하늘입니다

김지하

밥은 하늘입니다
하늘을 혼자 못 가지듯이
밥은 서로 나눠 먹는 것
밥은 하늘입니다

하늘의 별을 함께 보듯이
밥은 여럿이 같이 먹는 것

밥이 입으로 들어갈 때에
하늘을 몸 속에 모시는 것
밥은 하늘입니다

아아 밥은 서로 나눠 먹는 것.

선사시대의 밥

밥이 없는 구석기 다이어트

최근 '구석기 식사'라는 게 건강식으로 소개되면서 사람들의 관심을 끌었다. 구석기 식사란 구석기인들이 먹었던 음식이라는 의미다. 사냥으로 잡은 고기, 채집한 채소와 과일로 구성된 식단이다. 즉 곡물과 가공식품을 삼가는 식사인 셈이다. 곡물에서 상당량의 에너지를 보충하는 현대인의 식사법을 바꾸라는 뜻이기도 하다. "채소와 고기를 실컷 먹어라. 그러면 살이 쏙 빠질지니!"라고 말하는 《구석기 다이어트》[1]는 특히 현대인들의 살빼기에 효과적이라고 말한다. 이런 식사는 동물성 지방과 단백질 위주로 구성된 식단으로 다이어트하는 것과 비슷한 효과가 있다. 얼마 전 대유행했던 육식 위주의 황제 다이어트와 일맥상통한다. 그런데 황제 다이어트를 유행시킨 장본인 로버트 앳킨스Dr. Atkins 박사가 100킬로그램이 넘는 체중과 심장질환으로 사망한 것이 알려지면서 충격을 던져주었다. 고기 위주의 식사를 하면 일단 체중 감소에는 효과적이지만, 그 후 요요현상이나 신체의 산성화 같은 부작용이 따를 수 있다. 그런데도 단지 '살이 빠진다'는 이유만으로 현대인에게 받아들여진다. 구석기 식사법이 건강에 좋다면서 무조건 받아들일 게 아니라 '왜 좋은지, 구석기인들은 왜 그러한 식사를 할 수밖에 없었는지'를 먼저 알아봐야 할 것이다.

구석기 식사에서 곡물, 즉 우리가 주식으로 삼는 밥이 빠진 이유는 무엇일까? 구석기시대에는 농경이 본격적으로 시작되지 않았다. 따라서 곡물을 제대로 섭취하기가 어려웠다. 우리나라에서 농경이 시작된 시기는 신석기 중기로 본다. 그 전까지는 동물 사냥에 의존하거나 야생 채소, 과일을 주워 먹었다. 또 해변이나 강가에서 나오는 어패류를 채취해서 먹기도 했다. 그러다가 농경생활이 우세해지면서 식생활을 혁신하게 되었는데, 이때 벼농사의 공로가 가장 컸다. 이 땅에 가장 혁신적인 변화를 가져온 사건이라 할 만하다. 벼농사가 본격적으로 시작되면서 쌀을 끓인 밥이 등장했고 사람들은 더 이상 구석기인들처럼 식사할 필요가 없어졌다.

미국의 인간진화생물학자인 리처드 랭엄Richard Wrangham은 저서 《요리 본능》[2]에서 "인류 역사에서 가장 중요하고 위대한 발명은 도구도, 언어도, 농경도, 문명도 아닌 바로 불을 사용하는 요리"라고 말했다. "요리를 통해 음식의 소화흡수율이 올라가고, 더 많은 에너지를 얻게 되고, 더욱 생산적인 일에 참여하게 되기 때문"이라면서. 쌀을 끓여서 밥을 지어 먹음으로써 소화가 잘 되고, 에너지를 효율적으로 이용하게 되어 마침내 인류의 위대한 문명이 발전하기 시작했다는 것이다.

구석기인의 식사란 결국 구석기인들이 처한 자연환경 조건 속에서 어쩔 수 없이 받아들인 식사법이다. 이를 문명화된 사회의 현대인이 다시 받아들여야 할지는 잘 생각해볼 일이다. 현대인은 육체보다 두뇌를 더 많이 쓴다. 그런데 두뇌 활동의 에너지원은 포도당이 유일하다. 이 포도당을 제때 잘 공급할 수 있는 식품이 바로 탄수화물인 쌀밥이다. 인간이 벼농사를 지어 밥을 먹기 시작한 이래 인간의 문명사는 놀랍게 발전하기 시작했다. 이 모두가 다른 동물에게 없는 놀라운 두뇌에 영양을 제공한 쌀 덕분이다.

나는 건강과 다이어트 때문이라며 탄수화물을 배제하는 사람들을 볼 때마다 안쓰럽다. 음식과 건강 그리고 영양에 대한 이해가 부족해 보이는 탓이다. 게다가 '우리 인간이 정말 건강하게 오래 살려고 먹는 것일까?' 혹은 '음식은 생리적인 욕구 해결을 위한 수단에 불과한가?' 등의 의문점이 생긴다. 나는 여전히 음식은 '사회문화적인 산물이자 총체적인 문화'라고 생각한다. 인류가 발달시켜온 음식에 대한 지혜와 다양한 기호식품을 즐기는 것도 인간이 누려야 할 권리 중 하나이기에.

세계에서 가장 오래된 볍씨

　인류가 쌀을 먹기 시작한 시점은 정확하지 않다. 쌀 재배의 발상지에 대해서도 학설이 다양하다. 하지만 대략 기원전 1만 년에서 기원전 8000년 사이에 인류가 벼농사를 시작한 것으로 추정된다. 벼농사는 또 아시아와 아프리카에서 처음 시작된 것으로 추정된다. 아시아에서 주로 거론되는 지역은 인도의 아삼 지방, 중국의 양쯔강 유역과 윈난성 그리고 태국 북부 등이다. 그렇다면 쌀은 어떤 경로로 우리나라에 들어오게 되었을까? 가장 유력한 것은 인도 갠지스 강의 아삼 지방 기원설이다. 그곳에서 중국을 거쳐 우리나라로 전해졌다고 추정한다.

　우리나라에서 벼농사의 시작은 신석기시대로 보고 있다. 1991년 6월 경기도 고양군 송포면 대화 4리(현 고양시 일산서구) 가와지 유적지의 신석기시대 토층에서 약 5,000년 전의 자포니카 볍씨 네 개가 발굴되었는데 이는 재배종이었고, 이 볍씨를 가와지 볍씨라고 불렀다. 그래서 학계에서는 우리나라가 벼농사를 5,000여 년 전에 이미 시작했다고 보고 있다.

　그런데 1998년 충북 청원군 소로리 구석기 유적지에서 더 오래된 볍씨가 발견되었다. 놀라운 것은 이 볍씨가 세계 최고 最古의 볍씨로 판명 났다는 점이다. 이 때문에 우리나라 쌀농사의 기원을 신석기시대 이전으로 추정해야 한다는 의견도 나오기 시작했다. 중국 볍씨의 기록을 무너뜨린 소로리 볍씨는 서울대와 미국 지오크론 연구소의 과학적 연대추정 결과 약 1만

3000년에서 1만 5000년 전 것으로 확인되었다. 2003년 10월 22일 영국 BBC 방송은 "세계에서 가장 오래된 볍씨, 한국 소로리에서 발견되다"라는 제목으로 그 사건을 보도[3]했다. 이에 따라 벼 재배 기원설에 관한 연구도 새롭게 진행되는 중이다. 그러나 소로리 볍씨는 야생종과 재배종의 중간 형태로, 직접 재배한 흔적은 없었다고 보고 있다.

우리나라에서 벼농사의 기원에 대한 연구는 현재 진행형이지만, 우리의 주식으로 곡물이 사용된 것은 대략 5,000년 전, 신석기시대 농경이 시작되면서였다. 게다가 우리나라에는 벼가 들어오기 전에 이미 다른 곡물들이 들어와 있었다. 기장과 조가 제일 먼저 들어왔고, 그다음에 보리, 벼, 콩의 순서로 들어왔다. 콩은 우리의 식생활에서 매우 중요한 역할을 한 곡물로, 콩 없이는 된장이나 간장과 같은 장(醬)문화를 생각할 수 없다. 곡물 가운데에 조·피·수수·기장 등 잡곡을 먼저 이용했고, 그 뒤 벼가 재배되면서 쌀을 중심으로 하는 밥이 식생활의 주가 되었다고 보는 게 옳을 것이다.

벼농사는 혁명이다

벼농사는 우리 식생활에 크나큰 혁명을 가져오게 된다. 신석기시대에 시작된 벼농사로 우리 민족은 5,000년 이상 쌀밥을 주식으로 하게 되었다. 이 시기 이후 쌀을 비롯한 곡류가 주식이 되고, 나머지 음식이 반찬이 되며 주·부식이 분리되었다. 우

〈그림 1〉 충남 부여군 초촌면 송국리에서 출토된 민무늬토기(국립중앙박물관 소장)

리 땅에서 벼농사가 시작될 무렵 기원전 2333년 단군조선이 세워지고, 우리 민족은 본격적으로 밥을 먹기 시작하였다. 민무늬토기는 이 시기의 출토물로, 음식을 저장하거나 재배한 쌀을 끓이는 데 사용한 것으로 보인다.

당시의 사람들은 쌀을 어떻게 조리해 먹었을까? 그들도 우리처럼 쌀로 밥을 지어 먹었다고 생각하기 쉽지만, 그건 오산이다. 도정 기술이 없었기 때문이다. 그들은 벼를 대충 갈아서 대형 토기에 끓인 다음 걸쭉한 죽 형태로 만들어 먹거나 혹은 쪄서 먹었다. 그래서 죽이 밥보다 먼저 시작된 형태로 보기도 한다. 그 밖에 여행용으로 가지고 다니려고 굽는 방법도 있었던 듯하다. 우리가 유적지에서 발견하는 '탄화미'라는 게 바로 이 방법으로 조리된 것이다. 이렇게 벼를 대충 갈아서 죽으로 걸쭉하게 만들어 먹기 위해서 이 당시의 빗살무늬토기나 민무늬토기가 사용되었을 것으로 추측된다. 그리고 찌는 데에는 시루가 쓰였다. 시루가 쓰였다고 해서 쌀을 빻아 떡을 만들어 먹었을 것이라 생각하면 안 된다. 당시에는 시루에 쌀을 얹어 쪄서 먹었을 것이다.

이 같은 조리 방법은 중국에서는 한나라 때 이미 사용했고, 우리나라를 거쳐 일본까지 전래되었다.[4] 현재도 동남아 지역에서는 '탕취법'이라는 조리법이 전해진다. 이것은 쌀에 물을 많이 붓고 끓인 후 쌀이 무르면 점성이 있는 밥물만 따라내고 솥 그대로 약한 불에서 다시 찌거나 시루에 옮겨서 찌는 방식이다. 중국 북부, 동남아, 인도 등 끈기 없는 밥을 지어 먹는 지역에서는 아직도 탕취법을 쓴다. 그러나 우리는 쌀을 쪄서 먹는 방법에서 끓여 먹는 방법으로 발전시켰다. 쪄서 먹는 방법은 떡에 적용했다.

신석기시대에 시작된 벼농사는 일본 규슈 북부로 전파되어 기원전 3~1세기에는 일본에서도 벼농사가 시작되었다.[5] 현재 세계적으로 유명한 일본음식인 '스시'의 조리법에서 생선 못지않게 중요한 것이 바로 스시를 구성하는 쌀밥이다. 일본의 쌀 품질이나 그들의 밥 짓기 기술은 가히 세계 최고 수준이다. 그리고 일본음식의 기본이 바로 흰쌀밥에서 시작한다는 것도 잘 알려진 사실이다. 우리가 전파한 쌀 재배 기술이 그들의 독특한 밥문화를 이루어낸 셈이다.

우리 민족에게 쌀 재배 기술을 전해준 곳은 어디일까? 벼농사의 기원이 북방문화에 있는지 남방문화에 있는지에 대해서는 아직도 설이 분분하다. 최남선 선생은 '쌀의 어원'을 고찰하면서 쌀이 남방에서 온 것이라 이야기한다. 반면 이춘녕 교수는

'북방 경유설'을 주장했다. 신석기 후기에 북방으로부터 평안도를 거쳐 남한으로 전해지고 재배 환경이 좋았던 남한에 급속도로 전파되었다고 본다. 북방설이 좀 더 지지를 얻고 있는데 그 이유는 경기도 여주군에서 발굴한 '탄화미' 때문이다. 이 탄화미는 미발달 상태의 북방계 자포니카종이라는 것이 밝혀졌다. 중국 동남부 지역의 벼농사법이 중국 북부를 거쳐 우리나라에 들어와 남한 지역에서 더욱 성행했고, 이것이 또다시 일본으로 전해졌다는 것이다.

정확한 사실은 밝혀지지 않았지만, 어쨌든 벼농사는 어느 한 지역에서 다른 지역으로 전해졌다. 그 결과 한·중·일 세 나라 모두 주식으로 밥을 먹고, 저마다의 밥문화를 꽃 피워냈다. 같은 뿌리에서 출발해 각 민족의 정체성을 담게 된 밥, 이는 어디에도 잘 어울리는 밥의 특성 덕분에 가능했을 것이다.

부족사회의 공식 풍습

농경이 시작된 신석기시대나 부족사회의 식사 풍습은 어떠했을까? 이때 이미 부족장이 생기고 부족민도 생겼지만, 이들이 먹는 밥에 과연 어떤 차이가 있었는지는 의문이다. 쌀밥을 먹는 귀족층이 생겨난 것은 삼국시대 무렵이므로, 그 이전에는 사람들이 함께 모여서 식사하는 공동 식사[共食]의 풍습이 일반적이었으리라 본다. 그 시대의 식기로 빗살무늬토기나 민무늬토기 같은 대형 토기밖에 발견되지 않았기 때문이다. 대형 토기를 개인용 식기로 사용하지는 않았을 테니, 아마도 대형 그릇 안에 어패류 등을 넣고 삶아서 함께 나누어 먹었을 것이다. 큰 그릇에 양식을 담아 조리해서 나누어 먹는 식습관은 씨족이나 부족을 공동운명체로 느끼게 했을 테고, 이런 문화에서 가족을 규정하는 '한솥밥 먹는 식구' 개념이 탄생했다. 낙랑시대 유물인 동으로 만든 소반을 근거로, 부족사회 후기에나 상류층에서 독상을 쓴 것으로 추정한다.

당시의 중요한 행사 중 하나가 바로 제천의식이다. 부여의 영고나 마한의 5월 모임은 풍년을 기원하는 행사였고, 고구려의 동맹이나 마한의 10월 모임은 추수를 감사하는 행사였다. 제천의식 때는 공동으로 음식을 만들고 현대의 '뷔페' 형식으로 음식을 가져다 먹었을 것이다. 현재 남아 있는 부락제를 보면 이러한 형식이 이어져온다는 사실을 알 수 있다.

이런 풍습의 잔재인지 몰라도 우리 민족은 예로부터 혼자서 밥 먹는 것을 즐기지 않는다. 가족을 나타내는 '식구'라는 단어는 함께 밥을 먹는 사람이라는 의미를 갖는다. 항상 같이 어울려 밥을 먹고 술을 마시기를 즐긴다. 그래서 '언제 밥이나 한번 먹자'는 말은 가장 일상적이면서 친근한 사교언어가 되었다. 혼자 식사하거나 술을 마시는 서양과는 대조적인 풍습이다. 그래서 고식孤食, 즉 홀로 하는 식사는 공동체에서의 이탈과 고립을 의미했다. 홀로 밥 먹는 데에서 개인적인 외로움이 출발한다고 보는 이유다. 심지어 제사를 지낼 때 열심히 상에 올리는 음식마저도 죽은 귀신과의 공동 식사를 뜻한다.

2014년 현재 우리나라는 약 488만 가구(추계)가 1인 가구고, 전체 가구 중 4분의 1이 혼자 사는 것으로 나타났다.[6] 공식적인 숫자는 이렇지만, 아마도 더 많은 사람이 홀로 살고, 그만큼 더 자주 외로운 식사를 할 것이다. 혼자 살수록 자기 집, 방에 틀어박혀 대충 끼니를 때우기 쉽다. 도시에만 해당하는 이야기가 아니다. 그나마 이웃 간 교류가 도시보다 잦은 농촌에도 혼자 남겨진 외로운 노인들이 많다. 지자체에서 나서서 독거노인 문제 해결방안을 모색할 정도다. 전북 김제시에서 마련한 정책으로, 혼자 사는 노인들이 모여 숙'식'하는 독거노인 생활공동체 '한울타리 행복의 집'은 모범사례로 꼽힌다.[7] 최근 도시에서도 모르는 사람들이 함께 모여 밥을 먹으며 유대감을 쌓는 모임과 단체가 활동 중이다.[8] 함께 밥 먹는 것만으로도 사람은 외롭지 않다. 부족사회에서처럼 함께하는 식사가 현대인의 고독과 쓸쓸함을 치유할 좋은 처방전이 되지 않을까? 같이 먹는 밥이 더 맛있고 따뜻하다.

쌀, 밥상의 주인공이 되다

우리는 태어나면서부터 자연스럽게 밥을 먹고 반찬을 먹는다. 주·부식의 개념이 없는 서양인에게는 이상하게 보이는 일이지만 여기에 의문을 제기하는 한국인은 별로 없다. 우리는 '밥은 주식'으로 그리고 나머지 '반찬은 부식'으로 받아들인다. 좀 더 정확히 이야기하면 우리 민족은 처음엔 육류와 어패류를

주식으로 먹다가 농경이 시작되면서 농산물을 주식으로 삼게
되었다. 그러면서 농산물인 곡류를 주식으로 하고 어패류를 부
식으로 하는 주·부식 분리의 시대가 도래했다.

주식과 부식의 분리가 이루어진 시기에 관해 의견은 분분하
지만, 아직 확실히 밝혀진 건 없다. 강인희 교수는《한국식생활
사》[9]에서 부족국가시대에 이미 주·부식 분리의 조건이 모두 갖
추어졌다고 말한다. 개인용 소형 식기가 나타난 것이 그 주장의
근거다. 그 외에도 수렵, 어로 및 채집이 일상적이었던 시대에
재해 등의 문제로 오랫동안 획득물을 얻을 수 없게 되면 살아남
기가 어려웠을 것이라는 점을 지적한다. 이러한 불안을 없애기
위해서 곡물 재배 단계를 거쳐 농경이 보급되었고, 비로소 주·
부식이 분리되었다고 보는 것이다.

반면 식품학자인 윤서석 교수는 주·부식 분리시대를 부족국
가 이후 시기인 삼국시대 말경으로 추측한다. "쌀이 널리 보급
되고 쌀밥이 주식으로 되었을 무렵에 비로소 주식과 부식이 구
별된 형태로 식사 형식이 이루어졌다"[10]며, 주·부식 분리의 기
준을 쌀밥으로 잡는다. 물론 쌀밥이 주식이 된 시기 자체가 모
호하다는 지적도 있지만, 이미 삼국시대에 쌀밥을 중시했고
이를 주식으로 여겨 우리 한식의 중심에 세운 것은 분명해 보
인다. 이러한 상황은 이웃 나라 일본도 마찬가지였다. 일본은
우리나라로부터 벼농사를 배웠고, 이미 나라시대 이전인 7세기
경에 주·부식 분리시대로 진입했다.[11]

앞에서도 말했지만, 이 땅에서 가장 먼저 농경의 대상이 된

작물은 쌀이 아니라 조, 보리 같은 야생 곡물이었다. 벼농사의 보급으로 쌀 재배가 촉진되었지만 기후 조건이 좋지 않은 북쪽 지방까지 벼농사가 보급되기에는 좀 더 오랜 시간이 필요했다. 또 쌀이 주곡이 되었다 하더라도 일찍부터 재배된 조, 밀, 보리 등이 주식의 자리에 함께 있었을 것으로 보인다.

그렇다면 후발주자인 쌀이 어떻게 주식의 자리를 차지하게 되었을까? 이것을 이해하려면 한 민족의 주식이 될 수 있는 조건이 무엇인지부터 따져봐야 한다. 평생을 먹어야 하는 주식이라면 우선, 항상 먹어도 물리지 않는 맛이 기본이다. 또한 안정적인 공급이 가능해야 하고, 무엇보다 열량 제공, 즉 칼로리 측면에서 뛰어나야 한다. 이러한 조건을 모두 충족시키는 식물이 서양에서는 '밀'이었고, 아시아권에서는 '쌀'이었다. 즉 맛과 영양의 경험이 우위를 가른 것이다. 쌀은 한 번 주식이 된 이후, 부동의 1위를 고수했고, 쌀밥은 우리 민족의 정서이자 혼이 되었다.

그렇다면 부식의 역할은 무엇일까? 부식은 주식에서 취하기 어려운 영양소를 공급하는 데 목적이 있다. 주식이 육류 중심이라면 부식으로는 비타민, 미네랄, 섬유소 등이 풍부한 식물성 식품을 섭취하고, 곡류가 주식이라면 비타민, 미네랄 외에도 동물성 단백질이 풍부한 식품을 부식으로 삼는 것이다. 따라서 곡류가 주식의 자리를 차지하기 시작한 고대사회에서 이전의 주식이었던 육류나 어패류가 부식의 자리를 차지하게 된 것도 우연은 아니다.

삼국시대의 밥

쌀밥은 권력의 상징이다

쌀밥이 주식이라고 해서 아무나 먹을 수 있는 건 아니었다. 쌀밥은 삼국시대부터 귀족의 음식이 되어, 1960년대 이전까지는 귀한 신분의 사람들이나 하얀 쌀밥을 먹었다. 대부분의 농민은 다음 곡식을 거둘 때까지 한 해 거둔 식량으로 근근이 끼니를 이어야 했다. 그 형편을 잘 드러내는 말이 바로 '보릿고개'다. 겨울 동안 보리를 길러서 여름에 거둬 먹는데, 이 보리가 여물기 전에 식량이 다 떨어지면 그야말로 낭패였다. 그때부터는 먹게끔 생긴 것이라면 아무거나 먹든가 꼼짝없이 굶어야 했다. 풀뿌리를 캐 먹고 나무껍질을 벗겨 먹을 정도로 궁한 농민들에게 쌀밥은 꿈에서나 만나볼 수 있는 존재였다.

신석기시대에 벼농사가 정착하고 어느 정도 식생활이 안정되지만, 아마도 삼국시대 이후에는 이전과 같은 공식共食의 개념이 사라진다. 계층화한 신분 제도에 따라 식생활 자체를 귀족식과 평민식으로 분리하는 파워게임이 시작되어, 쌀밥이 권력의 상징이자 귀족들의 주식으로 자리 잡게 된 것이다. 또 여성들이 요리의 담당자가 되는 등 사회 자체가 계층화한다. 이런 현상은 먹는 일에서도 차이를 만들었는데, 쌀밥은 눈에 보이는 계급 차이를 좀 더 확연하게 만들었다.

삼국시대에 이르면 각국은 점차 중앙집권화를 이룬다. 이에 따라 권력을 쥔 귀족계급과 왕족은 식생활에서도 특권을 차지해 평민들과 다른 식생활을 유지했다. 삼국에서는 각국의 수도를 중심으로 도시문화와 귀족문화가 번영했는데, 이는 당시 중심 산업인 농업 생산권의 독점으로부터 비롯했다. 왕족이나 귀족은 쌀을 주식으로 즐길 수 있었지만 쌀 생산은 제한되어 있었으므로 일반 백성은 쌀을 충분히 먹기 어려웠다. 따라서 평민의 주식은 잡곡이 될 수밖에 없었다.

《삼국사기》에도 평민들은 여러 가지 잡곡 중에서 조나 보리를 먹고 살았다는 기록이 나온다. 물론 그나마도 충분하지 않았다. 하층계급에서 조나 보리를 먹는 사람은 그래도 풍족한 편이고, 더 어려운 경우에는 나무껍질을 먹었다고 한다. 평강공주가 온달을 찾아갔을 때, 온달은 먹을 게 없어서 느릅나무 껍질을 구해오던 길이었다.[12] 벼에 이삭이 많이 열리면 이를 임금에

〈그림 2〉 안악 3호분 벽화에 나타난 고구려 귀족의 부엌. 여인이 시루를 이용해 무언가를 만들고 있다.

게 바치는 경우도 있었다. 이런 벼는 상서로운 징조를 나타낸다고 하여 상서로운 벼를 뜻하는 '가화嘉禾'라는 이름을 붙였다고 한다.[13] 쌀 수확을 얼마나 중요하게 생각했는지 알려주는 일화로, 농업 생산권이 쌀을 중심으로 행사되었음을 상징하면서 쌀을 주식으로 하는 식생활 체제가 확립되었음을 보여준다.

그러므로 쌀밥에 대한 서민들의 동경과 이것을 마음껏 먹기 위한 길고도 오랜 투쟁은 삼국시대부터 시작되었다고 보는 게 옳다. 이러한 투쟁은 이후 산업화가 시작되는 1960년대까지 지속된다. 이로써 쌀밥은 오랜 세월 '권력의 상징'이 되었다.

끓여 익히는 조리법의 등장

삼국시대의 쌀 조리법은 이전까지와 달라졌다. 그때까지 쌀을 거칠게 갈아 죽을 쑤거나 쪄서 먹었다면, 삼국시대에는 솥에다 쌀을 끓여 익히는 조리법이 통용되었다. 현재처럼 밥을 짓는 단계로 접어든 것이다. 이러한 추측을 가능하게 하는 것은 이 시대의 고분과 벽화 그리고 문헌 등에서 발견할 수 있는 밥을 짓는 도구인 '정鼎'과 가마솥 '부釜'의 존재다. '부'는 크고 우묵하게 생긴 것으로, 지금의 솥과 비슷한 가마솥이다. 이와 달리 '정'은 다리가 세 개, 귀가 두 개 달린 솥이다.

정은 여러 가지로 중요한 의미를 가진 솥이다. 세 개의 다리로 균형을 유지하기에 정은 균형과 평형의 상징으로 사용되

〈그림 3〉 고구려의 고분에서 출토된 청동제 '정'은 그 정교함과 균형감각 그리고 디자인이 매우 놀라울 정도로 뛰어나다. 이런 멋진 솥에 밥을 해 먹었다는 사실이 감탄스러울 뿐이다. (국립중앙박물관 소장)

었다. 조선 말기의 유명한 실학자인 서유구徐有榘(1764~1845)는 《임원십육지》를 기술하면서 음식에 관한 부분을 '정조지鼎俎志'에서 본격적으로 다룬다. 제목대로라면 솥과 도마를 써서 음식에 대한 기록을 남긴 것으로, 밥을 끓이는 솥을 대단히 중시했다고 볼 수 있다. 얽힌 이야기도 있다. 고구려의 대무신왕은 즉위 4년 부여를 공격하는 중에 불을 때지 않고도 스스로 열을 내 밥을 짓는 가마솥을 얻게 되자 그 힘에 용기백배하여 행군했다고 한다.[14] 물론 설화지만 전쟁 시에 군사들에게 밥이 얼마나 중요했는지를 잘 말해준다. 정으로 군사들의 사기를 북돋운 것은 물론이다. 실제로 경주시 제138호 고분과 황오동 제4호 고분에서 청동제 정이 출토되었고, 평양시 정백동에서도 고구려의 것으로 보이는 청동제 정이 출토되었다.

고려시대의 밥

쌀밥은 귀족의 몫, 모래 섞인 밥은 평민의 몫

　고려 왕조는 통일신라 후기의 제도와 풍습을 이어받았다. 국교인 불교의 영향으로 식생활은 채식을 강조하는 경향이 우세했다. 그래서 곡물과 채소 반찬 위주의 간소한 식생활이 주를 이루면서 밥의 중요성은 오히려 더욱 증대되었다. 고려시대에는 권농정책을 중요하게 시행했다. 농업이 곧 국민 식생활의 중심을 이루고 있다는 것을 깨달은 까닭이다. 고려가 행했던 대표적인 권농정책이 바로 왕실이 중심이 된 제천 행사로, 이는 국가적 풍요와 기우를 위한 제사였다.

　송나라 사람인 서긍徐兢(1091~1153)이 1123년에 고려에 파견되었던 경험을 쓴 《고려도경》에는 고려의 쌀 재배와 관련하여 멥쌀만 있고 찹쌀은 없으나 쌀알이 크고 특히 맛이 좋다고 하였다. 이는 서긍이 우리의 사정을 잘 몰라서 쓴 것으로 생각한다. 이미 고려에서도 찹쌀을 산출하고 있었기 때문이다. 또한 서긍은 고려의 쌀 저장법이 매우 뛰어남을 지적한다. 쌀에 공기가 통하지 않으면 썩게 마련인데 고려의 쌀 창고는 공기가 통하게 거적을 쌓아 쌀이 햅쌀처럼 좋다고 했다. 고려는 쌀에 관한 우수한 기술을 가지고 있었음을 알 수 있다.

또한 《고려도경》에는 귀족들이 베푼 사치스러운 연회의 모습이 잘 기록되어 있다. 서긍은 고려인들은 주례酒禮를 중히 여기며 성례盛禮를 좋아한다고 기록했다. 고려 말이 되면 이러한 사치는 더욱 극에 달해, 고종 33년 권신 최이가 왕을 위해 베푼 잔치에는 여섯 식탁이 배설되고 칠보기가 진설되었다고 전해진다.[15] 충렬왕 때의 환관 최세연이 왕과 왕비(원의 공주)에게 베푼 향연에서 찬품이 너무 사치하여 왕이 상을 받지 않았다는 기록[16]도 있다. 고려청자만 보더라도 그들의 삶이 얼마나 사치스러웠는지 알 수 있다. 고려청자는 용도가 식기인 경우가 대부분으로, 화려한 그릇의 모양은 그만큼 대단한 음식이 담겼음을 짐작하게 한다.

고려는 삼국시대에 이어 계층 간 차이가 더욱 심화되었던 시기다. 식생활에서도 잘 나타나, 쌀밥은 여전히 귀족의 몫이었다. 상류층이라고 할 수 있는 관리들에게 봉급으로 제공된 물품이 바로 쌀이었다고 하니 쌀이 얼마나 귀중했는지 알 수 있다. 백성들은 그 당시 가장 많이 생산되던 기장을 비롯한 잡곡밥을 주로 먹었다. 고려가요인 〈상저가〉에도 "덜커덩 방아나 찧어, 게궂은 잡곡밥이라도 부모가 잡수시고 남으면 내가 먹겠다"라는 구절이 나온다. 잡곡밥을 '게궂은 밥'이라고 표현하고 있으며 그나마 충분히 먹기 어려웠음을 알려주는 가요다. 이제현李齊賢(1287~1367)이 지은 《익제집》에는 과거에 합격하여 진사가되어서야 흰쌀밥인 백반을 지어 축하객을 대접하고 잔치를 베푼다는 이야기가 나온다. 쌀밥이 매우 귀한 음식이었음을 보여주는 증거다.

이 시기 대부분의 백성은 나무열매와 잎으로 연명했다. 그에 대한 기록이 《고려사절요》에 보인다.[17] 또 아내가 자신의 긴 머리털을 잘라 남편의 음식을 마련했다는 기록도 나온다. 심지어 쌀에 모래나 흙, 쭉정이를 섞어 팔아서 백성들이 크게 분노한 적도 있었다고 하니, 먹는 것을 가지고 장난치는 나쁜 상인은 고려시대에도 있었던 모양이다. 이렇게 고려시대에 내우외환이 계속되고 천재지변으로 굶주리는 백성이 많아지자, 이를 해결하기 위해 곡식을 저장하는 창고를 지어 곡식을 빌려주는 의창제도(조선시대에 사창제도로 발달) 등 진휼제도를 시행했다. 하지만 백성들의 쌀 부족을 해결하기에는 역부족이었다.

고려시대의 쌀 수입

쌀이 극히 부족하여 미국의 잉여농산물로 원조를 받았던 시기를 거쳐 쌀 자급이 100퍼센트를 이루는 현대에도 쌀 수입은 여전하다. 국가 간 경제논리 때문이다. 쌀 수입 저지를 위한 농민들의 투쟁은 이제 생존의 문제로 받아들여진다. 농사를 짓지 않는 국민도 쌀 수입 문제에 있어서는 이에 동조하는 분위기다. 쌀은 우리 민족의 마지막 생명줄이므로, 이를 외국에 의존하는 것은 우리 스스로 생명을 위협하는 것으로 받아들이기 때문이다.

의외로 쌀 수입의 역사는 길다. 고려시대에도 어쩔 수 없는 선택으로 쌀을 수입했다. 전쟁으로 굶주리는 사람들이 늘어나자 원종 15년(1274)에 쌀 2만 석을 원나라로부터 들여오게 된다. 그리고 충렬왕 17년(1252)에는 원으로부터 강남미 10만 석을 47척의 배에 실어왔다. 이렇게 고려에 강남미가 들어온 것은 당시 세자 신분이자 원 세조의 외손이었던 충선왕의 노력 때문이었다고 한다. 어찌 되었든 이는 외국으로부터 쌀을 들여온 최초의 기록이다. 그런데 이 강남미는 그 당시 굶주리던 고려인들을 구휼하기보다는 일본 원정 비용이나 기근 발생 시의 이동 등 다양한 목적으로 사용되었다고 한다. 그러니까 이 당시의 쌀 수입 역시 복잡한 국제 관계에서 거래의 일환이었던 것이다. 지금과 마찬가지로 이 이후 외국으로부터의 쌀 수입 문제는 그것이 원조의 형태였든 수입이었든 끊임없는 정치 문제로 우리 역사를 시끄럽게 만들었다.

조선시대의 밥

농민이 농사지은 쌀은 양반만이 먹고

우리 역사상 거대한 변화의 시기라고 하는 조선시대는 식생활 측면에서도 마찬가지로 급격한 변화를 겪은 때다. 일반적으로 두 시기로 구분하여 설명하는데, 조선 전기는 한식의 발달이 이루어진 시기고, 조선 후기는 한식의 완성이 비로소 성립되는 시기다. 한국인이 현재 생각하는 밥에 대한 사상이나 철학 그리고 다양한 밥 조리법, 더 나아가 밥의 문화는 대부분 조선시대의 것이라고 볼 수 있다.

조선시대의 식생활에도 유교적 정치윤리에 따른 반상제도가 작동했다. 양반들은 주로 쌀밥을 주식으로 하여 부식을 곁들여 먹었다. 쌀은 무엇보다 중요한 곡식이었고 쌀밥을 먹는 것은 양반의 자존심이자 계급의 상징이었다. 조선시대 관리들의 봉록으로 곡물이 지급되기도 했는데, 종1품의 경우 1년에 중미 中米(중간 품질의 쌀) 14석, 조미糙米(겉겨만 벗긴 쌀)와 조 2석, 콩 23석, 명주 6필, 베 15필, 저화楮貨 10장이었다. 반면 종9품은 조미 8석, 조 1석, 콩 2석, 밀 1석, 베 2필, 저화 1장이었다. 또 농업을 중시하여 왕이 직접 '적전籍田'에서 농사를 지었다. 왕이 벼를 심으면 악장을 연주하고 신하들이 함께 나와 도왔지만 이는 조정의 행사에 그쳤을 뿐 그 근처 농민을 시켜 농사를 짓게 했다.

조선시대 농민의 생활은 궁핍하기 그지없었다. 토지제도의 문란으로 일부 계층에 국한된 토지의 집중사유화는 남의 토지를 경작하는 것조차 버거운 '무전지민無田之民'을 대량으로 낳았다. 이러한 경향은 날로 심해졌다. 조선 중기 학자 유형원柳馨遠(1622~73)은 《반계수록》에서 다음과 같이 말한다. "부자의 땅은 경계가 서로 닿아 끝이 없고 가난한 이들은 송곳 하나 꽂을 만한 땅도 없게 되어 부익부 빈익빈으로 급기야는 모리하는 무리들이 이 토지를 모조리 갖게 되는 한편 양민들은 식솔을 이끌고 떠돌아다니다가 머슴살이로나 들어간다."[18]

조선시대에는 정부에서 과전법으로 토지개혁을 꾀했지만 이는 원래 봉급으로 나온 것으로, 일반 농민은 토지 분배대상에서 제외되었다. 따라서 일반 농민은 소속 노비나 고공을 부려 농사 짓는 양반에게 토지를 받아서 도지賭地를 내는 소작농이 되어야만 했다. 농민들의 생활은 항상 가난에 허덕였고, 식량은 햇곡식이 날 때까지 기다릴 수밖에 없었다. 대부분의 서민은 평생 동경의 대상으로 쌀밥을 소망했다. 잔치나 특별한 날에만 겨우 먹을 수 있었던 쌀밥은, 그래서 결국 신분의 상징일 수밖에 없었다. 그런 쌀밥이 현대에 와서 만성질환의 주범으로 천시당하고 있다. 격세지감이 든다고 할 수밖에!

다양한 쌀 종류와 조리법

조선시대에도 쌀 종류는 이미 27종에 달했다. 15세기 말 강희맹姜希孟(1424~83)이 쓴《금양잡록》에는 벼가 무려 27종이나 등장한다. 그러나 중국의 기록에는 강미江米(찹쌀)와 도미稻米(멥쌀)만 알려져 있다.[19] 각 지방별 쌀 중에서는 황해도의 것을 최상으로 쳤다. 여기서 생산하는 쌀은 알이 길고 크며 품질이 차진 것이 특징이다. 그래서 대비와 중전의 수라를 마련하는 내주內廚(또는 내주방內廚房)에서는 황해도에서 산출되는 쌀을 사용했다.[20]

조선시대 전기의 쌀 조리법은 상당히 발달한 것으로 보인다. 이것을 잘 보여주는 자료가 있다. 중종 때 안동 지방 사대부였던 김유金綏(1491~1555)가 기록한《수운잡방》[21]이다. 이 책에는 조선 전기 식생활의 모습을 잘 담겨 있다. 특히 120여 항목이나 되는 식품의 조리법이 잘 정리되어 있어서 귀중한 참고자료로 쓰인다. 이 책에는 술을 빚는 법이 가장 많이 나오고, 장 담그는 법과 식초 담그는 법도 나온다. 이렇게 술이나 식초를 제대로 빚기 위해서는 쌀을 조리하는 것이 기본이다. 즉, 밥 짓는 법도 세분화해 '보통 밥' 짓는 법, '고두밥' 찌는 법을 따로 설명해놓았다. '고두밥'도 그냥 찌는 법과 물을 뿌려가며 찌는 법 등으로 구분했다. 무엇보다 다양한 쌀의 찌는 법, 삶는 법 등은 떡이 발달하는 계기가 된다.

배가 불러야 수저를 내려놓다

조선 후기의 식생활 상황은 어떠했을까? 매 끼니 배부르게 먹지 못한 것이 조선의 현실이었다. 조선시대의 두 끼는 주로 아침과 저녁을 먹는 '조석朝夕'의 개념이었다. 아침과 저녁에는 밥을 지어 먹고 점심點心은 말 그대로 '점을 찍는다'는 의미로 아침에 남긴 밥이나 간단한 부식으로 해결했다. 19세기의 학자 이규경李圭景(1788~1863)이 쓴 백과사전 형식의 책《오주연문장전산고》에는 사람들이 2~8월까지 일곱 달 동안에만 세 끼 밥을 먹고 9월에서 정월까지 다섯 달 동안에는 점심을 거르고 두 끼만 먹었다는 기록이 나온다. 세 끼 밥도 먹기 어려웠던 현실을 짐작게 하는 내용이다.

그래서인지 우리의 식사 습관은 언제부터인지 '배부르게 먹는 것'으로 고착되었다. 머슴밥같이 수북하게 쌓은 흰쌀밥을 최고로 쳤다. 물론 이런 식습관은 고려시대에도 있었다. 송나라 사신인 서긍도《고려도경》에서 "고려인들은 많이 먹는 것만 좋아하는 듯 자꾸 권했다"고 썼다.

우리 민족은 특히 흰쌀밥을 배부르게 먹는 것을 최상으로 여겼다. 조선 숙종 때 박두세朴斗世(1650~1733)가 쓴 수필집《요로원야화기》에도 "밥사발 수북하게 드렸더니 다 들고 좋아하셨다"고 적혀 있다. 이 책에는 밥 이야기가 자주 나온다. 통인 벼슬을 하던 사나이의 넋두리에는 "전일 시래기죽을 먹다가 오늘 옥밥을 먹으니 감개무량하다"라는 구절이 나온다. 여기서 '옥밥'이란 당연히 흰쌀밥을 말한다. 가장 잘 차린 밥상을 설명하는 글에서 "흰밥 옥같이 지어 큰 사발 수북이 담고……"로 시작해 밥이 제일 중요하다는 것을 강조한다. 속설에 "중국 사람들은 맛으로 먹고, 일본 사람은 눈으로 먹고, 한국 사람들은 배로 먹는다"는 말이 있다. 이 같은 대식가로서의 기질은 언제나 배불리 먹을 수 없는 실정이었기에 가능할 때 많이 먹어두려는 습성에서 나온 것으로 보인다.

이 시대의 쌀은 단순히 곡식 이상의 그 무엇이었다. 세금을 쌀로 바쳤고 상상할 수 없는 과중한 세금이 쌀을 매개로 매겨졌다. 예를 들어 논밭에 매겨진 전세, 공물 대신 바치는 대동미, 임진왜란 후에 병사들을 기르기 위한 삼수미, 군적에 올라 있으나 군대생활을 하지 않는 조건으로 바치는 결작미, 각 고을의 용도에 사용하기 위하여 별도로 거둔 잡역미, 심지어는 대원군 때 서양인의 침입이 있고 나서 포수를 양성한다는 구실로 받은 포수미까지 있었으니, 상상을 초월할 정도로 온갖 명목 아래 쌀을 거두어들인 셈이다.

〈그림 4〉 지금으로부터 약 120년 전의 사진으로, 프랑스의 엽서에 쓰인 것이다.

　이처럼 쌀을 구경할 수도 없던 평민들 사이에서는 "쌀을 밟으면 발이 비뚤어진다", "쌀을 날리면 남편이 바람난다"라는 말까지 떠돌았다. 쌀을 먹기 힘들었던 평민들이 쌀에 대한 두려움과 외경심을 품었음이 드러나는 대목이다. 밥이 없으니 항상 허기졌다. 물만 먹어서 배를 채운다는 '물배' 같은 표현은 밥 대신 다른 걸로 배를 채워야 했던 애달픈 현실을 보여준다.

　조선 후기에는 식품의 종류가 확대되고 영양이나 미식의 개념도 생겼지만, 배가 불러야 수저를 놓는 식습관은 그 후로도 오랫동안 유지되었다. 조선 말, 주막에서 밥상을 받는 남자의 사진(〈그림 4〉 참고)을 보면 이런 사실이 더 확실해진다. 밥상 위의 밥그릇과 국그릇은 왜소한 남자에게 과할 정도로 크다. 불과

<그림 5> 김홍도, 새참
(국립중앙박물관 소장)

100년 전의 밥그릇이 현대인 모두에게 놀라움을 안겨준다.

우리 민족은 삼국시대부터 고려시대, 그리고 조선시대에 이르기까지 밥을 주로 하는 식사를 해왔다. 밥은 단순한 주식의 개념을 넘어서 영양소의 대부분을 충당하는 역할을 도맡아 왔기에 많이 먹었다. 그리고 대부분 힘든 농업노동에 종사했기 때문에 많은 양을 먹지 않고는 생존하기 어려웠다. 보릿고개와 같이 밥을 먹기 어려운 때도 많았지만 먹을 수 있을 때에는 대부분 대식하는 게 관습이었다. 18세기 말에 편찬된 이덕무李德懋(1741~93)의《청장관전서》에는 "보통 사람들은 한 끼에 5홉, 양이 큰 남자는 7홉을 먹고, 아이는 3홉을 먹는다"는 내용이 나온다. 이를 환산해보면 현재 우리가 먹는 밥 한 공기의 약

〈그림 6〉 현대의 밥공기와 조선, 고려, 고구려시대 밥그릇(왼쪽부터). 현대로 올수록 밥그릇의 크기가 작아진다. (토지주택박물관 사진제공)

2~3배가 된다. 〈그림 4〉의 남자처럼 그렇게 많은 탄수화물을 먹고도 조선시대에 살찐 사람이 거의 없었던 것은 농사일과 같은 고된 노동을 통해서 열량을 모두 소모했기 때문이다.

김홍도金弘道(1745~1806?)의 풍속화 〈새참〉에도 선조들이 많이 먹었다는 증거가 나온다. 〈그림 5〉를 유심히 보면 사람들이 먹고 있는 밥그릇의 크기가 심상치 않게 큰 것을 알 수 있다. 이 그림에서 보듯 조선 사람들은 밥으로만 영양을 보충했기 때문에 밥의 양이 많을 수밖에 없었다. 변변한 반찬 없이 밥을 먹었으니 그 양이 오죽했겠는가? 시대별 밥그릇 크기를 비교하는 재미있는 전시도 있었다. 2007년 토지주택박물관은 2006년 경기도 연천의 고구려 군사기지 유적인 호로고루瓠蘆古壘를 발굴하는 과정에서 출토된 6~7세기 토기 밥그릇과 개성에서 출토된 12~13세기 고려시대의 밥그릇 청동주발, 그리고 남한산성의 행궁 터를 발굴 조사하면서 완전한 형태로 찾아낸 19세기 조선시대 백자 밥사발을 전시했다. 덕분에 시대별 밥그릇의 모양과 크기를 한눈에 비교할 수 있었는데, 당연하게도 오늘날에 가까워질수록 밥그릇의 크기는 점점 작아졌다(〈그림 6〉 참고). 식사량, 특히 밥의 양 변화는 생활양식의 변화를 의미하기도 한다. 주로 노동에 의존하던 시대에는 열량원으로 의존할 것이 밥밖에 없기에 밥을 많이 먹을 수밖에 없다. 그러다가 차츰 육체 노동량이 줄어들고 밥 이외의 간식 섭취도 많아지면서 밥의 양이 상대적으로 줄어들었다.

그러나 살찌는 것을 우려해 밥을 피하는 최근의 세태는 매우 걱정스럽다. 현대인의 3~4배에 달하는 밥을 먹어치웠던 우리 조상들은 "살쪄서 걱정이다"라는 소리를 하지 않았다. 밥을 피하고, 몸을 움직여 노동하지 않고, 그러면서 머리만 쓰다 보면 언젠가는 팔다리가 아주 가늘고 날씬하고 머리만 큰 이티ET 같은(?) 인간이 탄생할지도 모르겠다.

양반은 쌀값을 물어볼 수 없어!

연암 박지원朴趾源(1737~1805)은 소설 《양반전》에서 돈 많은 부자가 양반 문서를 사는 과정에서 양반들이 행해야 하는 일을 문서에 적어 알려주는 장면을 묘사했다. 그 내용이 무척 흥미롭다. 양반이란 지켜야 할 것이 많아 보통 참을성을 요하는 게 아니라는 내용이다. 따라서 돈으로 양반 자리를 산 신흥부자는 이를 참아내지 못하고 양반증을 도로 반납한다. 그런데 내용 중에 쌀값도 물어보아서는 안 된다는 대목이 나온다. 양반도 가장 먹고 싶은 것이 쌀밥이라 가장 묻고 싶은 것도 쌀값이었을 테다. 그러니 양반의 덕목은 먹는 것을 탐하지 말고 주는 대로 먹어야 할 뿐만 아니라 가장 귀하고 먹고 싶은 쌀의 경우에는 그 값을 묻는 것조차 경계한 것으로 생각된다. "생각건대 양반이란 명칭이 여러 가지여서 선비[士]라고 하기도 하고 대부大夫라 하기도 하고, 또한 덕이 있으면 군자君子라 하는데 지켜야 할 일이 많다. …… 배고픔을 참고 추위에 견디어 가난을 말하지 아니하며…… 손에 돈을 잡지 말고 쌀값을 물어보지 말며, 더위에 버선을 벗지 말며, 밥 먹을 때 상투 바람으로 먹지 말며, 음식을 국부터 먹지 말며……"

박지원의 제자인 이덕무도 《청장관전서》 중 수신과 예절을 다루고 있는 교육고전이라 할 수 있는 '사소절'에서 여러 종류의 식사예절을 가르치고 있다. 특히 밥과 관련되어 특이한 것은 "미리 식사량을 헤아려 알맞게 먹고 남기지 않도록 하고, 물에 만 밥은 특히 밥알 하나라도 버리지 말아야 한다"는 선비의 식사예절이다. 최근 유행하는 템플스테이의 발우공양에서도 가장 중요한 것은 밥을 남기지 않는 것이다. 그릇에 남은 밥풀을 남기지 않기 위해서 마지막에 물을 부어 다 마셔버린다. 조선시대에도 양반들은 그 값도 물어볼 수 없을뿐더러 물에 만 밥알 하나라도 남겨서는 안 되는 것이 바로 쌀이었다. 또한 부녀자의 식사예절에서도 귀한 쌀은 말할 것도 없고 "보리, 피 등 잡곡밥도 가리지 않고 먹어야 한다"고 했고, "밥을 물에 말아 먹을 때에는 바닥에 남은 밥티를 숟가락으로 다 건져 먹어야 한다"고

했다. 또 "밥을 먹을 때 씹는 소리를 내서는 안 된다"고도 했다. 이렇게 밥 먹는 예절이 매우 까다로웠던 것으로 보아 조상들이 밥을 얼마나 중시했는지 짐작하고도 남는다. 걸핏하면 밥을 무시하고 게다가 음식을 버리는 일에도 무신경한 요즘 사람들이 새겨들어야 할 예절이다.

오페르트의 《조선기행》 속 밥 이야기

서양인들의 구한말 조선 방문기는 개항(1876년) 이전과 개항기 이후 1910년 한일병탄 시기, 그리고 한일병탄 이후 시기로 나누어볼 수 있다. 개항 이전에 조선을 방문한 서양인들이 조선 말의 상황을 잘 보여주는데, 이때 조선 탐사를 목적으로 들어온 외국인 중 흥선대원군의 아버지 남연군의 묘를 도굴하려 해서 악명을 떨친 독일인 오페르트Ernst Jacob Oppert(1832~1903)가 있다. 그는 《조선기행》이라는 책을 남겼는데, 거기서 "분지의 아름답고 비옥한 땅에서는 여러 가지 농산물이 나는데, 밀, 호밀, 보리, 귀리, 옥수수, 기장과 같은 곡물이 생산되며 특히 중부지방에서 아주 좋은 쌀이 대량으로 생산된다"고 적었다. 그리고 "이곳 사람들은 이 쌀을 주식으로 삼는다"고 덧붙였다.[22]

그는 2차 기행에서도 한 관리의 집에 초대되어 관찰한 조선의 풍습을 묘사하는데, 대부분 많이 먹을 것을 권하는 모습이다. 또 밥 중심의 주·부식형 식사를 묘사한 대목도 있어 "조선에 있어서 영양 수단의 주요한 것은 쌀이며 중국식과 같이 마른 뒤에 삶아서 밥으로 하는데 식사 때의 주요리가 된다", 또 "부식으로 각종 채소, 생선, 조류, 또는 돼지고기가 있고 쇠고기는 별로 먹지 않는다"고 기록했다. 이어서 "중국과 요리법이 비슷한 측면이 있으나 중국의 빈촌 어디에서나 볼 수 있는 밥장수, 떡장수, 죽장수는 전혀 볼 수 없다"고 적었다. 비슷한 시기의 중국에서는 밥이나 죽이 손쉽게 사 먹는 음식이었고 밥장수들이 곳곳에 많았다는 것이다. 그러나 우리나라는 이 시기까지도 밥을 파는 밥장수는 찾아보기 어려웠고 주로 가정에서 밥을 해 먹었음을 알 수 있다. 주로 주먹밥을 가지고 다니면서 끼니를 해결했고 장기간 집을 떠나 이동할 때에는 길거리 요소요소에 있는 주막에서 잠을 해결하고 밥도 해결했다. 밥을 들고 다니면서 파는 밥장수는 없었다.

농업이 바로 서야 백성이 굶주리지 않는다

조선 후기의 기근은 매우 심각했다. 쌀 부족은 말할 것도 없고 잡곡마저 구하기 어려운 상황이었다. 1734년의 통계에 따르면 전국에 기아에 허덕이던 백성이 7만 2000여 명이었으며, 1806년에는 호남의 전 양민 56만여 명에게 구호곡 2만 5000여 섬을 분배한 기록이 남아 있다. 그리고 1811년에는 홍경래의 난이 일어났고 19세기 후기로 오면 동학농민운동이 일어났다. 이러한 것들은 결국 먹을거리가 부족한 것이 가장 큰 이유였다고 볼 수 있다. 특히 쌀이 부족한 현실에서 쌀의 매점

매석과 탐관오리의 횡포가 심해진 게 가장 주요한 원인이었다.

무엇보다 이 시대에는 쌀 생산량 자체가 부족했다. 1970년대 이전까지도 '보릿고개'가 있었을 정도니, 조선 후기 농민들의 생활상은 전근대적 가난을 물리치지 못했다. 조선 후기까지도 우리나라 백성들의 8할이 농민이었음은 주지의 사실이다. '농자천하지대본農者天下之大本'이라고 해서 농민을 나라의 근본으로 삼았으나 농민을 먹여 살릴 쌀은 충분하지 못했다. 따라서 백성들은 끊임없는 기근과 재해 그리고 민란에 시달렸다. 조선 후기의 농업경제 부흥책은 백성들의 생활이 매우 어려웠기 때문에 등장한 필사적인 해결책이었다.

실학자들은 이 문제를 해결하고자 백방으로 노력했다. 조선 후기 실학자 유형원柳馨遠(1622~73), 이익李瀷(1681~1763), 박지원朴趾源(1737~1805), 정약용丁若鏞(1762~1836) 등이 바로 그들이다. 실학파 학자들은 조선 후기의 유학을 새로운 실사구시의 학문으로 방향을 바꾼다. 그런 눈으로 살펴본 조선의 현실은 참혹했다. 무엇보다 밥을 제대로 먹을 수 없었던 백성들의 삶은 그들로 하여금 이 땅에서 실제로 먹고사는 문제에 대해 깊이 고민하게 만들었다.

유형원은 그의 저서 《반계수록》에서 토지제도를 바로잡는 것이 무엇보다 중요함을 역설했다. "토지는 천하의 대본"이라는 정책 기조를 중시했으며, 당시 현실적 문제의 핵심을 비판했다. 특히 《택리지》로 유명한 이중환李重煥(1670~1756)은 '복거총론'에서 "사람이 태어나면 벌써 바람과 이슬로써 음식을 대신할 수 없으며 깃털로써 몸을 가릴 수 없으니 생업에 종사해야 한다"고 말하며 인간 삶의 생리生利를 강조했다. 연암 박지원도 마찬가지다. 쌀의 균등한 분배를 통해 농업이 바로 서야 백성이 굶주리지 않는다고 했으며 이용후생이 있은 다음에야 나라의 도덕을 바로잡을 수 있다고 했다. 그 스스로도 농업에 종사했다. 정약용도 그랬다. 그 역시 농사짓는 사람이 토지를 가져야 하고, 따라서 사회개혁이 먼저 이루어져야 한다고 주장했다. 실학자들의 이런 주장은 공론空論을 일삼던 조선 전기의 이상론에서 백성들의 먹거리를 중시하는 구체적인 실사구시의 학문으로 전환하는 계기를 만들었고, 밥을 한울님으로 생각하는 동학사상으로 이어진다.

근대의 밥

개화기의 밥 사정

 줄기차게 쌀이나 잡곡밥 위주의 식생활을 유지해오던 우리 민족의 식생활이 밀가루를 중심으로 한 서구식을 받아들이게 된 시기는 언제일까? 이는 대략 19세기 말경으로 추측한다. 즉 서양화의 물결이 거세어짐과 동시에 식생활이 다양하게 된 시점이다. 서양의 식품이나 식생활 풍습이 전래되면서 재래의 한식과 이 시기 이후 소개된 양식의 혼합시대를 이루게 된다. 이에 따라 서구적인 사고보다 오히려 서구의 식생활 양식을 먼저 배우는 결과를 낳기도 했다. 이러한 서구식 식생활의 도입은 1895년 유길준俞吉濬(1856~1914)이 출판한《서유견문》에서 자세히 소개되었다.

실제로 이 시기에 커피, 홍차가 전래되었고(1890년), 궁중 수라간에 서양요리 주방이 따로 마련되어 일주일에 몇 차례 프랑스요리가 올려졌다. 궁에서 커피와 케이크를 즐기게 된 것이다. 이러한 서양 식생활의 전래는 우리의 전통 식생활에 영향을 미치게 되어, 처음에는 갈등구조를 이루다가 점차 정착되었다. 밥 대신 빵, 숭늉 대신 커피와 차 혹은 우유를 선택하는 식생활 문화의 이중적 구조가 만들어지게 된 시기다.

반면, 조선 후기 이후 농민들의 비참한 식생활 사정은 나아지지 않았다. 그런 와중에도 천주교와 실학의 발흥으로 근대의식의 발전에 큰 진전을 보이게 되었다. 이 시기는 왕실의 부패와 사치로 국력이 극도로 쇠약해졌고, 급기야 1882년에는 1년 내내 가물어 인심까지 흉흉해지기에 이르렀다. 농촌에서는 식수조차 귀할 정도로 한발이 극심했다. 따라서 민중의 밥을 한울님으로 여기는 동학이 최제우에 의하여 발흥하고 농민 대중의 자각에 자극제가 되었다.

당시 쌀이 극도로 부족했음에도 불구하고 조선에서 일본으로 수출된 품목은 주로 농산물이었다. 쌀, 콩, 보리, 인삼 등이 주종을 이루었던 것이다. 또한 이 시대에는 근대적인 기술이 도입되면서 식품가공공장이 설립되기 시작했다. 그중 하나가 술가공공장이다. 1883년에 부산 지역에 세워진 청주공장을 시작으로 서울, 인천, 고양, 평양 등 각 곳에 술공장이 세워지기 시작했다. 이 술공장들의 규모는 보통 하루에 1섬 이상의 쌀을 소비하는 정도였다. 1894년, 고양군의 한 술공장은 하루에 약 20섬의 쌀을 원료로 하는 수준에 있었다.[23] 최근에 지방의 명주로 알려진 평양의 감홍로, 서울의 소곡과 도화, 황해도의 이강고, 전라도의 죽력고 등이 이때의 가장 대표적인 술이다.

이즈음에는 또 쌀을 도정하는 정미공장도 세워지기 시작해서 쌀의 산업화가 이루어졌다. 정미공장은 대부분 일본인들이 세운 것이다. 1874년 현미를 생산하는 '계산정미소'가 세워진 것을 시초로, 1892년에는 미일 합작으로 엥겔식 정곡기 4대가 수입되면서 본격적인 정미공장이 설립된다. 이때 세워진 정미공장이 경기도 이천의 삼성정미소, 경기도 고양의 한일정미소와 선광정미소, 서울의 희창정미소와 한창정미소, 황해도 재령의 백만정미소였다.

밥을 잃다 _ 일제강점기의 비극

일제강점기는 한마디로 식생활 궁핍화의 시대였다. 일제는 근대화의 맥락에서 '토지조사사업'이나 '산미증산계획' 같은 쌀 증산을 목표로 하는 계획을 수립하고 시행했지만, 이는 우리의 쌀을 수탈하기 위한 정책이었다. 이 땅에 벼농사가 시작된 이래 실제로 가장 쌀 부족에 시달렸던 시기가 일제강점기다. 식민지 직후 일본은 조선의 농민들로부터 토지를 약탈해서 농민들을 소작인으로 전락시켰다. 하루아침에 소작인이 된 조선의 농민들은 일본인 지주에게 많은 소작료를 지불했고, 또 계약 소작제로 불안정한 상태에 있었으므로 그들의 식생활이란 말할 수 없이 참혹했다. 견디다 못한 농민들은 농촌을 등지고 도회지로 나가 막일꾼이 되거나 산으로 들어가 화전민이 되었다. 그러나 이또한 여의치 않았다. 대다수 국민의 식생활이 궁핍에 빠져들었던 시기였다.

이 시대에 밥으로 먹었던 것은 무엇이었을까? 조선의 질 좋은 쌀로 지은 밥은 언감생심. 명절이나 생일 때에 그나마 수입 쌀로 밥을 지어 먹었다. 보통 때의 주식은 주로 보리에 조를 섞어 지은 잡곡밥, 조에 산나물을 섞어 지은 조밥, 수수를 맷돌에 타서 지은 수수밥, 옥수수를 말렸다가 맷돌에 탄 다음 어레미*에 쳐서 지은 옥수수밥, 기장에 팥·쌀·감자 등을 섞어 지은 기장밥, 감자밥 등이었다.

이처럼 잡곡밥이라도 지어 먹을 수 있는 집안은 그래도 형편이 괜찮은 편이었다. 사람들 대부분은 그나마 죽으로 연명하는 경우가 더 많았다. 죽의 종류는 조, 쌀, 보리 등을 탈곡해서 보드랍게 빻아 물을 붓고 끓인 잡탕죽을 비롯하여, 쌀에 물을 붓고 나물을 넣은 다음 콩가루를 풀어 끓인 콩죽, 콩나물에 쌀을 넣고 밀가루를 묻혀 끓는 물을 넣고 한소끔 끓인 콩나물죽, 가루를 낸 보리에 콩가루를 묻힌 여러 가지 나물을 섞고 물을 부어 끓인 보리죽, 시래기에 콩가루를 묻혀서 약간의 불린 쌀을 넣어 끓인 시래기죽이 있었다. 이 밖에도 쑥죽, 아욱죽, 근대죽, 고사

---

* 바닥의 구멍이 굵은 체

리죽, 미역취죽, 삼주죽, 참당귀죽, 원추리죽, 호박죽, 버섯죽 등 식용 가능한 각종 산나물과 채소를 주재료로 한 죽들이 서민의 밥이었다. 이렇게 잡곡과 죽으로 밥을 대신하던 서민들의 사정은 일제강점기 말기에 이르면 더욱 비참해져서 비료용 대두박, 술찌끼, 밀기울 등으로 근근이 연명했다.

이 당시 더욱 비참했던 것은 빈민들의 식생활이다. 1924년 10월 12일자 《동아일보》 기사는 "초목의 뿌리나 잎새로 연명하는 사람들이 얼마나 되는가. 보풀을 먹는 사람이 2만 3062호에 11만 2362명을 비롯하여 소나무껍질, 머름, 칡뿌리 등 30여 종으로 살아가는 사람이 약 17만 호에 71만 3000명인즉, 총인구의 6할이다"라고 적고 있다. 민족의 오랜 역사 속에서 일제강점기는, 무엇보다 밥 먹기가 가장 힘들었던 시대였다. 인간의 존엄성이 바닥으로 떨어졌던 시기라 할 수 있다.

해방 직후 식생활을 바꾼 미 잉여농산물

현재 한국인의 식생활이 서구화된 계기가 서구 식생활의 모방이라고 생각하지만, 가장 결정적인 이유는 해방 이후 대량으로 들어오기 시작한 미국의 잉여농산물 가운데 가장 많은 양을 차지했던 밀가루다. 우리 국민은 쌀이 부족한 상황에서 보급되기 시작한 밀가루를 어떤 형태로든 먹어야 했고, 분식의 형태인 빵식이 자리 잡을 수밖에 없는 상황이 되었다.

앞서 살펴본 바와 같이 개화기에 서양음식이 이 땅에 소개되고 일제강점기에 통조림, 과자, 청량음료, 식용유와 같은 가공식품이 만들어지기 시작했지만, 이는 어디까지나 상류층 사람들이나 소비할 수 있는 식품이었다. 한국 식생활의 가장 큰 변화는 해방 이후 1950년대에 이루어진 미국의 대규모 식량원조에서 비롯되었다고 볼 수 있다. 당시 주로 도입된 밀가루가 우리 민족이 5,000여 년 동안 이어온 쌀밥 위주의 식생활 구조를 어느 정도 바꾸어놓게 되었다.

흰쌀밥을 제대로 먹기 위한 투쟁이 오랜 세월 계속되었지만, 이 시대만큼 우리 민족의 생명줄인 쌀밥의 운명이 위태로웠던 적은 없다. 미군정에 의해 시작된 미국 잉여농산물의 도입은 우리의 주식인 쌀 소비까지 위협할 정도로 막대한 것이었다. 미국의 잉여농산물에는 밀가루만 있는 게 아니었다. 초창기에는 쌀 원조도 함께 이루어졌다. 그러나 후기로 갈수록 막대한 양의 밀가루가 도입되기 시작하면서 우리의 주식 구조가 위협받게 된다.

1946년 5월 이후부터 미국은 피점령 지역 구호원조라는 명목 아래 여러 가지 형태로 잉여농산물을 우리나라에 제공하기 시작한다. 그중 대표적인 것이 MSA402조*와 PL480호**에 근거

---

* 미국 상호안전보장법이 1954년 개정될 때 새로 삽입된 조항으로, 402조에 근거하여 원조를 제공받는 국가가 일정 비율로 미국의 잉여농산물을 구매하도록 한 규정이다. 그 내용을 보면 원면이 44퍼센트, 인견사 16퍼센트, 소맥 14퍼센트, 소모사 9퍼센트, 대맥 6퍼센트 순이다.
** 미국 정부가 미 잉여농산물 재고 처리와 그것을 통한 대외 군수물자 판매를 주목적으로 1954년 제정한 법이다. 이로 인해 무상원조(1955~60년)된 내용은 소맥이 36퍼센트로 가장 많았고, 대맥 17퍼센트, 쌀 17퍼센트, 원면 11퍼센트 순이었다.

한 잉여농산물 도입이다. 미국의 미 잉여농산물 원조는 당시의 심각한 식량 사정을 완화시키는 데 일정한 역할을 했다. 그러나 저렴한 농산물의 대표 격인 밀가루는 쌀 중심의 식생활을 바꾸는 데에도 결정적인 역할을 했다. 따라서 이 시기 이후 밀의 국내생산 기반은 완전히 무너지게 된다. 미국의 대규모 식량원조는 한국인의 식생활 변화에 가장 큰 영향을 미친 사건으로 평가된다.

쌀밥 수난시대[24]

1960년대가 되면 쌀 중심의 식생활은 다시 한 번 큰 변화를 겪는다. 전반적인 식량 부족 속에 미국의 잉여농산물 원조가 시작되었고, 그 주요 품목은 바로 밀이었다. 따라서 밀가루 소비를 촉진시키고 쌀의 부족을 보리의 소비 확대로 보충하려고 정부에서는 혼분식 장려운동을 시작했다. 식생활의 변화가 소득 증대나 외국과의 교류 같은 자연스러운 변화에 의해 이루어진 것이 아니라, 국가가 경제적 필요에 바탕을 두고 일상생활에 강력하게 개입하여 이루어진 것이다. 아이러니하게도 이는 우리 민족의 주식을 쌀 중심의 식생활에서 밀이나 보리로 전환하려한 것이었고 이에 대한 국민의 저항 또한 만만치 않았다.

혼식은 여러 가지 잡곡을 쌀에 섞어 만든 밥을 말하고, 분식은 곡식의 가루로 만든 음식, 즉 밀가루음식을 말한다. '혼분식 장려운동'은 박정희 군사정부의 생활개선운동의 일환으로

1962년에 공식적으로 채택된다. 처음에는 1961년에 식생활개선센터를 설치하여 식생활 전시회나 강습회 형태의 계몽을 주로 했다. 그러다가 점차 강압적인 형태로 변한다. 1964년 1월 농수산부는 모든 음식점에 대해 25퍼센트 이상의 보리쌀이나 면류를 혼합해 팔도록 했고, 매주 수요일과 토요일을 '혼분식의 날'로 정해 오전 11시부터 오후 5시까지 쌀로 만든 음식을 팔지 못하도록 규제했다. 혼분식 위반 업소는 영업정지 처분을 내리는 등 그 방식이 매우 강제적이었다.

처음 혼분식 장려는 당시의 암울한 식량 사정을 타개하기 위한 것이었으나 쌀 자급률은 나아지지 않았다. 이에 박정희 정권은 국민의 식탁을 통제하겠다는 지극히 '새마을운동'적인 발상을 하기에 이른다. 질보다 양으로 승부하는 통일벼가 전국의 논이라는 논에는 모두 반강제적으로 심어져 마침내 쌀 자급을 이룬 1977년 이후에도 한동안 혼분식 장려는 계속됐다. 모든 통제가 그러하듯 혼분식은 점점 권력의 규율 속으로 흡수되기 시작했다. 즉 학교에서의 도시락 검사나 무미일無米日* 지정 등, 지금 생각하면 우습기 짝이 없는 정책들이 도입되고 강제적으로 시행된 것이다.

그런데 혼식 장려가 강제적 수단 외에는 별다른 장려 방법이

---

* 쌀이 없는 날이라는 뜻으로, 1970년 식품위생법에 무미일 조항이 신설되어 음식점에서는 매주 수요일과 토요일 점심에는 쌀밥을 판매할 수 없었고 학교에서는 도시락을 검사해 쌀밥을 싸온 학생들을 체벌하기까지 했다. 1977년 무미일 조항이 개정됐지만 여전히 쌀의 비율은 70퍼센트를 초과할 수 없었고 잡곡을 권장했다.

없었던 데 비하여 '분식 장려'는 라면이나 각종 빵, 국수의 개발 등 대안적 식품의 도입으로 이어졌다. 현재도 볼 수 있는 소위 '종합분식센터'는 이러한 혼분식 정책의 결과물이라고 볼 수 있다. 또한 학교급식에 빵이 도입되었는데, 이는 학생들의 입맛을 서구적인 것으로 변화시키는 데 결정적인 역할을 한 것으로 보인다. 강제적인 수단은 국민들의 쌀밥 기호를 바꾸는 데 크게 기여하지 못했지만, 시장을 통해 분식을 유도한 일이나 학교의 급식을 빵식으로 바꾼 것은 이후에도 큰 영향력을 행사했다.

사람들이 음식을 선택하는 행위에는 생리적 혹은 사회경제적 요인 외에 상징적 의미도 작용한다. 우리 민족이 쌀과 쌀밥을 다른 곡식보다 우위에 두는 것도 바로 그런 의미 부여 때문이다. 쌀이 아닌 다른 곡식을 통틀어 '잡곡'이라고 하는 것도 같은 맥락에서다. 쌀을 '순수한 것' 혹은 '가장 중요한 것'으로 간주한다는 의미다. 아무리 가난한 사람이라도 조상에게 제사를 지낼 때에는 쌀밥을 제사상에 올렸다는 것은 쌀밥을 그만큼 귀한 것, 좋은 것으로 보았다는 증거다.

우리 민족에게 쌀밥이 갖는 상징적 의미가 크다는 점을 인지한 정부는 결국 쌀 소비를 억제하기 위해 '영양학'이라는 과학의 힘을 빌려 쌀밥을 공격하기 시작했다. 이러한 공격은 주로 쌀밥에 부여된 '귀한 것, 좋은 것'이라는 상징성을 파괴하는 데 초점을 맞추어 이루어졌다. 이는 쌀밥 편식에 대한 비판에서 시작하여 전통 식생활문화의 후진성을 비판하고 혼분식의 장점을 예찬하는 것으로 나타났다. 쌀밥만 먹으면 영양소가 부족하게 되어 신체장애와 뇌일혈, 고혈압, 위궤양, 당뇨병 같은 질병을 가져오게 된다고 주장했고, 심지어 1975년에 펴낸 초등학교 실과 교사용 지도서에서는 "흰쌀 편식은 체질의 산성화를 초래하고 대뇌 변질증을 일으켜 판단력이 흐려지고 지능이 저하될 우려가 높다"는 내용까지 포함시켰다. 모두 쌀밥에 부여된 기존의 상징성을 파괴하고 쌀밥에 대한 부정적 인식을 유포하기 위한 것이었다.

더 나아가 혼분식 장려를 위한 여러 가지 상징이 조성되었다. 밀가루가 쌀에 비해 열량이 높은 것은 물론 단백질, 지방, 칼슘의 양도 많으며, 밀가루 제품인 빵이 쌀밥에 비하여 소화도 잘 되고 각종 질병의 위험을 줄여준다는 식으로 그 효능을 과장했다. 심지어 밀을 주식으로 하는 민족은 우수하고 쌀을 주식으로 하는 민족은 열등하다는 주장까지 제기되는 어처구니없는 상황이 전개되었다.

정부는 민족의 상징이라고 볼 수 있는 쌀밥 신화를 깨는 데는 실패했지만 분식 장려에는 성공했다. 밀가루음식을 좋은 것으로 만드는 작업은 서구문화를 최상으로 여기던 사회 분위기 속에 자연스럽게 녹아들었다. 따라서 쌀밥이 귀하고 좋은 것이라는 굳은 신념체계도 다소 흔들리게 된다. 쌀밥에 대한 신화가 깨지게 시작한 것이다. 그리고 우리나라는 전통 식생활에서 벗어나 아주 빠르게 서구식 식생활문화를 받아들이게 된다.

쌀밥을 버리고 병을 얻다

근대화 과정에서 '독소'로까지 평가절하되었던 쌀의 운명은 지금 어떠한가? 한마디로, 지금은 국민에게 쌀을 못 먹여서 난리인 시대다. 1990년대에 들어서면서 쌀 증산과 식생활의 변화로 쌀 소비가 줄어들어 쌀이 남아돌게 되자 상황은 돌변하였다. 이때부터 '쌀의 소비 확대'가 최상의 정책으로 등장한 것이다. "쌀은 그동안 식품으로서의 가치는 과소평가되고 대신 밀가루와 보리쌀 등 쌀 이외의 영양적 가치는 크게 부각되어 일방적인 교육홍보가 이루어짐으로써 소비자는 밀가루가 쌀에 비하여 월등히 우수한 것으로 잘못 인식하게 되었다"라고 농림축산식품부는 이야기한다. 그러면서 쌀에 대한 찬양을 시작한다.

내용인즉 "쌀을 주원료로 하는 우리의 전통식은 오랜 세월 동안 우리의 체질에 맞게 허용된 균형식단으로 우리에게 균형 잡힌 영양을 제공해왔다. 그러나 최근에 급격히 늘어난 서구식 식생활은 지나친 간이식으로서 영양 섭취가 모자라거나 열량의 과잉 공급으로 성인병을 유발하는 등 부작용이 많이 일어나고 있어 국민건강을 위해서도 쌀의 소비 확대는 절실하다"는 것이다. 이제는 국민건강을 위해서라도 쌀을 적극 소비해야 한다고 주장하는 것이다. 정부의 태도가 이처럼 바뀐 데는 중요한 이유가 있다. 농업기술의 발달로 쌀 생산이 증대되었으나 국민의 쌀 소비량이 계속 줄어들고 있기 때문이다.

우리는 흔히 '식생활의 서구화'라는 말을 많이 사용한다. 하지만 대체 무엇이 식생활의 서구화란 말일까? 물론 여러 가지 측면이 있을 것이다. 그러나 가장 중요한 것은 쌀을 주식으로 하는 식생활 구조가 밀가루 위주의 수입형 식생활에 의존하는 형태로 바뀌었다고 간주한다는 점이다. 한마디로 빵과 육류를 기본으로 하는 서구식 식습관이 유입되면서 이런 현상들이 벌어진 것이다. 쌀 소비량이 매해 줄어들고 있는 것도 식생활 서구화의 영향이라고 보아야 한다.

물론 글로벌 시대를 살아가는 마당에 서양음식을 먹는 게 문제될 건 없다. 집이나 옷도 서양식으로 다 바뀐 시대에 음식만 안 바꾸는 것도 무리이리라. 하지만 가장 큰 문제는 쌀 소비량이 줄어들수록 만성질환의 발병률이 늘어난다는 것이다. 보건복지부의 국민건강영양조사(2013년)에 의하면 1인당 연간 쌀 소비량이 1980년에 132킬로그램, 2000년에는 97킬로그램, 2012년에는 79킬로그램으로 떨어지는데, 이 기간 동안 고혈압, 당뇨병, 고콜레스테롤혈증 유병률이 모두 증가하였고, 심장질환으로 인한 사망률은 급격히 증가하였다. 쌀 소비량만큼 성인병의 발병률을 예측해주는 정직한 지표도 없다. 쌀 소비량이 준다는 것은 대개의 경우 식생활이 서구화된다는 것을 의미하고, 이렇게 되면 지방 섭취가 증가되면서 직접적인 결과로서 성인병이 생기는 것은 당연하다.

영양학자들은 한 사람을 기준으로 쌀의 1년간 소비량 감소의 마지노선을 대개 100킬로그램으로 잡는다. 한 사람이 1년에 쌀을 100킬로그램 이하로 소비하면 만성질환이 크게 증가한다는 의미다. 그런데 1990년대 후반에 이미 마지노선이 무너졌다. 2014년 현재에는 1인당 연간 쌀 소비량이 70~80킬로그램을 맴돌고 있는 실정이다. 매우 심각한 수준이 아닐 수 없다. 그래서 지금 우리의 만성질환 발병률이나 질병 발생의 형태가 육식을 주로 하는 선진국들과 비슷한 형태로 나타나는 것이다. 앞으로도 쌀 소비량은 더 감소할 것으로 보인다. 이로 인해 만성질병이 증가하는 것은 물론, 우리의 식생활 구조마저 서구식으로 바뀌는 심각한 분기점에 와 있는 셈이다.

2부

밥 한 그릇에 담긴 의미

_쌀밥의 문화사

밥은 우리 민족이 수천 년 동안 하루도 빠짐없이 먹은 음식이다. 대체 무엇 때문에 우리는 그토록 오랜 시간을 '밥과 함께' 한 것일까? 밥은 우리에게 어떤 의미였을까? 밥은 우리 민족에게 어떤 가치를 지녔을까? 우리는 왜 아프고 외롭고 고독할 때 어머니가 지어준 '따뜻한 밥 한 그릇'을 그리워하고, 그것을 생각하며 목 메는 것일까? 밥은 그저 쌀로 지은 밥일 뿐인가? 단순히 생리적인 허기를 채워주는 음식일까? 만일 그렇다면 그게 꼭 밥이어야만 할까?

아닐 것이다. 분명 밥은 먹는 것, 배고픔을 해결해주는 것 이상의 의미를 지닌다. 밥은 정서이자 마음이고, 사랑이자 문화이다. 심지어 우리는 "섹스 없이는 살아도 밥 없이는 살 수 없다"고 말한다. 그만큼 밥은 현대화된 우리 삶 속에서도 여전히 많은 의미를 지닌다. 밥의 상징적 의미를 모두 잃어버리게 되는 날, 눈앞에 놓인 밥 한 그릇을 아무런 감동 없이 바라보게 되는 날, 우리는 어쩌면 민족공동체의 의미마저 잃어버릴지 모른다.

밥에 대하여

이성복

1.
어느날 밥이 내게 말하길
참 아저씨나 나나……
말꼬리를 흐리며 밥이 말하길
중요한 것은 사과 껍질

찢어버린 편지
욕설과 하품, 그런 것도
아니고 정말 중요한 것은
빙벽을 오르기 전에
밥 먹어 두는 일.

밥아, 언제 너도 배고픈 적 있었니?

2.
밥으로 떡을 만든다
밥으로 술을 만든다
밥으로 과자를 만든다
밥으로 사랑을 만든다 애인은 못 만든다
밥으로 힘을 쓴다 힘 쓰고 나면 피로하다
밥으로 피로를 만들고 비관주의와 아카데미즘을 만든다
밥으로 빈대와 파렴치와 방범대원과 창녀를 만든다
밥으로 천국과 유곽과 꿈과 화장실을 만든다 피로하다
피로하다 심히 피로하다
　밥으로 고통을 만든다 밥으로 시를 만든다 밥으로 철새의 날개를 만든다 밥으로 오르가즘에 오른다 밥으로 양심가책에 젖는다 밥으로 푸념과 하품을 만든다 세상은 나쁜 꿈 나쁜 꿈 나쁜 밥은 나를 먹고 몹쓸 시대를 만들었다 밥은 나를 먹고 동정과 눈물과 능변을 만들었다, 그러나 밥은 희망을 만들지 못한 것이다 밥이 법이기 때문이다 밥은 국법이다 오 밥이여, 어머님 젊으실 적 얼굴이여

밥은 밥이 아니다

밥 없이 못 치르는 통과의례

우리 민족에게 있어서 의례란 생활 그 자체였다. 우리 민족의 의례에서는 거의 대부분 쌀 혹은 쌀밥을 올리는 것이 기본이다. 그런데 현대사회로 들어오면서 의례 자체가 많이 퇴화되어 의례가 무엇인지 모르는 젊은이도 많아졌다. 하지만 아직도 아이가 태어나면 흰쌀밥으로 삼신상을 차리고, 태어나 21일째가 되는 삼칠일에도 흰쌀밥을 차리고, 백일에도 흰쌀밥을 빠뜨리지 않는다. 누구나 치르는 생일상에도 흰쌀밥과 미역국이 기본이다. 또한 대부분의 가정에서는 제사상을 차릴 때 무엇보다 '메'라고 불리는 흰쌀밥을 어떤 음식보다 중시하여 정성껏 올린다. 우리 삶에서 치러지는 이 같은 많은 행위가 바로 '의례'다. 그리고 인간이 태어나면서부터 죽을 때까지 치르는 결정적인 의례를 '통과의례'라고 한다. 따라서 통과의례는 '인간이 살아가면서 한 번쯤 반드시 거치는 일'이라는 의미로 확대되었다. 특히 '관혼상제冠婚喪祭'라고 일컬어지는 4대 의례는 인생의 가장 중요한 시기에 획을 그어주는 결정적인 행사다. 이때 빠질 수 없는 게 '음식 차리기'다.

한국인은 태어나면서부터 쌀과 함께한다. 길고 긴 산통이 끝나고 무사히 아기를 낳은 산모는 첫 국밥을 먹는다. 첫 국밥은 흰쌀밥과 미역국이다. 이때 밥 짓는 쌀을 산미産米라 하여 소중히 여겼는데, 미리 좋은 쌀을 따로 골라두었다가 해산한 산모에게만 이것으로 밥을 지어 먹인다.

출산을 돕는 산파는 아기가 태어난 직후에 삼신三神에게 바치는 삼신상三神床을 준비한다. 삼신은 산신, 삼신할머니, 삼신할매, 삼신할멈 등으로 부르는데 아기의 점지와 출산, 육아를 관장하는 가신家神이다. 쌀 수탈이 극심했던 일제강점기에도 산모방의 서남쪽 구석을 깨끗이 하고 상 위에 쌀밥과 미역국을 각각 세 그릇씩 올려 삼신상을 차려 삼신에게 바쳤다고 한다. 아기와 산모의 건강 회복을 추구하는 풍속을 거를 수 없었던 까닭이다. 의식이 끝나면 삼신상에 놓았던 쌀밥과 미역국을 산모가 먹는다.

이러한 풍습은 현재도 크게 달라지지 않았다. 지역에 따라 순산을 기원하는 의미에서, 출산의 조짐이 있을 때, 즉 아기가 태어나기 전에 미리 삼신상을 차리는 경우도 있다. 이때는 상에 정화수, 공기에 수북하게 담은 쌀, 그리고 미역을 올린다. 흰쌀밥을 준비하는 풍습은 삼칠일이나 백일, 돌, 생일 등 아이가 자라는 과정 가운데 계속된다. 삼신이 출산뿐 아니라 육아에도 관여하기 때문이다.

신줏단지에 쌀을 모시다

우리 민족은 농경민족답게 천신의례를 올리는 전통이 있다. 천신의례는 그해 수확한 곡식이나 과일을 조상신에게 바쳐 먼저 음감하도록 올리는 의례다. 우리 민족의 조상숭배 사상은 뿌리 깊다. 한 해가 시작되는 설날은 물론이고 명절 때마다 조상께 차례를 올린다. 가내에 일어난 모든 일을 조상의 음덕으로 여겨 감사를 드리고, 매년 새로 수확한 곡식이나 과일을 먹기 전에 따로 날을 정해 조상께 먼저 제상을 차려 올린다.

대표적인 조상숭배 풍속 가운데 성주와 조상에게 '올개쌀'을 올리는 풍습이 있었다. 이는 주로 농사를 많이 짓는 가정에서 올렸던 천신의례로서, 벼를 본격적으로 수확하기에 앞서 논에서 먼저 여물이 든 곳의 벼를 한두 평 정도 베어내 올개쌀을 만든다. 올개쌀은 아직 벼가 여물지 않았기 때문에 이삭에서 훑어낸 벼를 쪄낸 다음 찧어서 쌀로 만든 것이다. 진도에서는 이를 '찐쌀'이라고 부른다. 가정에서는 깨끗한 날을 택해 찐쌀로 메를 짓고 간단한 제물을 장만하여 조상상을 차린다. 차례가 끝나면 가족끼리 찐쌀로 지은 햇밥을 나누어 먹거나 이웃을 불러 함께 먹기도 한다.

진도에서는 따로 조상상을 차리지 않는 가정에서도 찐쌀을 일부러 만들기도 한다. 찐쌀을 만들어 가족끼리 나누어 먹기 위해서다. 쌀이 귀하던 시절이라 햅쌀을 빨리 먹어보려는 의도다. 또한 시집간 딸이 있으면 시댁에 찐쌀을 만들어 보내는 풍속도 있었다. 또한 찐쌀을 만들 수 있을 정도로 벼가 여물면 시집간 딸을 친정으로 불러서 찐쌀로 밥을 해서 먹이는 경우도 있었다.

농사를 짓는 집에는 '성주동이'와 '조상단지'가 있었다. 농사를 많이 짓는 집에서는 성주동이를 항아리로 사용했다. 추수가 끝난 뒤 대개 음력 10월경에 좋은 날을 받아서 주부는 아침부터 정갈하게 목욕을 하고 성주동이와 조상단지에 새로 수확하여 찧은 쌀을 담는다. 전 해에 담았던 쌀은 꺼내서 가족끼리 나누어 먹기도 하고, 집안에 유고가 있을 경우에는 일부러 장에 내다판다. 진도에서는 이러한 가택신앙이 마을신앙으로 확대되었다.

전통사회에서 주부가 모셨던 신 가운데 가장 중요한 신이 바로 '성주신'이다. 성주신은 그 집의 가장을 수호하는 신으로 전통적으로 집의 대들보에 산다고 전해진다. 집 건물에서 제일 중요한 게 대들보고 집안에서 제일 중요한 존재가 가장이라 생각해 대들보와 가장을 연관시킨 것이다. 성주신의 몸체는 지역마다 다른데, 일반적으로 작은 단지에 쌀을 넣어서 표현한다. 이것을 마루 귀퉁이나 대들보에 올려놓는다. 고사는 이 성주신에게 치성을 드리는 것으로 시작한다. 정성스레 시루떡을 해서 그 위에 북어나 실타래 같은 것을 놓는다. 여기에 촛불을 켜놓기도 하는데 막걸리 한 사발을 올리는 것도 빼놓을 수 없다. 주부는 여기에 절을 하고 손을 비비면서 올 한 해를 무사히 넘긴 데 감사를 드렸다. 그리고 앞으로의 복을 빌기도 했다.

유화부인은 왜 주몽에게 곡물 씨앗을 주었을까?

고구려는 우리 역사상 가장 위대한 국가 중 하나다. 우리는 고구려의 기상을 부러워하며 주몽이 이룩한 대제국으로서 고구려를 기억한다. 유화부인은 고구려 시조인 동명성왕 주몽의 어머니다. 고구려 건국설화에 따르면 유화부인은 수신水神 하백의 딸로서, 아우들과 놀고 있을 때 천제의 아들 해모수가 웅신산 아래 압록강 가의 집으로 꾀어들여 사통하고 간 뒤 돌아오지 않으므로 부모가 중매 없이 혼인한 것을 꾸짖어 태백산 남쪽 우발수로 귀양을 보냈다. 여기서 동부여의 금와왕을 만났는데 금와는 유화를 이상히 여겨 방 안에 가두었다. 방 안에 간힌 유화의 몸으로 햇빛이 비춰와 몸을 피해도 계속 쫓아와 비추더니 태기가 있어서 알 하나를 낳았다. 왕이 크기가 닷 되 들이만 한 그 알을 버렸으나 동물들이 돌봐주니 다시 그 알을 어미에게 돌려주고 포대기로 싸서 따뜻한 곳에 두었다. 알을 깨고 한 아이가 나왔는데 그 아이가 바로 주몽이다.

이규보의 〈동명왕편〉에도 비슷한 이야기가 나온다. 주몽은 어려서부터 영특하여 금와왕의 아들들이 시기하고 죽이려 했다. 이에 유화부인이 주몽을 남쪽으로 피신시키면서 여러 곡식의 씨앗을 주었는데, 보리 씨앗만 빼놓는 바람에 비둘기를 이용해 씨앗을 전해주었다는 이야기가 나온다. 이 사실로 보아 유화부인은 농경과 관련된 농업신의 성격을 띠고 있음을 알 수 있다. 후에 고구려에서는 고등신高登神으로 받든 주몽과 함께 유화부인을 부여신扶餘神으로 섬기며 제사를 지냈다.

비록 인간 유화부인은 결혼하지 않은 남자의 아이를 낳고 그 아이를 떠나보내 여성으로서 평탄한 삶을 살지는 못했다. 하지만 그녀는 영원히 죽지 않는 불멸의 여신으로 고구려 백성들의 가슴속에서 거듭 태어나게 된다. 고구려는 추모대왕이 스스로 천제의 아들, 하백의 외손이라고 말한 것으로도 알 수 있듯이 천손국天孫國이라는 자부심이 매우 컸다. 그래서 그들은 추모대왕이 세상을 떠난 뒤에는 그에게 성왕, 곧 '성스러운 대왕'이란 묘호를 바치고 신상을 만들어 신묘에 모시며 시조신으로 받들었다. 또한 시조신의 어머니요 국모인 유화부인도 여신상을 만들어 신묘에 모시고 부여신이라 부르며 자자손손 받들어 모셨다. 이때 곡물은 여성을 상징하므로 유화부인을 곡물의 여신으로 추앙한 것이다.

아들의 망명 직전에 오곡 종자를 챙겨주었다는 설화로 미루어보건대, 이미 고구려 백성들의 의식 속에는 유화부인이 생활을 풍요롭게 해주는 수확의 여신으로 자리 잡고 있었던 것 같다. 이 시대부터 농경은 가장 중요한 일이었고, 따라서 유화부인은 떠나는 아들 주몽에게 곡식 씨앗을 챙겨주었을 것이다. 이를 바탕으로 주몽은 고구려를 건국하고, 그의 어머니인 유화 부인을 '곡물의 신'으로 받들었던 것이다.

나는 쌀의 여신이다

쌀을 주식으로 하는 동남아시아권에는 수많은 '쌀의 여신Rice Mother'이 존재한다. 이들 쌀의 여신은 세 가지 유형으로 구분된다. 첫째, 몸에서 쌀을 만들어내는 여신. 둘째, 만물에 자양을 공급하는 여신. 곡식과 행운의 수호신으로 그녀의 젖이 곧 쌀이며, 이때 쌀은 모든 생명체의 영혼으로 여겨졌다. 셋째, 의식 절차를 갖추어 벼를 베는 여성의 모습을 한 신. 이 여신은 주로 대지의 영혼을 담고 있는 것으로 간주되었다. 또 다른 전통에서는 모심기를 할 때 특정한 벼를 쌀의 어머니로 지정하여 그 벼의 성장 정도가 다른 모든 벼의 성장에 영향을 미친다고 믿었다.

흰 옷을 입고 벼를 베는 여인, '쌀의 여신'을 보자. 태국의 어느 지방에서는 논에서 쌀의 낟알이 부풀듯 커지기 시작하는 것을 벼가 임신한 것으로 본다. 벼를 여신의 몸과 동일시하는 것이다. 태국의 쌀의 여신 이름은 '매 포숍Mae Phosop'이다. 이 여신의 임신을 축하하는 의례가 전통으로 이어졌고, 여신의 사당은 논에 차려졌다. 인도에서도 쌀은 여신화되었다. 히말라야산맥에서 아름답기로 유명한 산 '안나푸르나Annapurna'는 쌀과 음식의 여신 이름이기도 하다. 그녀는 밥숟가락을 손에 든 형상으로 묘사되는데 덕분에 더욱 친근감을 자아낸다. 여신은 이렇게 우리에게 밥 한 숟가락이라도 더 먹이려는 어머니와 같은 모습이다. 벼에서 쌀이 익고 그것으로 밥을 해 먹고 살아가는 일, 그 자체가 얼마나 신성한 일인지 생각하게 해주면서 말이다.

쌀의 여신은 일본에서도 많이 발견된다. 일본의 '이나리いなり'는 풍요의 신이자 쌀의 신인데, 젊은 여성의 모습과 늙은 남성의 모습을 모두 가지고 있으며 이러한 양성적 성격을 포용한 관음보살로 표현되기도 한다. 그런데 한 연구에 의하면 이나리의 남성적 측면은 불교가 전파되면서 생겨났다고 하여, 불교의 전래가 여신 전통을 변화시켰음을 알 수 있다. 신라의 경우 쌀의 여신이 관음화되면서도 여성이라는 성적 정체성은 유지되었던 반면, 일본에서는 남성적 모습이 추가되면서 양성의 관음으로 변용된 것이다. 이후 이나리는 양성동체가 된 보살 다키니텐茶吉尼天이 하얀 여우에 올라탄 모습으로 나타나거나 여우 그 자체로 표상되었다.

쌀은 그 자체가 생명과 연관된 신성한 곡물로 여겨졌는데, 특히 여성의 출산의례에서 중요하게 다루어졌다. 태국 중앙의 한 지역에서는 여성이 아기를 출산할 때 산고의 마지막 단계에 쌀을 산실의 둘레에 뿌리는 전통의식이 있다고 한다. 이처럼 출산과 쌀이 연결되어 있는 것은 우리나라의 풍속에서도 발견된다. 소위 '삼신 위하기'라고 하는 의례에서는 출산 시 태를 자르고 흰 주머니에 쌀을 담아 이것을 방 한쪽에 걸어두어 삼신할머니께 올리기도 하고, 산모 머리맡에 쌀밥과 미역국, 청수를 올린

〈그림 7〉 손에 벼이삭을 든　　　〈그림 8〉 인도 여신 안나푸르나는 쌀과 음식의
태국 쌀의 여신 매 포솝　　　　신으로서 손에 밥숟가락을 들고 있다.

삼신상을 차리고 빌기도 한다. 생명을 관장하는 우리의 여신, 삼신할미의 의례에서도 쌀은 중요한 제물이자 생명의 상징이었던 것이다.

라이스 마더의 재탄생

우리 민족은 삼국시대 이후 불교를 숭상해왔다. 조선시대에는 불교가 배척당하기도 했지만 여전히 민중의 삶 속에 뿌리박혀 있었다. 불교에서는 밥을 매우 신성시한다. 그래서 밥을 짓는 쌀 자체도 불교 의례에서 신성시된다. 부처님 오신 날인 사월초파일 의식에서는 부처님의 탄생을 기리면서 여섯 가지 재물을 공양하는 소위 '육법공양'이 있는데, 향·연등·과일·꽃·차와 함께 빠지지 않는 것이 바로 쌀이다. 그리고 무엇보다 신자들의 오래된 습속에서도 쌀 신앙을 확인할 수 있다.

'심청의 공양미 삼백 석'으로 잘 알려진 공양미는 쌀로 부처님께 공양을 올리고자 하는 것이다. 과거에는 쌀이 화폐의 기능을 했기 때문이다. 하지만 화폐가 발달한 현재까지 군이 쌀로 공양을 올리는 사람이 많은 것을 보면 우리의 쌀 신앙이 사람들 마음 깊숙이 자리 잡고 있음을 알 수 있다.

한국 불교신자들이 신성시한 쌀 신앙 속에서 우리의 쌀의 여신을 찾아보자. 앞서 아시아 곳곳에서는 쌀과 연관된 여신 신앙의 문화가 발견되는데, 우리에게도 그러한 전통이 있었다. 통일신라의 승려 원효가 만난 우리 쌀의 여신은 벼를 베고 있는 흰옷 입은 여인의 모습으로 나타나서, 관음의 화신으로 전환되고 있음을 알 수 있다. 이렇게 원효는 제일 먼저 들판의 벼 베는 여인을 만나고 이어서 월수백月水帛, 즉 생리대를 빨던 여인을 만났다. 앞에서 살펴본 바와 같이 쌀의 여신 전통은 출산과 밀접한 관련을 가지고 있었으므로, 원효가 두 여인을 연달아 만났던 것은 우연이 아니다. 즉 쌀의 여신과 출산의 여신은 함께 다니면서 활동한 자매 여신으로 추측된다. 쌀의 여신은 이후 불교문화 속에서 자취를 감춘다.

그런데 쌀 신앙은 한국 불교의 독특한 의례 속에서 살아남는다. 한국 대부분의 사찰에서는 매일 오전 9시부터 11시에 사시예불을 올리면서 부처님께 흰쌀밥을 공양한다. 이것을 '사시마지'라고 부르는데, '마지'라는 용어는 불교 본래의 것이라기보다 한국에서만 사용하는 것이라고 지적되는데, 이는 한국의 독특한 쌀 전통문화라고 할 수 있다. 더구나 마지라는 용어가 일월마지굿, 진적마지굿 등 무속 굿의 전통에서 보다 적극적으로 사용된 것을 보면, 한국 불교의 사시마지, 즉 쌀밥 공양은 쌀 신앙의 계승이라고 해석할 수 있다. 그리고 민속 명절인 동지에는 사찰에서 '동지마지'라고 하여 팥죽으로 불공을 올리고 신자들과 나누어 먹기도 하는 등 한국 불교는 고유의 민속 신앙을 포용했다.

삼국시대 임금은 위대하다

우리나라에서 쌀이 주식의 자리를 확고히 한 것은 삼국시대다. 쌀이 상류층의 주식으로 위치를 굳힌 것도 이 시대였다. 수많은 곡식 중에서도 쌀이 단연코 최고였던 것은 쌀이 내는 '에너지'의 진가를 인식한 탓이다. 곡식의 '곡穀' 자에는 '벼 화 禾' 자가 들어 있다. 기운과 힘을 나타내는 '기氣' 자에도 '쌀 미 米' 자가 들어 있다. 쌀은 다른 잡곡에 비해 소화도 잘 되고 실제로 내는 열량도 높은 편이라 쌀밥을 먹었을 때 가장 기운을 잘 쓸 수 있다고 생각한 것이다.

그래서 쌀밥은 곧 권력의 상징이 되었다. 《삼국유사》에는 이를 보여주는 재미있는 기록이 나온다. 《삼국유사》의 '태종 춘추공조'에 의하면 태종 김춘추의 식사량이 하루에 쌀 세 말, 수꿩 아홉 마리였다고 한다. 백제 멸망 후에는 점심을 그만두었는데도 왕의 식사량이 쌀 여섯 말, 술 여섯 말, 꿩 열 마리로 기록된다. 태종 김춘추가 아무리 대식가라고 해도 이 많은 쌀을 다 먹었을 리는 없다. 그런데《삼국유사》는 왜 이렇게 기록하고 있을까? 이는 고대사회에서 쌀밥의 식사량을 권력, 즉 힘과 동일시했기 때문인 것으로 보인다. 삼국을 통일하여 가장 힘이 강력했던 태종의 권력을 쌀밥으로 표현한 재미있는 기록이다.

서양에서도 마찬가지다. 인류학자 맥클랜시는 그의 책《소비하는 문화Consuming culture》[25]에서 "음식은 힘이다Food is power"라는 말로 음식의 생산·분배·소비를 지배하는 자가 다른 사람들을 지배할 수 있다고 강조했다. 동서양을 막론하고 먹거리를 지배하는 자가 바로 권력을 가진 자다. 특히 고대사회에서는 밥이 곧 권력이었다. 밥을 많이 먹을 수 있다는 사실 자체가 부와 권력을 가졌다는 것을 말해준다. 왕의 식사량을 과장한 것도 이같은 맥락이다.

현대사회에서도 밥이 권력이고, 국민의 먹거리를 해결하는 지배자가 가장 무섭다는 생각이 들 때가 많다. 공산주의를 택한 중국과 북한을 보고 있으면 더욱더 그런 생각이 든다. 적어도 중국 공산당은 국민을 굶기지 않았다는 점에서 북한과 차이가 난다. 먹거리를 해결하지 못하고, 자기 국민을 굶기는 정부가 과연 제대로 된 정권인지 생각해볼 일이다.

선교사의 눈에 비친 조선인의 거대한 허기

개항기 이후 서울에 많은 외국인들이 들어오게 된다. 잠시 머무는 사람도 있고 일정 기간 거주하는 사람도 있었다. 네덜란드인 선무원 하멜Hamel은 개항 훨씬 이전인 1653년에 제주도에 표류하여 1666년 탈출할 때까지 13년 동안 조선에 머물렀다. 그는 고국으로 돌아간 뒤 조선에서의 생활을 기록하여 《하멜 표류기》(1667)라는 책을 펴냈다. 그 후 많은 서구인이 조선에 대한 기록을 남겼는데, 이것들은 주로 생활문화 전반에 관한 내용으로서 특히 조선 말기 한양 사람들의 식생활 모습을 설명하는 중요한 자료로 사용된다.

외국인들은 조선의 농수산물 공급 상태는 양호한 것으로 기록했다. 백성들이 비교적 풍족한 식생활을 누릴 수 있는 여건이 마련되어 있다고 판단한 것이다. 하멜은 자신의 책에서 이미 1600년대에 "남한산성에는 3년간의 식료가 저장되어 있으며, 이 나라 사람들은 식재료로서 필요한 것을 어느 정도 자급자족할 수 있다"고 밝혔다. 또한 19세기에 조선을 방문한 독일인 오페르트도 "양곡뿐만 아니라 수산물 또한 매우 풍부하다"고 썼다.

실제로 경작하고 있었던 농작물을 살펴보면 주식이었던 쌀이 무엇보다도 가장 중요하게 여겨졌고 또 많이 경작되었던 것을 알 수 있다. 스웨덴 기자 그렙스트Grebst는 자신의 조선 방문기에서 "조선인은 농작물 중 쌀을 으뜸으로 하며 인구의 70퍼센트 이상이 농업에 종사하고 쌀을 매우 중요시하여 농부를 숭상한다"고 했다. 그는 이어서 "쌀농사 다음으로 조선인들은 주로 채소류를 가꾸는 데 정성을 쏟는다. 콩 종류만 해도 20가지가

[표 1] 조선 후기 외국인의 조선 방문기*

방문 시기	방문자	국가	최초 출판 연도**	번역 연도***	직업	방문 목적	저서
1653~1666	Hendrick Hamel	네덜란드	1813	1999	선무원	표류	하멜 표류기
1884~1905	Horace Newton Allen	미국	1908	1999	의사, 외교관	의료, 선교활동	조선 견문기
1866~1868	Ernst Jacob Oppert	독일	1880	2000	여행가, 인종학자	연구, 탐사	금단의 나라 조선
1885	William Richard Charles	영국	1888	1999	텐진 및 북경 영사	외교	조선 풍물지
?~1886	George William Gilmore	미국	1892	1999	육영공원의 교사	교육	서울 풍물지
1886	Homer Bezaleel Hulbert	미국	1906	1999	교사	교육	대한제국 멸망사
1888~1921	Lillias Sterling Horton	미국	1904	1998	의사	선교활동	상투의 나라
1888~1928	James Scanth Gale	캐나다	1909	1999	목사	선교	전환기의 조선
1894~1987	Isabella Bird Bishop	영국	1905	1994 /1998	여행자, 작가	여행	조선과 그 이웃나라들
1904	W. Ason Grebst	스웨덴	1912	2005	기자	여행	스웨덴 기자 아손, 100년 전 한국을 걷다
1927~1927	William Elliot Griffis	미국	1905	1999	목사	한국사 연구	은자의 나라 한국

* 한국에서 번역 출판된 것 중에서 대표적인 저서를 꼽았다.
** 국립중앙도서관 기록을 중심으로 출판일을 기록하였다.
*** 번역도서의 출판일을 기록하였다.

넘는다"고 적고 있다.

캐나다 선교사인 게일Gale 또한 《코리안 스케치Korean Sketches》 (1898)에서 "내륙에 들어섰을 때 기름진 언덕과 계곡에 오곡이 풍성하게 무르익고 있는 모습에 매혹되었으며, 경작할 수 있는 모든 땅이 개간되어 있는 상태이며, 양식은 수백만의 한국인이 먹고 살기에 충분하며 해마다 수출입의 균형을 이루고 있고, 담백한 쌀밥과 배추김치와 국과 콩과 간장이 한국인이 1년 내내 매일 먹는 일반적인 식사다"라고 적었다.

이상에서 알 수 있듯이 비록 외국인의 견해를 통해서이지만 조선 중기부터 조선 말기에 이르기까지 이 땅에 들어온 외국인들은 우리나라는 식료품의 자급이 가능했으며 쌀을 주식으로 하고 여러 가지 농산물을 재배하고 있었다고 증언하고 있다.

그 당시 조선 사람들이 주로 먹은 음식에 대한 기록은 그 밖에도 많다. 특히 쌀이 주식이라는 기록은 여러 곳에서 나타난다. 오페르트도 "조선의 주식은 쌀밥이고 부식류로는 채소, 생선, 조류, 때로는 돈육이 있고, 우육은 거의 먹지 않는데 그것은 일본에서와 같이 종교적인 근거에서가 아니고 본디 토지가 적고 산악이 많아서 목축이 거의 제한되어 있기 때문이다"라고 적었다.

외국인들은 조선인의 식습관 가운데 대식大食 습관을 가장 인상 깊다고 말했다. 거의 대부분의 기록에서도 드러나는 사실이다.

조선 사람들의 식사법 중에서 눈에 띄는 결함은 그들이 탐식을 한다는 사실로서 일본인, 프랑스인, 네덜란드인, 중국인들이 조선 사람들의 그와 같은 성격을 증언하고 있다. 식사를 많이 하는 것은 자랑스러운 것이며 잔치의 평가는 음식의 질에 있는 것이 아니라 그 양에 있으며 말을 하다가는 한입 가득히 먹을 수가 없으므로 식사 중에는 거의 말이 없다.[26]

조선 사람들은 언제든지 먹을 준비가 되어 있다. 닥치는 대로 아무것이나 공격하여 '그만 먹겠다'는 말을 하는 일은 드물다. 심지어는 식사 때가 아니라도 먹을 것이 나오면 마음껏 먹어치우려 한다. 노동자 한 사람이 보통 먹는 양은 쌀 1쿼터* 정도인데 이것으로 밥을 지으면 그 용량이 매우 많다. 그러나 그가 먹을 수만 있다면 그 양의 두세 곱이라도 먹어치우려는 식욕을 막을 수 없다. 먹기 시합도 흔히 볼 수 있다. 소를 잡아서 고기를 내어올 때엔 김이 무럭무럭 오르는 고기가 수북이 쌓인 접시를 보고도 놀라는 사람도 없다. 조선인들은 매 끼니마다 엄청난 양을 먹어치운다는 것이고 결과적으로 소화장애의 어려움을 자주 겪는다는 것이다. 음식의 상당량이 생선, 육류, 채소를 막론하고 날것으로 섭취된다.[27]

평상시 조선 사람들은 일본인의 두 배를 먹는다.[28]

---

* 1쿼터는 2파인트pint인데, 1파인트는 4홉 8삭으로, 당시 한국인은 한 끼에 9홉 6작, 즉 거의 1되에 가까운 쌀을 먹은 것이다.

그 당시 영양실조가 횡행한다고 했는데 음식은 가능한 한 있을 때 많이 먹는 습관이 있다. …… 조선 사람들의 또 하나의 큰 결점은 大食이다.[29]

식사를 많이 하는 것은 자랑스러운 것이며 잔치의 평가는 음식의 질에 있는 것이 아니라 그 양에 있다. 많이 먹을 수 있는 배를 가졌다는 것은 큰 덕이기 때문에 어릴 적부터 아무것이나 많이 먹을 수 있도록 배를 훈련하려 한다. 어머니들은 아이들을 무릎 위에 앉히고 병아리에 마개를 쑤셔넣듯이 밥을 먹인 다음 나뭇가지나 국자로 가끔 아이의 배를 툭툭 때려서 밑바닥까지 꽉 차 있는가를 알아본 다음 아이가 신체적으로 더 이상 삼킬 수 없을 경우가 되어야 그만 먹인다.[30]

유일한 여성 작가인 이사벨라 버드 비숍Bird Bishop(1832~1904)도 엄마가 아이에게 밥을 먹이는 장면을 목격했는데, 아이 엄마가 아이에게 밥을 많이 먹인 후에도 띠를 둘러 등에 업은 채 다시 한 번 밥을 먹였다. 그러고도 미심쩍은지 평평한 숟갈로 배를 두드려보더니 밥을 더 먹였다고 한다. 자식들에게 밥을 더 먹이고 싶은 우리나라 어머니의 유난한 마음은 밥 먹기가 고단했던 구한말에 더 강하게 나타났고, 이러한 한국적 정서를 이해하지 못하는 외국인들은 이를 기이한 행동으로 묘사하였다. 우리나라 엄마들은 먹거리가 넘쳐나는 지금도 자식들에게 '밥은 먹고 다니냐'고 묻지 않는가?

조선인들이 대식하는 민족으로 기록된 것은 다음과 같은 이유 때문일 것이다. 그들이 접촉했던 대부분의 사람은 외국 문물에 대해 폐쇄적인 반가의 사람들이 아니라 그 당시 인구의 대다수를 점했던 농민이었을 것이다. 이들은 노동량이 많았기 때문에 필요한 열량도 많았을 테고 대부분 밥과 같은 탄수화물 식사에 의존했던 것이기에 자연스레 밥량도 많아질 수밖에 없었을 것이다. 실제로 양반들은 하루에 세 끼를 먹었으나 농민들은 네다섯 끼를 먹었다고 전해진다. 그 모습을 본 외국인들은 우리 민족 전체가 대식을 한다고 생각했을 가능성도 크다.

조선의 왕, 쌀밥을 경계하다

조선시대 내내 쌀은 단지 음식이 아니라 정치요, 민생안정을 재는 바로미터였다. 풍년이 들면 임금을 칭송했지만 흉년이 들면 임금에게 덕이 없어 하늘이 노했다며 민심이 흉흉해졌다. 백성들이 먹고사는 문제를 해결하는 것은 왕실의 가장 큰 책무였다. 따라서 흉년이나 가뭄이 들면 왕이 직접 기우제를 지내는 것은 물론 수라상의 음식 수를 줄이거나 육고기를 금하고 이를 각 도에 알려 왕의 솔선수범을 홍보했다.

그렇다면 왕실의 밥은 어떠했을까? 조선 말기 수라상궁의 증언과 기록에 의하면, 왕실의 수라는 원칙적으로 하루에 5~6회 올려졌으나 이 중 정식 끼니에 해당하는 것은 아침과 저녁 수라뿐이었다. 수라상은 조선 말기에는 12첩 반상으로 구성된다. 밥의 경우는 흰쌀밥(백반)과 팥물을 넣어 지은 홍반 두 가지 중 선택하게 했다. 팥을 넣은 것이 아니라 팥을 삶아 거른 팥물로 홍색의 밥을 지었다. 이때 쌀은 지금도 유명한 경기 여주·이천 쌀이었다고 전해진다. 이 지역의 쌀은 '자채벼'로 수확이 빠른 조생종이며 기름지고 맛이 좋았다. 수확량이 적어서 일반적으로 재배하기에는 무리가 있었지만 왕의 밥인 만큼 최상의 쌀을 사용했을 것이다.

왕실에서는 가뭄으로 인해 흉년이 들면 반찬 수를 줄이는 '감선減膳'으로 백성들의 고통에 동참했다. 그래서 《조선왕조실록》에는 이러한 감선에 대한 기록이 수없이 많다. 쌀밥을 '옥같이 흰 밥'이라고 하여 '옥식玉食' 혹은 '옥미玉米'라고 불렀는데, "나라에 큰일이 있으면 비단과 옥미의 사용을 경계하라"는 내용이 많이 등장한다. 비단과 옥미를 경계하지 아니하고 마구 사용하는 탐욕스러운 부자들을 엄히 다스려야 한다는 내용도 자주 나온다. 성종 17년(1486)에는 전라도 진휼사로 다녀온 이극돈이 실상을 보고하면서 백성들이 쌀을 아끼지 않고 한 끼를 먹는 양이 중국 사람이 하루에 먹는 양이라고 하면서 허비를 문제시하고 있으며 또한 마구 술을 담가 먹고 있어서 그 폐해가 심각함도 지적하고 있다.

《조선왕조실록》에는 계속되는 가뭄과 흉년으로 인해 임금은 자신이 먹는 쌀밥에 편하게 수저를 내릴 수가 없으며 밥맛을 느낄 수가 없을 만큼 걱정하고 있음을 알리는 교서를 내리며 백성들이 알고 동참해주기를 바라는 내용도 있다. 성종 14년(1483)

의 기록에는 가뭄으로 이미 감선을 실시하고 있었는데, 성종이 수라를 지을 때 쓰는 쌀의 양까지도 줄이라고 명하자 한명회가 쌀의 양이 너무 적다면서 줄이지 말라고 청하는 장면이 나온다. 성종은 처음에는 이를 물리치지만 이후 영의정 정창손이 다시 청하자 이를 받아들인다. 최고권력자의 자리에 있다고 해도 흰쌀밥 한 끼 편하게 먹을 수 없었던 걸 보면, 왕 역시 고단한 사람 아니었을까?

'어머니의 밥'에서 '국민 남동생의 밥'으로

광고의 홍수 속에 살아가는 우리에게 유독 잊히지 않는 광고가 있다. 바로 "햇반은 엄마가 해주신 밥"이라는 광고다. 햇반은 특정 회사의 브랜드 이름이지만 지금은 누구나 쉽게 사서 먹는 '즉석 밥의 대명사'가 되었다. 사실 말 그대로라면 햇반은 밥 가공품이 아니라 햅쌀로 갓 지은 밥이어야 한다. 아마 대부분의 사람에게 햇반을 사서 전자레인지에 가볍게 돌려 먹은 경험이 있을 것이다. 햇반은 밥은 으레 집에서 손수 지어 먹는 것이라는 생각을 바꾸어버렸다. 따라서 햇반의 등장은 우리나라의 밥 문화를 바꾸어놓은 일대 사건이라 할 만하다.

햇반은 2011년 기준으로 연간 1억 개 이상이 소비된다. 어마어마한 양이다. 이를 돈으로 따진다면 단일 제품으로 연간 1000억 원의 매출을 올리는 셈이다. 2010년 800억 원, 그리고 2011년에 1000억 원으로 매출도 계속 큰 폭으로 증가해왔다.

"간식, 부식이 아닌 '주식'으로 소비되는 '밥' 제품이 한 해 동안 우리나라에서 1억 개 이상 판매된 것은 가정의 식문화에 큰 변화가 일어나고 있는 일대 사건"[31]이라고 평가받는다. 아마 이러한 추세는 앞으로도 계속될 것이다. 현재 우리나라에 1~2인 가구가 400만을 넘어서고 있는데 이들은 대개 즉석 밥에 대한 거부감과 편견이 적은 세대인 탓이다. 한국과 밥문화가 비슷한 일본의 경우도 마찬가지다. 그들의 즉석 밥 시장규모 역시 600억 엔 이상이다. 무균포장 밥 햇반의 높은 소비량은 당분간 지속될 것 같다.

햇반 이전에도 우리나라에는 레토르트 형태의 즉석 밥이 여러 종류 있었다. 그러나 히트 친 제품은 없었다. 그런데 어떻게 햇반은 히트를 친 것일까? 여기서 가장 중요한 것은 "소비자가 원하는 밥의 이미지"였다고 제조사 측은 말한다. 소비자들이 원하는 것 중 하나가 '담백한 맨밥'인데, 시중에 나와 있는 즉석 밥들은 대개 '볶음밥 일색'이었다. 제조사는 소비자들의 마음을 정확히 읽고, 한국인에게는 역시 아무것도 첨가하지 않은 흰쌀밥이 중요하다는 사실을 간파한 것이다. 그래서 원재료로 한국인이 가장 인정하는 경기도 이천 쌀을 택했고 조리법에도 신경을 써 압력솥의 원리를 적용해 밥을 지었다. 그리고 '한국인이 좋아하는 순수한 쌀밥'이라는 점을 강조했다.

1996년 햇반을 처음 출시하면서 제조사는 "제일제당에서 밥이 나왔어요!"라는 광고문구를 썼다. 그러면서 한국의 대표적인 어머니상으로 자리 잡은 탤런트 김혜자 씨를 모델로 기용해 믿음을 주었다. 그러다가 2000년대 들어서면서 '급하게 한 끼 때우는 어쩔 수 없는 밥'이 아니라 '집에서 엄마가 정성스럽게 지어준 것처럼 맛있는 밥'이라는 이미지를 더 부각시켰다. 햇반 앞에 늘 따라붙었던 수식어 "100퍼센트 이천 쌀밥"은 사라지고 대신 "엄마가 해주신 밥"이라는 문구가 붙었다. 그러다가 어머니의 이미지마저 사라진 햇반 광고가 등장한다. 1인 가구가 폭발적으로 증가하고, 햇반을 먹고 자란 세대가 성인 대열에 합류하면서 '햇반의 일상식 시대'가 열렸다고 가늠한 것이다. 그래서 국가대표이자 국민 남동생 이미지를 가진 수영 선수 박태환을 모델로 기용해 "밥보다 더 맛있는 밥" 혹은 "나를 키운 것은 8할이 햇반이다"라고 광고한다. 그러니까 어머니가 해주신 따뜻한 밥이 나를 키운 게 아니라 '햇반'이 나를 키웠다는 것이다. 이제 밥을 어머니로 생각하는 세대보다 '밥은 밥'이라고 여기는 젊은 세대가 전면에 등장한 것이다. 어쩌면, 이제 밥은 더 이상 어머니를 상징하지 않는지도 모른다.

조선시대 문헌에 나타난 다양한 밥

조선 초기 사람들은 어떤 밥을 먹었을까?

　조선시대, 특히 후기에 들어서면 다양한 조리서들이 편찬된다. 조리서가 아닌 문헌에서도 음식에 대한 기록을 종종 발견할 수 있다. '밥'은 조선시대에 가장 중요한 주식이므로 조리서뿐 아니라 다양한 문헌에서 밥에 대한 기록을 만날 수 있는 것이다. 이러한 문헌들을 살펴보면 다양한 밥의 종류에 놀라게 된다. 지금보다 훨씬 다양한 밥을 조리하고 만들어 먹었음을 알 수 있다. 그러나 조선시대 조리서 중에는 당시 중국의 조리서를 필사한 내용도 있으므로 주의해서 확인할 필요가 있다. 사람들이 평상시 만들어 먹은 밥이 아니라 문헌 속의 밥을 옮겨 적은 경우도 있는 탓이다. 고_古조리서를 통해 파악할 수 있는 조선 초기의 밥문화는 과연 어땠을까?[32]

1400년대 음식에 관한 중요한 기록으로는 세조대의 어의를 지낸 전순의_{全循義}가 편찬한 《산가요록》과 《식료찬요》가 있다. 《산가요록》은 작물, 원예, 축산, 양잠, 식품 등을 총망라한 농서_{農書}이면서 술, 밥, 죽, 국, 떡, 두부 등 229가지 음식의 조리법을 수록한 책으로, 1400년대의 식생활문화를 비롯한 방대한 음식의 다양한 조리법을 한눈에 볼 수 있다. 《산가요록》에는 '목맥반'이라는 이름의 밥이 등장하는데, 메밀밥이다. 쌀이 부족하여 메밀밥을 지어 먹은 것으로 보이는데, 메밀을 찧어 물에 담갔다가 햇볕에 말린다. 그런 다음 절구에 빻아 걸러 밥을 조리하여 먹었다는 것이다. 《산가요록》에는 목맥반 외에도 소맥반, 청량미밥, 좁쌀밥, 멥쌀밥, 피밥, 율무밥 등도 나온다. 여기 나오는 소맥반은 밀밥이다. 껍질을 벗긴 밀로 밥을 지은 것으로 소갈 치료에 효과적이라고 나온다. 이름이 생소한 청량미반은 차조로 지은 밥인데 소변 불통에 효과적이라고 한다.

《식료찬요》는 일상생활에서 쉽게 구할 수 있는 음식을 통해 질병을 치료하는 방법을 기록한 책으로, 현전_{現傳}하는 가장 오래된 '식이요법서'라고 할 수 있다. '식료_{食療}'는 음식으로 질병을 다스린다는 뜻으로 다른 말로 '식치_{食治}'라고도 한다. 내용은 모두 45가지 질병에 대한 식이요법을 소개하는 것으로 이루어져 있다.

조선 초기의 학자인 성현_{成俔}(1439~1504)이 지은 것으로

1525년에 간행된 수필집《용재총화》에는 백미반, 조밥, 현미밥, 제밥, 빙침반 등 지금은 약간 생소한 이름의 밥들이 등장한다. '제밥'은 고두밥을 뜻하며, '빙침반'은 밥에 콩가루와 얼음을 넣고 비빈 밥이다. 조선 중기에 경북 안동의 엄격한 유학자인 김유가 남긴《수운잡방》은 음식의 조리와 가공에 관한 106가지 방법을 기록한 한문 조리서로, 문화재급 기록이다. 그런데 술에 관한 다양한 조리법은 나오지만 밥에 관해서는 노란색 물을 들여 아름답게 지은 '황반'과 갈빗살로 완자를 만들어 넣은 '황탕'만 나온다.[33] 아마도 쌀밥은 일상적인 밥이었고 황반과 황탕은 특별한 별식이므로 특별히 기록하여 남긴 것으로 보인다. 아쉽게도 무엇으로 노랗게 물들였는지는 나오지 않지만, 얼마 전 광산 김씨 예안파의 종손댁에서 치자물을 들인 아름다운 황반을 먹고 얼마나 감격했는지 모른다.《임원십육지》를 참고해본다면, 노란색은 황국(노란색 국화)으로 물들였을 것으로 추정된다.

조선시대의 음식을 연구한 중요한 기록도 있다. 조선 중기의 유학자 유희춘柳希春(1513~77)의 일기로, 선조 즉위년(1567)부터 10년 후 그가 죽기 전 날까지 약 10년 동안 친필로 기록한《미암일기》다. 여기에는 송엽골동반, 두부반, 조반 등의 밥이 수록되어 있는데, 이 중 송엽골동반은 송엽을 삶아 밥에 넣고 비빈 밥이다. 구황식으로 이용되었는데, 솔잎으로 지은 밥이라 먹고 속이 불편했다는 기록도 나온다. 이를 두고 우리나라 비빔밥의 최초 기록으로 보기도 하지만, 밥의 양을 불리기 위한 지었던 채소밥으로 보는 편이 더 적절하다.

[표 2] 1400~1500년대 고문헌과 고조리서에 나오는 밥

1400~1500년대 문헌	밥	특징*
산가요록 (전순의, 1459년경)	木麥飯(목맥반)	메밀밥
식료찬요 (전순의, 1460년)	小麥飯(소맥반)	밀(소갈 치료)
	靑粱米(청량미)	차조밥(소변 불통)
	粟米(속미)	메조(소갈 치료, 신기)
	粳米飯(갱미반)	멥쌀(이질, 설사 치료)
	율무밥	(냉기 치료)
	피밥	피는 기장의 일종(위장에 효과)
용재총화 (성현, 1525년)	기장밥	기장
	白米飯(백미반)	백미
	현미밥	현미
	제밥	찹쌀로 조리한 밥
	氷沈飯(빙침반)	콩가루에 얼음을 넣은 밥
수운잡방 (김유, 1540년경)	黃飯(황반)	노랗게 물들인 밥
	黃湯(황탕)	갈빗살 완자를 넣고 끓인 탕반
미암일기 (유희춘, 1567~77년)	松葉骨董飯(송엽골동반)	솔잎을 삶아 밥에 비빈 밥
	豆腐飯(두부반)	쌀에 두부를 넣고 조리한 밥
	穄飯(조반)	쌀, 조
쇄미록 (오희문, 1591~1601년)	보리밥	
	水飯(수반)	물에 만 밥
	김치국밥	

* ( )는 효능을 표시한 것이다.

다음으로 오희문吳希文(1539~1613)이 선조가 난을 피해 한양을 떠난 1591년부터 만 9년 3개월간 임진왜란과 정유재란의 양란을 피해 이리저리 떠돌아다니면서 지낸 일을 기록한 《쇄미록》이 있다. 임진왜란 당시의 생활상을 잘 알 수 있는 자료들이다. 《쇄미록》에는 수반, 김치국밥, 보리밥 등이 수록되어 있다. '수반'은 물에 밥을 만 것으로, 접빈객의 대접 문화가 일상으로 굳어졌던 조선사회에서 궁핍한 생활을 하던 당시, 집에 찾아온 손님에게 물에 만 밥을 대접하거나 자신도 다른 데서 대접받았던 일을 기록한 것으로 보인다.

건강을 생각한 조선 중기의 밥

1600년대에 들어서면 좀 더 활발한 조리서 편찬 작업이 이루어진다. 특히 이 시대에는 우리나라의 대표적인 의학서 《동의보감》이 간행된다. 《동의보감》은 의학서지만 여러 가지 식품의 효능도 나와 있다. 밥 종류로는 대맥반, 호마반, 속미반, 서미반, 진창미반, 죽실반 등이 수록되어 있는데, 밥에 넣어 함께 지어 먹으면 여러 가지 효능을 볼 수 있는 식재료들을 소개한 것이다. 구황음식을 기록한 《신간구황촬요》에는 토사자반, 도라지밥, 삼씨밥 등이 수록되어 있다. 약재로 쓰이는 재료들을 넣고 밥을 지어 쌀 양도 줄이면서 효능도 챙기려 했던 것으로 보인다. 다음으로 유중림柳重臨(1705~71)이 쓴 《증보산림경제》에는 약반과 여름에 밥이 쉬지 않게 하는 법 등이 나온다. 약반은

[표 3] 1600~1700년대 고문헌과 고조리서에 나오는 밥

1600-1700년대 문헌	밥	특징
동의보감 (허준, 1611년경)	大麥飯(대맥반)	보리밥(기육, 정신안정)
	胡麻飯(호마반)	호마(참깨)를 넣고 지은 밥
	粟米飯(속미반)	속미(좁쌀)로 지은 밥
	黍米飯(서미반)	서미(기장)로 지은 밥(폐에 좋다)
	陳倉米飯(진창미반)	오래 저장한 쌀로 지은 밥(위 보호, 설사)
	竹實飯(죽실반)	죽실(대나무 열매)을 넣어 지은 밥
	율무밥	몸의 습기 제거
신간구황촬요 (작자 미상, 1660년경)	菟絲子飯(토사자반)	토사자(새삼씨)와 쌀을 섞어 지은 밥
	도라지밥	도라지와 쌀로 지은 밥
	삼씨밥	삼씨(마자)와 쌀을 섞어 지은 밥(중풍 치료)
증보산림경제 (유중림, 1766년경)	藥飯(약반)	정월대보름, 찹쌀, 대추, 밤, 꿀, 곶감, 달인 장
	밥 보관법	비름을 밥에 깔면 여름에도 쉬지 않는다
원행을묘정리의궤 (1715년경)	白飯(백반)	흰쌀로 지은 밥
	팥물밥	팥물로 지은 밥

지금의 약식과 비슷한 조리법으로, 찹쌀을 주재료로 하여 잘 달인 장과 꿀을 비롯한 여러 가지 재료를 넣어 지은 밥이다. 주로 정월 대보름에 먹었다. 1715년 혜경궁 홍씨 회갑연 축하잔치의 기록인《원행을묘정리의궤》의 수라상 차림을 보면 흰쌀밥인 백반과 팥물밥인 홍반 두 가지를 차려 왕이 선택하도록 했음을 알 수 있다.

조선 후기, 한식이 완성되다

우리의 한식은 조선 후기로 들어서는 1800년대에 이르러 완성되었다. 다양한 조리서가 출간된 것도 이즈음이다. 한양의 세시풍속을 기록한 《경도잡지》에는 여름 복날 특별하게 먹었던 개장국밥이 수록되어 있어 당시 사람들이 일상적인 풍습으로 개장국을 즐겼음을 알 수 있다. 1809년경에는 실학자 집안의 며느리였던 빙허각 이씨(서유본의 처)가 저술한 가정대백과사전 《규합총서》가 출간된다. 이 책은 조선 후기 최고의 조리서로, 그 후 여러 형태로 필사되기도 했다. 이 책에는 팥물밥과 오곡밥, 그리고 약밥 짓는 방법이 실려 있다.

다음으로 빙허각 이씨의 시동생인 조선 후기의 실학자 서유구가 편찬한 《임원십육지》라는 농서가 등장한다. 이 책의 '정조지'는 방대한 조리법을 다룬다. 밥의 종류도 매우 다양하게 등장해, 청정반, 오반, 뉴반, 혼돈반, 반도반, 조고반, 금반, 옥정반, 저반, 죽실반, 추사반 등 일일이 다 기억하지 못할 정도다. 그러나 이러한 밥들은 일상적으로 해 먹는 밥이 아니라 중국의 문헌이나 다른 책에 나온 밥들의 조리법을 소개한 데 불과하다는 사실을 유념해야 한다. 실제로 인용한 책의 출처까지 정확히 밝히고 있다. 특히 여기 인용된 《도경본초》, 《산가청공》, 《인사통》, 《구선신은서》 등은 대부분 중국 책으로, 소개된 음식도 당연히 중국의 밥이다. 오히려 이 책을 통해 그 시기 중국 문헌을 통한 음식 연구가 활발했다는 사실을 알 수 있다. 어쩌면 현대보다

[표 4] 조선 후기 고문헌과 고조리서에 나오는 밥

1800년대 문헌	밥	인용한 문헌	특징
경도잡지(유득공, 1800년경)	개장국밥		개고기, 쌀밥, 고춧가루, 파, 마늘
규합총서 (빙허각 이씨, 1809년경)	팥물밥		좋은 팥물로 지은 밥
	오곡밥		찹쌀, 찰수수, 팥, 차조, 콩, 대추
	약밥		찹쌀, 대추, 밤, 참기름, 진한 지령(간장)
임원십육지 (서유구, 1835년경)	靑精飯(청정반)	도경본초	쌀, 남촉목잎(청색밥)
	烏飯(오반)	도경본초, 본초강목	쌀, 남촉 줄기와 잎(검은색 밥)
	餶飯(뉴반)	증보산림경제	조, 피, 쌀, 청량미, 팥, 검은콩
	混沌飯(혼돈반)	옹희잡지	팥, 멥쌀, 대추, 밤, 찹쌀
	蟠桃飯(반도반)	산가청공	산복숭아, 쌀
	週菰飯(조고반)	산가청공	검은쌀같이 생긴 고(菰)의 열매로 지은 밥
	金飯(금반)	산가청공	황색 국화를 감초탕에 데친 후 조와 쌀로 지은 밥
	玉井飯(옥정반)	산가청공	연근, 연실, 쌀
	藷飯(저반)	옹희잡지	말린 고구마, 쌀
	竹實飯(죽실반)	어우야담	죽실, 쌀
	秋社飯(추사반)		돼지와 양의 유방, 위장, 허파, 오리고기, 오이, 생강(고기덮밥)
동국세시기 (홍석모, 1849년)	오곡밥		오곡
	반유밥		쌀, 고기, 채소
규곤요람 (미상, 1896년)	장국밥		양지, 사태, 산적, 파, 마늘, 간장, 지단, 고명, 밥
시의전서 (미상, 1800년대 말엽)	湯飯(탕반)		멥쌀. 장국, 무나물, 약산적, 후추, 고춧가루
	비빔밥		쌀, 고기, 간랍, 다시마, 고추가루, 채소, 달걀

더 많이, 더 깊이 중국음식을 연구하지 않았나 싶다.

다양한 세시풍습을 기록한 《동국세시기》에는 오곡밥, 메밀밥, 비빔밥 등이 나온다. 1896년경 쓰여진 《규곤요람》에는 장국밥이 수록되어 있고, 1800년대 후반에 나온 작자 미상의 《시의전서》에는 장국밥과 비빔밥 이야기가 수록되어 있다. 특히 장국밥은 이 시기 시중에서 팔았던 것으로 추측되어 외식업의 효시가 아니었을까 짐작게 한다.

조리서 전성시대

1900년대가 되면 새로운 조리서들이 적극적으로 편찬된다. 심지어 이화여전 가사과 교수 방신영 方信榮(1890~1977)의 《조선요리제법》 같은 조리서는 장안의 지가를 올리기도 했다. 1913년 《요리제법》이 처음 출간된 이후, 1917년에 《조선요리제법》이 나오고, 1942년 한성출판사에서 출판된 《조선요리제법》 24판에는 별밥, 보리밥, 비빔밥, 약밥, 약밥별법, 잡곡밥, 제밥, 중등밥 등이 수록되어 있다. 이후 1958년에는 무려 33판이 출간되었는데, 제목도 《조선요리제법》에서 《우리나라 음식 만드는 법》으로 바뀌었다. 또한 우리 음식에 대한 자세한 요리법을 소개했는데 밤밥, 감자밥, 현미밥, 오곡밥, 김치밥 등이 추가되어 더 다양한 밥을 만날 수 있다. 이용기가 지은 《조선무쌍신식요리제법》 또한 1924년에 초판이 간행되고 1943년에는 4판이 나올 정도로 인기를 끈 요리책이다. 여기에는 흰밥, 중등밥,

[표 5] 1900년대 조리서에 나오는 밥

1900년대 문헌	밥
조선요리제법 (방신영, 1917년)	별밥, 보리밥, 부빔밥, 잡곡밥, 제밥, 중등밥
조선무쌍신식요리제법 (이용기, 1924년)	밥 짓는 법, 흰밥(백반, 옥식), 중등밥, 송이밥, 팟밥, 조밥, 콩밥, 보리밥, 밤밥, 감자밥, 굴밥, 별밥
조선요리 (손정규, 1940년)	밥, 팟밥, 조밥, 보리밥, 오곡밥, 감자밥, 약밥, 골동반, 연어밥, 굴밥, 김치밥, 콩나물밥, 무밥
간편조선요리제법 (이석만, 1934년)	별밥, 보리밥, 부빔밥, 약밥, 약밥별법, 잡곡밥, 제밥(고두밥), 중등밥
주부의 동무, 조선요리제법 (방신영, 1942년판)	흰밥, 팟밥, 김치밥, 중등밥, 콩밥, 밤밥, 조밥, 보리밥, 감자밥, 별밥, 부빔밥, 잡곡밥

송이밥, 팟밥(팥밥), 조밥, 콩밥, 보리밥, 밤밥, 감자밥, 굴밥, 별밥 이야기가 나온다. 이석만의 《간편조선요리제법》에는 별밥, 보리밥, 비빔밥, 잡곡밥, 제밥, 중등밥이 수록되어 있다.

1900년대 이후 등장한 밥은 현재의 밥과 크게 다르지 않다. 이름이 생소한 '중등밥'은 팥물밥을 말하고, '제밥'은 고두밥을 의미한다. '별밥'이라는 게 조리서에 많이 등장하는데, 콩이나 대추, 밤 같은 것을 넣은 특별한 밥이라고 생각하면 된다. 그리고 '굴밥'이나 '연어밥'처럼 어패류를 이용한 밥도 볼 수 있게 된다. 특히 대부분의 조리서에서 비빔밥을 볼 수 있는데, 이 시대에 들어서 비빔밥이 흔해진 것이다. 또 송이밥처럼 특별한 재료로 지은 밥 이야기도 나온다.

조선시대 기속시, 판소리, 풍속화에 나타난 밥

우리 민족에게 밥이 어떤 의미인가를 찾아보기 위해서는 우리 민족의 음식문화에 대한 이해가 필요하다. 21세기는 문화의 시대라고 한다. 세계화와 정보화에 따라 인적·물적 자원의 교류가 자유로워지면서 국경의 의미가 점차 사라지고, 민족의 정체성 또한 퓨전화되는 양상이다. 그러다 보니 민족의 정체성을 찾기 위한 역사와 문화 찾기가 더욱 중요해졌다. 현재 세계의 각 나라는 문화를 통해 민족의 정체성을 찾고 우수하고 독창적인 자국의 문화적 가치를 확인하고 미래의 새로운 전망을 제시하는 문화교육에 집중하고 있다. 소위 혹독한 문화전쟁을 치르고 있는 셈이다. 그런데 여러 형태의 문화 중에서도 음식문화는 지구촌의 다양한 인종과 국가의 정체성을 규정하는 가장 중요한 코드다. 한국인의 정체성을 가장 잘 표현하는 것도 우리의 오랜 밥문화일 것이다.

우리는 어떤 특성을 가진 민족일까? 우리 민족의 정체성에 관해서는 많은 담론이 있어왔지만, 나는 먹는 것만큼 그 민족의 특성을 잘 보여주는 영역도 없다고 생각한다. 한국음식문화 속에 숨어 있는 우리 민족의 이야기를 한번 해보자. 우리 민족이 5,000년의 긴 역사 속에서 음식을 통해 전달하려 한 이야기들은 무엇일까? 우리 민족의 특성으로 이야기되는 정情은 어떻게 발현되고 있을까? 음식을 생명의 근원으로 삼고 몸을 다스리고 병을 치료하고자 했던 우리 민족의 특성은 어떻게 이해해야 할까? 어려웠던 식생활 속에서 권력의 매개체로서 그리고 힘의 상징으로 기능하였던 음식들은 무엇일까? 그리고 끊임없이 신에게 음식물을 갖다 바치며 제사 지내고 복을 기원했던 우리의 의례에서 읽어낼 수 있는 우리 민족의 문화적 특성은 무엇일까? 이를 읽어내기 위한 여러 가지 방법론이 존재하겠지만, 나는 주로 조선시대의 판소리소설과 풍속화, 그리고 기속시를 도구로 삼아 밥문화를 풀어보았다.

1년 열두 달 밥을 나눠 먹은 우리 민족

2008년 노벨문학상 수상자였던 르 클레지오는 한 인터뷰에서 한국인의 특성을 한마디로 표현한다면 '정情'이라고 하였다. 그렇지만 이를 뭐라 표현하기는 참 어렵다는 말을 남겼다. 나는 이 말을 매우 인상적으로 들었다. 우리 민족성에 대해서 '정'이라는 특성을 빼놓고 이야기할 수 있을까. 나는 단연 '정'은 우리의 음식문화인 음식나눔 속에서 가장 잘 드러난다고 자신 있게 이야기하고 싶다.

가족을 나타내는 말이 식구食口인 것처럼, 한국인에게 밥상을 같이한다는 것은 가족이 된다는 의미를 포괄적으로 내포한다. 한국인의 식단에서 밥, 국을 제외하고는 찌개, 반찬 등을 여럿이 나눠 먹는 경우가 많은데 이는 일종의 타액나눔 밥상공동체 의식이라고 할 수 있다. 외국인들에게는 사실 이해되기 어려운 부분이기도 하지만 말이다. 특별히 '숟가락문화'라 특징지어 설명되듯이, 우리나라 음식문화는 찌개 등의 국물, 건더기가 듬뿍 담긴 음식이 발달하여, 이러한 푸짐한 음식을 앞에 두고 흐르는 사람들 사이의 정감이 우리만의 독특한 음식문화라 특징지을 수 있다.

'음식 맛은 손맛'이라는 말이 있다. 이처럼 음식의 맛은 이성적인 판단의 대상만은 아니다. 음식을 나눌 때의 마음, 주는 사람의 정을 담은 마음이 음식을 더욱 맛깔나게 하는 것이다.

판소리 속 밥과 정의 나눔

판소리의 여러 장면에서 음식을 나눔으로써 마음을 전달하고 정을 표현하는 장면을 볼 수 있다. 먼저, 〈심청가〉에서 심청이 밥을 빌어 아버지를 봉양하는 장면을 보자. 이때 이웃들은 심청의 처지를 안타까워하며 "담았던 밥이라도 아끼지 않고 덜어주며, 김치, 젓갈 등을 고루고루 많이 주니", 우리는 여기서 음식을 통하여 표현된 우리 민족 고유의 나눔의 정을 느낄 수 있다.

신재효 판본 심청가 : 심청이 밥을 빌어 아버지를 봉양하는 장면

밥 푸는 여인더리 뉘 안니 탄식ᄒ리 네가 발셔 져리 커셔 혼주 밥을 비난고나 너의 모친 소라씨면 네 졍경이 져리 되랴 쓸쓸 탄식 셔를 ᄎ며 담어쓴 밥이라도 익기준코 더러 쥬며 짐치 젓갈 건기 등물 고로고로 마니 쥬니 두셔너 집 어든 거시 쌀리 흔씨 싱이 넝넉케 되난고나~ 심쳥이 엿쯔오디 빌어온 밥이나마 주식의 졍셩이니 셜워 말고 줍슈시오 죠흔 말노 위로ᄒ여 그여이 먹게 ᄒ니 날마닥 어더 온 밥 흔 죠막의 오식이라 힙밥 콩밥 팟밥이며 보리 지장 슈슈밥이 갓갓지로 다 잇씨니.

다음은 〈춘향가〉에서 이 도령이 사랑스런 춘향을 업고 사랑가를 부르는 장면이다. 이때 재미있게도 먹는 이야기가 등장한다. 남녀 간의 사랑을 표현하는 가장 직접적인 방법으로 맛있는 것을 서로 나누어 먹는 것이다. 즉 머근시큼한 개살구, 알차고 꽉 찬 알밤, 꿀을 부은 달콤한 수박, 새콤달콤한 사과와 포도 같은 과일의 맛을 통해 달콤하고 상큼한 두 사람의 사랑이 잘 드러난다. 이렇게 음식은 전달하고자 하는 사람의 마음을 함축하여 표현한다.

그러면 네 무엇 먹그랴는야 시금털털 기살구를 익기 셔는듸 먹의
랴는야 안니 그것쏘 닉스 실어 어허둥둥 닉 스랑이야 그러면 네 무
엇 먹의랴는야 칭암의 절벽상의 씨그르르 궁그러오난 싱율슉율
을 네 먹그랴는야 안이 그것 쏘 닉스 실쇼 그러면 네 무엇 먹의랴
는야 동굴동굴 슈박 웃 쏙지 쎄쎄리고 강능빅청을 다르르 부어 불
근 졈만 네 먹의랴는야 안이 그것 쏘 닉스 실러 어허둥둥 닉 스랑이
야 능금을 쥬랴 보도를 쥬워야 (말노).

풍속화 속의 밥나눔

음식을 나눔으로써 마음[情]을 나누는 모습은 판소리뿐만 아
니라 풍속화를 통해서도 읽을 수 있다. 조선 후기 풍속화는 인
물이나 상황 등을 사실적으로 묘사했기 때문에 한 컷의 기록사
진처럼 당대의 모습과 의식들을 생생하게 전하고 있다.

〈그림 9〉는 서민들의 삶을 주로 그린 조선 후기 화가 김득신
金得臣(1754~1822)의 〈강변회음江邊會飮〉이다. 이는 함께 밥을 나
누어 먹는 장면을 포착한 그림으로, 강가 버드나무 그늘에 배를
묶어놓고 사람들이 둘러앉았다. 자리 한복판에는 접시가 놓였
고, 생선 한 마리가 통째로 드러누워 있다. 생선 한 마리를 중앙
에 두고 여러 사람이 젓가락질을 하려고 나서는 장면이지만, 가
장 중요한 것은 각 사람이 밥 한 그릇씩을 이미 확보해서 들고
있는 모습이다. 그 밥그릇의 크기도 예사롭지 않다. 밥 배, 술 배
따로 있다는 말이 있듯이 배 쪽에 앉은 사람은 왼손으로 술병

〈그림 9〉 김득신, 강변회음
(간송미술관 소장)

을 쥔 채 오른손으로 감미롭게 술 한 잔을 들이켜고 있다. 또 다른 한 사람은 이미 배를 채웠는지 무릎을 세우고 앉아서 이들의 모습을 묵묵히 지켜본다. 그 표정이 여유롭기 짝이 없다. 생선 반찬을 가운데 두고 밥을 함께 나누어 먹은 서민들의 행복한 한 순간을 느끼게 해주는 그림이다.

〈그림 10〉은 김홍도의 〈기로세연계도耆老世聯禊圖〉로, 개성 만월대에서 문인들이 계회契會를 벌이고 있는 광경을 그린 작품이다. 중앙에 큰 잔칫상이 하나 놓여 있고, 이를 중심으로 계원들이 사각형 모양으로 둘러앉아 있다. 저마다 일인용 밥상을 받고 앉아 있는 계원들 앞에 시중드는 동자들이 바쁘게 움직이고 있다. 양반들이 벌이는 계회에서도 역시 핵심은 음식이다. 그런데 우리가 흔히 생각하듯이 교자상 차림이 아니라 수십 명의 계원들이 각자 상을 받고 있다. 교자상 차림은 일제강점기 이후 상을 쉽게 차리기 위해 변화된 모습이고, 이것이 원래 우리의

〈그림 10〉 김홍도, 기로세연계도(개인 소장)

상차림법이다. 그런데 이 그림에는 계원뿐만 아니라 수백 명의 사람이 등장한다. 어린이, 마부 그리고 저 혼자 술에 취해 땅바닥에 주저앉아 있는 취객, 심지어는 벙거지를 쓰고 밥 빌러온 거지의 모습도 보인다. 이처럼 많고 다양한 사람들이 모여 북적대는 연회장 주변 풍경은 동네 잔치다.

기로연耆老聯은 조정이 사대부들을 위해 베푸는 일종의 경로잔치지만, 그들만의 잔치가 아니라 이웃과 함께하는 축제였던 것이다. 그래서 한국음식문화의 특징으로 잔치음식과 발효음식 그리고 정성을 들기도 한다. 음식에 대한 정성은 잔치음식에서 잘 확인할 수 있는데, 음식 자체만이 아니라 그것을 먹는 사람에게도 세심하게 쏟는 배려가 묘사되기 때문이다. 음주가무와 함께하는 축

제 현장에서 정성 들여 만든 음식을 이웃과 함께 나누는 것이
마음을 나누는 것이요, 정을 나누는 것이다. 그래서 무슨 구실
을 붙여서라도 1년 내내 음식을 나누는 풍경을 만들고자 노력
했던 것이다.

기속시 속 의례와 밥문화

한국인은 '우리'라는 말을 매우 빈번하게 사용하며, 우리를
경험하는 상황에서 정이라는 독특한 한국적 친밀감정을 느끼게
된다. 이는 품앗이, 계, 두레 등 농경의식과 혼례, 회갑 등의 통
과의례 문화와 밀접한 관련이 있는 것으로, 이러한 행사에서는
반드시 음식 나누기가 행해진다. 음식을 같이 나눈다는 것은 곧
동질성을 갖는 것을 의미한다. 이렇듯 정은 우리 민족을 대표하
는 정서이며, 우리 사회의 공동체의식을 형성하는 근간이 되기
도 하는데, 나눌수록 더욱 풍성해지는 특성을 가지고 있다. 특
히 우리 민족만의 독특한 나눔의 정을 표현하는 데 음식만 한
매개체가 없다. 조선시대의 풍속시인 기속시紀俗詩에 표현된 밥
을 함께 나누는 문화를 살펴보자.

正初修賀太奔忙	정초의 새해 인사 몹시도 분주하니
飽喫人家歲饌床	여러 집 세찬 상을 배불리 먹었네.
湯餅雉膏甘飣果	떡국에 기름진 꿩 그리고 단 강정
霎時供具赤堪嘗	삽시간에 내오니 또한 맛있게 먹네.

— 유만공의 〈세시풍요〉 중 정조正朝

유만공柳晚恭(1793~1869)의 〈세시풍요歲時風謠〉를 통해 당시의 풍속을 알 수 있는데, 위 작품은 설날 아침 차례가 끝나면 나이 많은 어른들께 순서대로 새해의 첫인사인 세배歲拜를 드리는 모습을 표현한 것이다. 새해 첫날 마을 어른들과 친척 어른들을 일일이 찾아뵙고 건강과 안녕을 기원하는 세배를 드리고, 세찬상歲饌床을 대접받는 모습에서 우리 민족의 정을 느낄 수 있다. 세찬상에 오르는 떡국과 한과는 우리 민족의 정을 상징적으로 표현하는 밥이다.

棗頰初丹栗顆成　　대추 볼 처음 붉고 밤송이 벌어질 때
白新稻飯土蓮羹　　하얀 햅쌀밥에 토란국 끓이네.
家家上塚如寒食　　집집마다 한식처럼 성묘하러 가니
明月中秋感慨情　　달 밝은 중추날 감개한 정이더라.

— 유만공의 〈세시풍요〉 중 추석

추석은 온 가족이 모여 정을 나누는 민족의 대명절이다. 시에 표현된 대추, 밤송이, 햅쌀밥에 토란국은 풍성한 한가위를 표현하고 있으며, 집집마다 한식처럼 벌초伐草하고 성묘하는 모습을 묘사한 시구에서는 조상을 공경하는 우리의 미풍양속을 읽을 수 있다. 풍성한 음식, 꽉 찬 달 그리고 조상을 공경하고 가족을 사랑하는 한가위 풍경에서 우리 민족의 정취를 흠뻑 느낄 수 있다.

隣朋相訪抵深更	밤 깊도록 이웃의 친구를 방문하여
燈燭連街恣夜行	등촉 이어진 거리를 마음껏 다니네.
卵樣饅頭花樣炙	알 모양 만두와 꽃 모양 산적으로
剩供饌品別般情	특별한 정을 담아 넉넉히 대접하네.

— 유만공의 〈세시풍요〉 중 제석除夕

섣달그믐날 밤에 잠을 자지 않고 밤을 새우는 풍습을 수세守歲라 하는데, 한 해를 정리하고 새해를 설계하는 송구영신 풍속의 하나다. 이날은 잠을 자지 않고 밤을 새며 윷으로 윷점을 쳐서 그해의 길흉을 점치기도 한다. 부인들은 세찬 준비에 바삐 움직여야 하며 또 호롱불을 들고 왕래하는 묵은세배꾼들도 있고 친구집에 찾아가 어울리는 등, 이날은 자연히 수세가 이루어지게 된다. 이렇게 여러 사람이 모이는 곳에는 언제나 맛있는 음식이 빠질 수 없는데 "알 모양 만두와 꽃 모양 산적으로 특별한 정을 담아 넉넉히 대접하네"의 시구에서 음식에 듬뿍 담긴 풍성한 정을 느낄 수 있다.

밥은 보약이다

한국의 전통문화의 특징은 자연과 가까이 있고, 자연을 받아들여 바탕에 깔아놓은 데 있다. 자연의 생명력이 가장 잘 표현된 것이 바로 우리 밥상이다. 이 밥상의 주인공은 밥이다. 밥을 짓는 쌀은 땅으로부터 온다. 우리에게 보약은 별다른 것이 아니다. 자연을 담은 밥을 먹으면 보약이 된다. 옛날부터 약식동원藥食同源, 즉 '약과 음식은 그 근원이 같다'는 말로 식생활의 중요성을 표현했는데, 이는 우리가 섭취하는 음식이 건강을 지키고 질병을 치료한다는 생각에서 비롯된 것이다.

산재효 판본 수궁가 : 용왕이 토끼 간을 처방받는 장면

부후허실ᄒ기는 칠포믹이 두렷ᄒ고 미침완삭ᄒ기는 팔리믹이 두렷ᄒ고 상단하촉ᄒ기는 구도믹이 두렷ᄒ고 심소장은 화오 간담은 목이오 폐대장은 금이오 신방광은 슈오 비위는 토라 간목이 틱과 ᄒ믹 목극토에 비위믹이 샹ᄒ고 담섬 성성ᄒ니 화극금에 폐대장이 샹홈이라 심뎡즉 만병이 식ᄒ고 간샹즉 만병이 싱ᄒ니 다른 믹은 다 관계치 안이ᄒ되 뎨일 간믹이 슈샹ᄒ니 비위믹이 샹ᄒ야 병이 복장에 드니 ᄉ지가 무거웁고 눈이 어둡기는 풍의작란이며 구미가 젓치기는 비위 샹ᄒ 연고이라 속으로 드러 복장이 져리기는 음양으로 난 병이니 음양풍도 두셰 가지 긔운이라 ~ 인묘는 목이오 신슐츅미는 토이로다 목극토ᄒ니 오힝에 일넛스되 갑인진슐은 대강 슈오 진간손ᄉ는 원송목이라 슈싱목을 식이자면 인간 즁산 쳔년토 간이 약이로소이다.

위 장면은 우리가 익히 알고 있는 〈수궁가〉의 한 장면이다. 용왕이 큰 잔치를 치른 후 병이 나 백약으로 치료해도 효과가 없자 토끼 간을 처방받는 대목이다. 용왕은 주색에 빠져 병을 얻었기에 양기가 넘치는 상태다. 술은 음양의 원리상 화火에 해

당하는 것으로, 불은 양에 속하기 때문이다. 병은 음양의 부조화에서 오므로, 용왕은 넘치는 양을 누르고 모자라는 음을 보충해야 한다. 산 중의 토끼는 여성적인 동물로 음에 속하므로 그 간을 처방한 것이다.

또한 약선 처방에 이류보류(무리로써 무리를 보한다)라는 것이 있다. 체내에 부족한 것을 다른 동물의 같은 것으로 보충한다는 뜻이다. 예컨내 소의 도가니를 조리해 먹으면 사람의 무릎이 튼튼해진다는 논리다. 술을 많이 먹어 간이 나빠지게 되었으니 신선한 간을 먹어야 한다는 단순한 논리도 이에 속한다. 그러니 술로 정신도 흐려지고 눈이 나빠진 용왕이 간경이 좋은 토끼 간을 먹으면 병이 즉시 낫고 불로장생하리라는 것이다. 토끼 간을 몸을 치료하는 보약으로 본 것이다

풍속화와 기속시 속 밥, 밥은 보약

밥이 보약이라는 생각은 풍속화를 통해서도 읽을 수 있다.

〈그림 11〉은 두 여인이 봄날에 산기슭에서 쑥艾을 캐는 모습을 담은 윤두서尹斗緖(1668~1715)의 〈채애도採艾圖〉다. 두 여인은 머릿수건을 둘러쓰고 속바지가 드러나도록 치마를 걷어올려 일하기 편한 복장이다. 망태기와 칼을 든 여인은 캘 쑥을 찾은 듯 막 허리를 굽힌 자세이고, 뒤쪽 여인은 쑥 캐느라 굽혔던 허리를 펴거나 혹은 빠뜨리고 지나친 쑥이 없나 돌아보는 듯한 뒷모습이다. 갓 돋은 향긋한 쑥과 봄나물은 긴 겨울 동안 부족했던 비타민을 보충하고, 추운 겨울을 이긴 강인한 생명력은 지친

〈그림 11〉 윤두서, 채애도(해남 녹우당 소장)

인간의 몸에 새로운 활력을 불어넣어준다. 또한 봄나물의 향과 맛 덕분에 잃었던 입맛을 다시 찾고 기력을 회복할 수 있는 것이다.

이 무렵 씌어진 기속시에서도 선조들의 이러한 생각을 읽을 수 있다. 우리 민족은 푸른 씀바귀와 냉이, 향기로운 쑥 등 이른 봄에 새로 돋은 나물을 즐겨 먹었는데, 계절 따라 따사로운 언덕에서 향기로운 시절음식을 나누며 살아가는 것이 운치 있는 일이고 삶을 여유 있게 즐기는 방법이라 생각한 것이다. 제철에 나는 신선한 식품을 섭취하는 것이야말로 병을 예방하고 치료하는 데에 가장 근본이라 할 수 있다. 특히, 다음 작품에 표현된 쑥은 냉증과 부인병 등에 효과적이어서 식재료뿐만 아니라 약초로서 말려 미리 준비해두고 사용하였다.

槿薺靑靑苜蓿香　푸른 씀바귀와 냉이 향기로운 목숙
早春新茉正堪嘗　이른 봄 새로 돋은 나물 매우 맛있네.
山家韻事隨時物　산가의 운치 있는 일은 시절사물 따라서

會酌陽坡煮艾湯　　양지 바른 언덕에서 쑥국 끓여 술 마시는 것.

— 유만공의 〈세시풍요〉 중 한식寒食

〈그림 12〉는 김득신의 작
품으로, 노적가리가 마당 한
구석을 차지하고 그 주위에
떨어져 있는 곡식을 쪼아 먹
는 닭과 떼적을 두른 소가
외양간 앞에 한가롭게 서 있
는 장면을 통해 한 해 동안
의 고된 농사일이 끝났음을
말해준다. 특히 노적가리 옆
에 쌓여 있는 무와 배추가
김장 준비를 위한 것임을 알
수 있다. 김장은 연중행사의
하나로, 겨울과 이듬해 햇채
소가 나올 때까지 겨울 반찬
이 되며, 우리의 몸을 보호
해주는 영양제가 된다. 조선
중기 이후 고추가 김치에 사
용되면서 김치의 보존 기간
이 길어지고 대량의 김장 풍
속이 정착되었다. 채소가 자

〈그림 12〉 김득신 풍속8곡병, 7면(호암미술관 소장)

라지 않는 긴 겨울 동안 김치가 없었으면 우리 민족은 비타민C 부족 때문에 살아남기 어려웠을 것이다. 밥을 보약으로 알아 잘 챙겨 먹어야만 생명줄을 연장할 수 있었다.

이러한 겨울철의 김장 풍습은 김득신과 비슷한 시대를 살아 간 유만공의 한시에서도 읽을 수 있다.

秋圃收來負郭村　　성 밖 마을에서 가을 채소 수확하니
青青菘葉白菁根　　푸르고 푸른 배추와 흰 무 뿌리라네.
家家滿甕沈漿菜　　집집마다 항아리에 가득 담근 김장은
準備三冬晶飯餐　　삼동의 정갈한 반찬 준비한 것이라네.

— 유만공의 〈세시풍요〉 중 중양절重陽節

위 기속시를 통해 가을 채소를 수확하여 집집마다 항아리에 가득 채우는 김장이 보편화된 연중행사임을 알 수 있다. 이처럼 우리 민족은 겨울에 부족하기 쉬운 비타민, 무기질 등의 영양소를 가을에 미리 준비하여 균형 잡힌 식생활을 유지하여 몸을 보호하는 지혜를 발휘한 것이다.

〈그림 13〉은 갓을 쓰고 도포를 입고 가죽신을 신은 사람들이 우유를 짜고 있는 모습을 그린 조영석의 작품이다. 이렇게 채유採乳하는 이유는 타락죽駝酪粥을 만들기 위함인데, 타락죽은 불린 쌀과 우유로 묽게 쑨 부드러운 죽이다. 당시 타락죽은 허약한 노인에게 알맞은 영양 보충제로 활용되었으며, 궁중의 내의원에서 만들어 임금에게 올렸다고 한다. 임금은 이 타락죽을 기

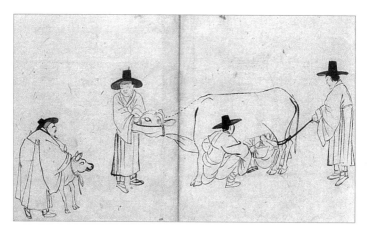

〈그림 13〉 조영석, 채유(개인 소장)

로소*에 내려서 연로한 신하들이 영양 보충을 하게 했다. 지금은 우유가 흔한 식품이지만 과거에는 귀한 보양식이었음을 알수 있다. 당시 소는 농사를 짓기 위해 필수적인 가축이었고 그수가 많지 않았기 때문에 우유로 만든 식품이 대중화되지는 않았고 일반인은 아마 염소, 산양 등의 가축에서 짠 우유로 묽게죽을 쑤어 노인을 봉양하였을 것으로 생각된다.

七旬纔滿老公卿	일흔의 나이에 막 접어든 늙은 공경들
入社嗜英盛代榮	기로소 들어가니 태평성대의 영광이네.
靈閣淸晨祗拜後	이른 새벽 영각에서 공손히 절한 뒤

---

* 조선시대 연로한 고위 문신들의 친목 및 예우를 위해 설치한 관서

酪酥初進椀盈盈   주발에 가득 담긴 타락죽 처음 내오네.

— 유만공의 〈세시풍요〉 중 정조正朝

타락죽에 관한 일화는 풍속화 외에도 유만공이 쓴 기속시에
서도 찾아볼 수 있다. 위 시를 통해 타락죽이 임금의 귀한 하사
품임을 확인할 수 있는데, 귀한 우유로 죽을 만들어 연초 노신
들에게 대접하는 모습이다. 즉 음식은 무엇보다 귀한 보약이
었다.

밥 많이 먹는 자가 힘도 세다

조선시대에 임금이 신하에게 음식을 내려주는 봉송奉送이라
는 제도가 있었다. 하사품 중에서 중요한 것이 음식이었다는 사
실은 그 시대에 음식이 귀했다는 점, 그리고 중요한 권력의 코
드였음을 보여준다. 그중 알려진 것이 영정조대의 실학자였던
이덕무가 왕으로부터 하사받은 식품들이다. 이덕무는 검서관으
로 있던 1782~93년에 하사받은 식품 목록을 《선고적성현감부
군연보先考積城縣監府君年譜》라는 긴 이름의 저서에 일일이 기록
해놓았다. 역시 가장 기본이 되는 백미를 비롯하여 웅어, 밴댕
이, 산 게, 준치, 대하, 생전복 같은 다양한 어류부터 산 꿩, 사슴
뒷다리, 양의 어깻죽지 등의 육류, 그리고 생률, 당유자, 귤 같은
과일류, 게젓, 절인 준치 같은 젓갈류 등 다양한 음식이 나온다.
거기다 쇠고기에 채소를 섞어 구운 음식을 담은 그릇까지 등장

하는 것으로 보아 신하들에게 많은 음식을 내림으로써 친밀감
과 충성을 구한 것이 아닌가 생각된다.

고대로부터 인류의 역사는 인간의 1차적 욕구인 배고픔을 해
결하기 위한 생존전쟁이었다. 채집·수렵 경제에서 벗어나 정
착하여 농사를 지으면서 배고픔은 어느 정도 해결되었지만, 이
젠 쌀을 독점하는 현상이 발생했다. 쌀을 독점한 사람들은 음식
물을 분배하는 과정을 통해 다른 사람들을 지배하게 된 것이다.
우리나라는 고대부터 농경사회였고 토지는 생존과 직결되어 있
었다. 조선시대에 토지 소유는 부를 축적하는 좋은 수단이었으
므로 왕실이나 양반, 관리 등은 토지 소유에 열을 올렸다. 토지
는 소수에게 편중되고 이들은 결국 중요한 곡물인 쌀을 지배하
게 되었다. 토지 소유에서 배제된 대부분의 농민은 소작농으로
전락할 수밖에 없었다. 소작농으로 전락한 양인 농민들은 지주
에 대해서 고율(약 50퍼센트)의 전세(소작료)를 부담해야 했을
뿐만 아니라 국가에 대해서도 여러 가지 과중한 의무를 지고 있
었다. 따라서 이들은 항상 가난에서 헤어나올 수 없는 처지에
놓인다. 그러므로 쌀을 지배한 양반이나 중인들이 풍요로운 식
생활을 누릴 수 있었던 것과는 대조적으로, 가난한 농민들은 식
량조차 부족한 상황에 처해 있었다. 농경사회에서 쌀은 곧 경제
력이며 힘이었다.

판소리소설 속 밥, 힘이다

다음은 판소리소설 중의 〈흥보전〉의 한 대목이다.

흥보전 : 놀보의 경제력은 쌀

그놈이 심스ᄀ 일려ᄒᆞᄃᆡ 형제 윤기 잇슬숀야 부모의 분ᄌᆞ전답 져 혼ᄌᆞ 차지ᄒᆞ고 농ᄉᆞ짓키 일삼난대 웃물 죠흔 놈의 모을 붓고 노푼 논의 물을 갈나 집푼 논의 물갈이와 구렁논의 찰베ᄒᆞ고 살픈 밧틔 면화ᄒᆞ기 자갈밧틔 셔숙 갈고 황토밧틔 참외노며 빈탈밧틔 담비ᄒᆞ기 토옥한 밧틔 파슬을 갈아 울콩 물콩 청ᄃᆡ콩이며 돔부 녹두 지장 이며 창ᄡᅵ 들ᄢᅵ 피마ᄌᆞ를 ᄉᆡ이 ᄉᆡ이 심어두고 ᄯᅥ을 ᄎᆞ져 지슴ᄆᆡ여 츄슈동장 노적ᄒᆞ야 친고빈ᄀᆡ 몰ᄂᆞ보고 형제 윤기 져발인이 엇지안 이 무도 ᄒᆞ야.

놀보는 부모의 분재전답을 저 혼자 차지하여 부자로 살아가 게 된다. 조선 후기는 이앙법의 보급으로 모와 맥 이모작이 일 반화되어 쌀, 보리, 조 같은 주곡의 생산량이 현저히 증가했다. 이로써 부의 축적이 가속화하고 잉여 농작물의 상품화를 촉진 하는 결과를 가져왔다. 위 인용문에서 보듯이 놀보는 주곡인 쌀 은 물론이고 참외, 담배, 울콩, 물콩, 청태콩, 동부, 녹두, 참깨, 들깨, 피마자 같은 상업적인 작물을 심어 토지를 효과적으로 관 리하고 있다. 이렇게 하여 놀보는 엄청난 재산을 축적할 수 있 게 되어 그의 집에는 노적가리가 태산같이 쌓여 있고, 대청 뒤 주에는 쌀이 가득하였다고 한다.

흥보전 : 박타는 장면

여보쇼 이기 엄멈 어셔 밥좀 ᄒᆞ쇼 빅미 닷 셤으로 ᄒᆞ야 비곱푼ᄃᆡ

먹어보시 흥보 안이 얼는 나셔 일변 밥을 김피 지여 집치갓치 멍셕
으다 수복 담숙 쌋어녹코 가장 즈식 불녀들어 어셔 오쇼 먹어보시
스방의셔 와 흐더니 만슈산의 구름 뫼듯 걸빈쳥의 낭치 뫼듯 밥싼
멍셕 가슝으로 휘휘 둘너쌋고 안져 후닥닥 후닥닥 양팔 숀질 쥬먹
밥을 셋쥭방울 던진 다시 엇지 먹어노왓션지 숀이 츠츠 늘어지고
빅쏙지가 발싹 되지바지게 산목이 단복차게 먹어노은 거시 셰상도
귀챵흐게 되얏구ㄴ 비에 못 이기여 이만흐고 안져쎌제 고기로 오는
팔이 휘휘 날여 익고 ㄴ 쥭것다 나 쥭거던 팔 이 놈으로 원고즈을
숨으리라 이러할 제음의 흥보 안이도 밧턴 쇽의 밥을 엇지 먹어던
지 밥셜스가 나것구ㄴ 쉴여 업데여 익고 죵이야.

위 장면은 흥보가 첫 번째 박에서 나온 쌀로 밥을 해 먹는 장
면이다. 흥보에게 주어진 박은 그의 선행에 대한 보은품이다.
그런데 그의 박에서 나온 것은 주로 당시 평민들의 식의주를 해
결할 수 있는 쌀궤, 각종 비단, 집 짓는 목수 등이다. 물론 오늘
날에는 먹는 일이 어느 정도 해결되었으므로 의식주라 하지만,
작품이 생성될 조선시대 평민들에게는 입는 일보다는 먹는 일
이 더욱 시급했을 것이다. 따라서 박에서 쌀이 제일 먼저 나온
까닭은 충분히 짐작할 수 있다.

그다음이 더욱 재미있다. 오죽하면 첫 번째 박에서 나온 백미
닷 섬으로 모두 다 밥을 지어 집채같이 멍석에다 수북 담아 밥
설사가 나오도록 먹었겠는가. 이 장면에서 이들이 그동안 배곯
아온 정도를 짐작할 수 있다. 이렇듯 〈흥보전〉 속의 쌀은 토지

〈그림 14〉 김홍도, 타작도
(국립중앙박물관 소장)

를 가진 자와 갖지 못한 자, 즉 힘을 가진 자와 갖지 못한 자의
차이를 나타내는 코드다.

풍속화와 기속시 속 밥, 힘이다

쌀이 경제력과 힘을 상징한다는 내용은 판소리소설뿐만 아니
라 풍속화나 기속시에서도 쉽게 찾아볼 수 있다.

〈그림 14〉의 〈타작도〉는 수확기 농촌의 타작 모습을 그린 것
이다. 볏단을 내리쳐 알곡을 털어내고 있는 여섯 명의 소작인과
그 뒤편에서 이들을 감독하는 마름이 비스듬히 누워 있는 풍경
이다. 낫으로 벤 볏단을 한 다발씩 묶어서 말린 다음에 하는 타
작은 힘이 많이 드는 고된 노동임이 틀림없지만, 1년 내내 추수

〈그림 15〉 신윤복, 주사거배(간송미술관 소장)

를 기다리던 농민들에게는 1년에 몇 번밖에 없는 쌀밥 먹을 기회라 즐거운 일일 것이다.

　김홍도는 힘든 농민의 노동 모습과 담뱃대를 물고 한가하게 졸고 있는 마름의 모습을 한 장면에 표현했는데, 볏단을 내리치는 소작인의 얼굴은 밝아 보이지 않는다. 아마 반타작도 되지 않는 소작료에 대한 비애가 표현되지 않았나 생각된다. 이 작품에서 등장하는 음식은 바로 쌀과 술이다. 적은 양의 쌀이라도 얻기 위해 힘든 노동을 감수해야 하는 소작인들과 그 귀한 쌀로 빚은 술을 한가로이 마시며 졸고 있는 마름의 대비는 바로 쌀을 통한 힘의 대비를 상징적으로 보여준다.

　〈그림 15〉는 신윤복申潤福(1758~?)이 그린 〈주사거배酒肆擧盃〉

로, 금주령 아래서 양반들이 술 마시는 모습을 풍자하는 풍속화다. 혜원이 살았던 시기인 18세기 말 서울의 술집 모습인 듯한데, 기와집과 초가집의 지붕들 사이로 보이는 풍경, 마루 뒤편의 장과 그 위에 놓인 많은 백자기 등은 술과 밥을 팔며 나그네를 유숙시키는 일반 주막과는 다른 모습이다.

혜원이 살던 시대에 가장 빈번히 내려진 것이 엄격한 금주령이었다. 그러나 실제로는 제대로 지켜지지 않았던 것 같다. 양반들은 술을 마시다 들켜도 벌을 받지 않고 백성들만 걸려서 재산을 빼앗긴다는 원성이 자자했다. 이렇듯 당시 백성들은 생존을 위한 식량도 부족하여 굶주리고 있었으나 임금의 금주령 상황에서 굶주린 백성의 곡식으로 빚는 술을 몰래 마시는 관원들의 행위는 질타받아야 마땅했다. 바로 이러한 행위를 혜원은 풍속화를 통해 꼬집고 있는 것이다. 이 작품 속 쌀로 담근 술은 역시 힘과 권력의 상징으로, 이를 부적절한 부의 축적의 산물로 해석하는 것이 지나친 과장은 아닐 듯하다.

酒禁怕官家	관가에서 내린 금주령이 두려워
屠蘇不敢釀	도소주조차 담그지 못하네.
百姓爾何知	백성들이여 그대들이 어찌 알리
清酒溢大盎	큰 항아리에 청주가 넘치는 줄을.

— 이덕무의 〈세시잡영〉

이덕무의 한시 〈세시잡영〉에서도 백성들에게는 도소주屠蘇

酒*조차 담그지 못하게 하면서 관가에서는 큰 항아리가 넘칠 정도로 청주淸酒를 담그는 모습을 읊조리면서 부조리한 현실과 빈부의 격차에서 오는 백성들의 삶의 질곡을 비판하고 있다.

〈그림 16〉은 일상에서 찾아볼 수 있는 평범한 생활상을 예리하게 포착한 작품이다. 이른 봄을 암시하듯 암벽 군데군데 꽃들이 피어 있고, 중앙에 솟아오른 노송 아래에서 봄나들이 나온 듯한 인물들이 시를 읊고 거문고를 뜯으며 한가로이 시회詩會를 하고 있다. 기녀들도 함께 등장하는 이 작품은 풍속화의 주제로 빈번하게 사용되는 풍류의 장면이다. 서민들은 농사 준비로 바쁜

〈그림 16〉 김득신, 풍속8곡병, 1면
(호암미술관 소장)

* 설날에 마시는 술로서 나쁜 기운을 물리치고 건강을 기원하는 세주歲酒

게 움직여야 하면서도 보릿고개로 굶주리는 시기인데, 양반들은 술을 마시며 비스듬히 누워 기녀들과 더불어 봄날을 즐기고 있다. 아래쪽에는 두 아낙이 함지박에 담은 많은 음식을 머리에 이고 걸어오고 있고, 큰 술병을 든 아이가 힘겹게 술병을 들고 따라오고 있다. 머리에 인 음식은 시회를 즐기는 양반들을 위해 장만한 음식일 것이다. 이 풍속화에서도 역시 술과 음식을 나르는 시종들과 그것을 대접받으며 술과 거문고에 취해 봄을 즐기는 양반들의 모습이 대비된다. 당시 계급사회, 즉 힘과 권력을 가진 자와 갖지 못한 자 간의 관계를 음식이라는 매개를 통하여 극적으로 표현하고 있는 것이다.

棗花時節急移秧	대추꽃 피는 시절 서둘러 모를 심어야 하니
暴雨纔晴又赫陽	폭우가 겨우 그치나 했더니 다시 불볕이로다.
伏月豪家徒釀飮	부자들은 일없이 복달임 잔치 벌이는데
夏畦人自劇奔忙	여름날 밭 매는 사람들은 정신없이 바쁘다네.

— 유만공의 〈세시풍요〉 중 복일伏日

위 한시는 유만공의 〈세시풍요〉 중 복날에 관한 시로, 삼복더위에 복달임 잔치를 벌이는 부자들과 뙤약볕 아래 논두렁에서 일하는 농부의 대조적인 상황을 제시하여 계층 간 빈부의 갈등을 표현하고 있다.

〈그림 17〉은 김홍도가 모당 홍이상(1549~1615)의 주요 일대기를 그린 것으로 알려진 〈모당평생도〉 중 회혼례에 관한 것

이다. '평생도'는 관료들의 삶의 각 단계를, 사실적 기록보다는 가장 이상적이라 생각되던 모습으로 표현한 것이다. 조선시대 권력층이었던 양반들은 오복이 갖추어진 삶을 누리고자 하는 세속적인 바람과 영화로운 삶이 자손대대로 지속되기를 바라는 염원으로 '평생도'를 제작하여 집안대대로 보존하고자 했다. 평생도 중 회혼례는 부부의 결혼 60주년을 기념하는 축하잔치다.

〈그림 17〉 김홍도, 모당평생도 중 회혼례
(국립중앙박물관 소장)

이 작품은 노부부가 대례를 치르는 장면으로, 회혼례가 치러지는 곳은 모란 병풍이 둘러쳐져 있고, 청화백자에 모란꽃이 꽂혀 대청마루 중앙에 좌우로 놓여 있다. 붉은 비단에 초록색 단을 두른 대례상 위에는 접시에 갖가지 먹음직스러워 보이는 고임음식*들이 즐비하게 놓여 있다. 회혼례는 노부부의 장수를 기원하는 효孝의 의식이기도 하지만, 또한 가문의 우월성과 힘을 과시하는 수단이기도 했다. 따라서 회혼례에 차려진 대례 상의 고배음식(고임음식)들은 그 가문의 지위와 권세만큼 높이 올라가고 풍성해져 그 기쁨과 영광을 널리 알리는 데 효과적이었다. 마당에는 많은 사람이 구경을 하고 있는데, 이 회혼례가 끝나면 같이 음식을 먹고 마시며 즐거워할 것이다. 이때 나눠 먹는 음식이 풍성할수록 주인공에게 돌려지는 축복 또한 클 것이다. 이렇듯 음식은 즐거움의 근원이기도 하지만 이렇게 사람들을 불러모아 벌이는 잔치에서처럼 자신의 힘을 과시하는 매개체이기도 했다. 특히, 이 작품의 시대적 배경인 조선시대는 농경사회이기 때문에 더욱 곡식(쌀)이 곧 경제력이고 힘이었다.

밥에게 복을 빌다

우리 민족에게 기원하고 소원을 비는 행위는 일상적이었다. 사는 것이 팍팍하고 어려웠던 만큼 기복 행위를 통하여 어려움을 헤쳐나가고자 했다. 집 나간 자식을 위해서도, 가족의 안녕과 건강을 위해서도 물과 밥 한 그릇 떠놓고 빌었다. 또한 아직도 죽은 조상을 잘 모셔야 복을 받는다는 사상이 뿌리 깊으며, 대부분의 가정에서 조상들에게 제사를 지내고 있다. 대대로 제

---

* 폐백이나 회갑 등 잔칫상에 같은 음식을 높이 쌓아 장식하는 음식으로 밤, 대추, 떡 등이 주로 쓰인다.

사는 풍성한 상차림을 통해 조상을 모셔야 하는 것으로 생각한다. 무엇보다 기원과 소망을 빌 때 음식을 차려서 대접을 잘 해야 한다고 생각하는 것이다. 제사음식은 제례를 거치면서 신이 잡수시고 남긴 신성한 음식으로 바뀐다. 제사를 행하고 난 이후의 음식은 음복이라는 과정을 거쳐서 신의 축복이 전달되는 매개체의 역할을 한다. 이때, 차려진 음식과 술을 신과 가족 모두가 함께 나누어 먹고 마시는 것은 가족의 결속을 다지는 행위였다. 또한 재물은 원래 신령을 기쁘게 하기 위해 마련된 것이지만, 신령에게 바쳐진 후 다시 사람들에게 나누어줌으로써 신령과 인간이 교감을 이루는 데 쓰인다. 즉 제물은 관념의 세계와 실제 세계를 이어주는 매개물로, 밥에게 소망을 비는 것이다.

판소리 속 밥, 정성을 올리다

판소리 곳곳에서 신에게 축복을 비는 행위가 묘사되는데, 그곳에는 언제나 정성 들인 음식이 놓여 있으며, 때로는 이른 새벽에 우물에서 길어온 깨끗한 정화수가 소원을 비는 사람의 정성을 담아 놓이게 된다. 〈심청가〉에서 심청 어미가 해산할 때 심 봉사는 세 사발 정화수로 삼신상을 차려 지성으로 순산을 비는 장면이 나온다. 사람들의 생명을 유지하는 데 물은 매우 중요한 구실을 하며, 농업을 주로 해온 우리 전통사회에서 물은 곡물이 익는 데 반드시 필요한 것이었다.

이선유 창본 심청가 : 심청 어미 해산할 때 심 봉사 삼신상 차려 기원

해복 긔미가 잇는대 아이고 배야 아이고 허리야 심 봉사가 일변은 반갑고 일변 놀내야 집 한 줌을 정이 추려 새사발 저오하수 새 소반에 밧처노코 심 봉사 의관을 증제하고 지성으로 비는 말이 고이 순산식켜주오 혼미 중에 탄생하니 선인옥녀 쌀이로다.

〈심청가〉에는 심청이 인당수 가기 전 새벽 어머니 산소에 찾아가 밥 한 그릇, 술 한 병, 나물 한 접시를 차려놓고 하직인사를 하는 장면이 나온다. 이 음식들은 평소 일반 백성들이 반주를 곁들여 먹는 일상식의 한 상임을 알 수 있다. 여기에는 신령이 싫어한다는 고추음식인 김치가 빠져 있긴 하지만, 신령에게 올리는 음식도 평소에 인간들이 즐겨 먹었던 밥 위주의 상차림이다. 이렇듯 신령이란 실제로 인간이 지닌 대부분의 특성을 지녔다고 생각했으며, 신령들이 좋아할 것으로 예상되는 제물 대부분은 그것을 준비하는 인간들이 먹기에도, 생각하기에도 합당하기 때문에 선택하는 것이다.

신재효 판본 심청가 : 심청이 인당수 가기 전 어머니 산소에 하직인사

달발신 깁푼 밤의 밥 흔 그릇 정이 지여 현쥬를 병의 너코 나무시 흔 접시로 모친 순쇼 츠져가셔 계흥의 진셜흐고 익통흐며~ 우리 모친 수명일은 고스흐고 졔스날리 도라온들 보리밥 흔 그릇슬 뉘가 츠려노와 쥬며~ 혼인들 맛나것쇼 늬 숀의 츠린 졔물 망죵 흠향흐옵쇼셔.

다음은 심청이 인당수에 빠지기 전 고사 장면이다. 이 장면에서는 그 고사의 규모를 알 수 있듯이 음식의 단위가 굉장히 큰 것을 볼 수 있다. 술도 동이째, 밥도 섬밥을 짓고 소, 돼지도 통째로 삶아놓고, 삼색 과일과 오색 탕수 등 갖은 음식을 차렸다. 밥을 섬밥을 지었다고 하니 이것이 다 나누어 먹기 위함이 아니고 무엇이겠는가?

신재효 판본 심청가 : 심청이 인당수 빠지기 전 고사 장면

의복 닉여 입고 고스를 츠릴 적의 동의 술 섬밥 짓고 왼 쇼 머리
스지가마 큰 칼 쏘즈 올여노코 큰 돗 잡아 통차 살마 긔난 다시 밧
쳐노코 슴싁 실과 오싁 탕슈 어동육서 좌포우혜 되홍우빅 버러노코
심청을 목욕싁켜 소복을 정이 입펴.

풍속화 속 밥, 소원을 빌다

음식에 기원을 담아 복을 비는 장면은 판소리뿐만 아니라 풍속화에서도 찾아볼 수 있다.

〈그림 18〉은 여자 무당이 트레머리 위에 갓을 올려놓고 왼손에 부채를 든 채 춤을 추고 있다. 무당 앞에는 굿을 청한 집에서 나온 사람인 듯 부녀 네 명이 앉아 무엇인가를 열심히 기원한다. 무당의 춤에 반주를 넣기 위해 장구잡이와 피리꾼이 두루마기를 허리춤에 모은 채 악기를 다룬다. 돌을 쌓아올린 담 너머에는 맨상투의 청년이 별난 구경거리라도 생긴 듯이 굿판을 바라보고 있다. 굿의 규모가 매우 간소하지만 흰쌀이 빠지지 않

〈그림 18〉 신윤복, 무녀신무(간송미술관 소장)

는다. 굿을 청한 흰 소복의 여인은 쌀을 바쳐놓고 두 손을 비비면서 신에게 소원을 이루게 해달라고 간절히 빌고 있다. 형편이 넉넉지 않아 많은 음식을 차릴 수는 없지만, 우리의 근본이자 생명을 상징하는 쌀을 신께 올리며, 정성을 다하여 간절히 소원하는 것이다. 여기에서 음식은 신께 드리는 마음의 표현이며, 신과의 연결을 위해 없어서는 안 될 귀중한 매개체다. 이 굿이 끝나고 나면 참석했던 모든 사람은 소반 위의 음식을 나눠 먹게 될 것이다. 또한 참석하지 못한 사람들을 위해 조금씩 싸가지고 갈 것이다. 이러한 행위는 신의神意를 자기 속에 나눠 갖는 종교적 의식이다. 이것을 먹으면 병도 안 걸리고 액도 사라진다는 믿음이 있다. 흰쌀은 나누어 가지고 가기에 가장 합당한 음식이

〈그림 19〉 김홍도, 모당평생도 중 돌잔치
(국립중앙박물관 소장)

었을 것이다. 흰쌀로 귀한 쌀밥을 지어 먹으면서 또 한 번 기원
의 마음을 가졌을 것이다.

　음식에 마음을 담아 기원하는 것은 굿이나 제사뿐만 아니라
통과의례의 현장에서 많이 볼 수 있다. 〈그림 19〉는 김홍도의
〈모당평생도〉 중 돌잔치를 묘사한 것으로, 홍이상의 할아버지,
아버지, 어머니 및 친지들의 축하를 받고 있는 모습이다. 주인
공인 아이가 받고 있는 돌상에는 주로 책, 붓, 벼루, 먹, 흰 실타
래, 음식 등이 놓이며, 그림이 훼손되어 정확히는 볼 수 없지만

보통 음식은 백설기, 수수팥떡, 쌀, 국수 등이 올려진다. 백설기는 그 색이 희기 때문에 앞으로 펼쳐질 아이의 인생이 깨끗하기를 기원하는 뜻에서 돌상에 올렸으며, 수수팥떡은 수수와 팥의 붉은색이 귀신을 물리친다고 여겨 돌상에 빠지지 않았다. 이 떡 역시 아이의 인생이 무사하기를 기원하는 의미를 지닌다.

흰쌀은 재산을 상징하여 부자가 될 것을 기원하기 위해, 국수는 긴 가락이 장수를 의미하기 때문에 돌잔치에 단골로 등장하는 음식이었다.

기속시 속 밥, 복을 빌다

사람은 일생을 행복하게 살기를 원하며, 행복하기 위해서는 먹을 것이 풍족해야 하고 몸이 건강해야 하고 하는 일이 뜻대로 이루어져야 한다. 우리 민족은 '농자천하지대본農者天下之大本'으로 여겨 농경민족의 최대 소원인 풍년을 기원했으며, 무병장수와 같은 복福을 비는 주술적인 행위가 세시풍속으로 정착해 계절적으로 반복되어왔다. 절대자에게 간절히 복을 비는 기원에서 음식은 빠질 수 없고, 가장 기본적인 것이 밥이었다.

起看棲鴉在樹梢	나무 끝에 깃든 까마귀 일어나 바라보니
田家早作最今朝	농가의 일 시작하기 오늘이 가장 좋네.
經冬旨蓄都湘出	지난겨울 묵은 음식 모두 꺼내놓고
女曰九炊男九樵	여자는 아홉 번 밥 짓고 남자는 아홉 짐 나무하네.

— 조수삼의 〈상원죽지사〉

위 작품은 조수삼의 〈상원죽지사上元竹枝詞〉에 나오는 대보름 풍속 중 하나로 '이날 밥 아홉 그릇 먹고, 나물 아홉 바구니와 나무 아홉 짐을 하면 1년 내내 배부르다'라는 풍속을 시로 지은 것이다. 평상시에 얼마나 밥이 그리웠으면 아홉 번이나 밥을 짓는다고 했을까? 여기서 굳이 아홉이라는 수를 쓴 이유는, 보름날 행해지는 '아홉 번의 행동'이 역리易理에서 '양의 수로써 모든 우환의 때를 이겨낸다'는 함축적인 의미를 갖기 때문이다. 즉 보름날 밥을 포식하면 그해의 식생활에 굶주림이 없이 배부르게 지낼 수 있다는, 풍년이 들기를 바라는 의식의 표현이다.

熊蔬裏飯海衣如	곰취에 쌈을 싸고 김으로도 쌈을 싸
渾室冠童匝坐茹	온 집안 어른 아이 둘러앉아 함께 먹네.
三嚥齊嘑三十斛	세 쌈을 먹으면 서른 섬이라 부르니
來秋甌窶滿田車	올 가을엔 작은 밭에도 풍년이 들겠지.

— 김려의 〈상원리곡上元俚曲〉

대보름날에는 밥을 김이나 취에 싸서 먹는데 이것을 '복쌈'이라고 부른다. 복쌈을 여러 개 만들어 그릇에 노적 쌓듯이 높이 쌓아서 성주님께 올린 다음에 먹으면 복이 온다고 전한다. 때로는 돌을 노적처럼 마당에 쌓아놓고 풍작을 기원하는 수도 있다. 첫째 복을 기원하고 곡식 농사가 잘되게 해달라는 뜻으로, 둘째 여름의 더위를 예방하기 위해 복쌈을 먹는다. 또한 묵은 나물 이파리나 김, 무, 배추 절인 것으로 밥을 싸서 한 움큼씩 삼키며

'열 섬이오' '스무 섬이오' '서른 섬이오' 하고 외치는데, 이 또한 풍년을 바라는 기원이다. 굶주림으로부터의 해방과 풍요로운 삶을 위해 풍년을 바라는 민중의 희망을 잘 나타내고 있다.

이와 같이 세시풍속과 관련된 음식 중 가장 많이 등장하는 것이 단연 쌀이나 쌀로 지은 밥이다. 평상시에 먹고 싶었던 귀한 쌀밥을 바치면서 복을 기원한 것이다. 그래야 소원을 들어준다고 믿었다. 그렇다, 밥은 곧 복이었다.

북한 요리책에서 만나는
'밥'의 원형

원형이 살아 있는 북한의 밥

2008년 이후 농림수산식품부 정책으로 시작된 '한식 세계화'로 인해 눈에 띄는 변화가 있었다면, 한식이 보다 다양해지고 화려해졌다는 것이다. 5,000년 역사에 빛나는 한식은 다양한 변용의 과정을 거쳐왔다. 현재 우리가 자랑하는 민족음식인 김치나 비빔밥도 최근 100년 사이에 현재의 모습을 갖추었다고 보아야 한다. 한식은 앞으로도 계속 변할 것이다. 너무나 당연한 일이다.

그러나 나는 요즘 젊은 요리사들이 선보이는 한식 전시회에 가면 종종 당혹스러워진다. 과연 저들이 우리 한식을 제대로 알고 변형시킨 것일까, 의구심이 생기는 탓이다. 그 누구든 우리의 음식을 이야기하려면 무엇보다 먼저 전통 한식을 완전히 이해하고, 또 한식의 원형이 무엇이었나를 고민한 다음 변용 과정을 거쳐야 한다고 생각한다. 우리 한식의 기본인 밥도 마찬가지다. 매우 많은 요리사와 요리책이 앞다투어 밥을 이야기하지만, 그 어디서도 나는 '밥의 원형'을 만나지 못했다. 외국인들도 즐겨 먹을 수 있는 한식, 보편화된 입맛에 맞춘 한식들이 '한식의 세계화'라는 명분 아래 공공연하게 만들어지고 있다. 대개원형으로부터 한참 멀어지고, 뿌리를 잃은 한식들이다.

나는 개인적으로 북한음식에 관심이 많다. 특히 송상들이 풍부한 경제력과 타고난 예술 감각을 바탕으로 만든 개성음식, 해주음식 그리고 화려함을 자랑하는 평양음식 등을 좋아한다. 하지만 몇 년 전, 영유아 영양 사업을 위해 평양과 개성을 방문했다가 나는 매우 실망하고 말았다. 1970~80년대 남한 사람들이 즐겨 먹었던 마요네즈 범벅의 소위 '사라다'와, 어디에나 '게맛살'을 집어넣은 정체불명의 음식들 때문이다. 그래서 생존해 있는 북한 출신 여성들을 대상으로 심층면접을 통해 개성음식이나 평양음식을 복원하지 않으면 안 되겠다고 생각하게 되었다. 다행인 것은 국적 불명의 밥까지 버젓이 등장한 현란한 남한 요리책 대신 북한에서 출판된 요리책에서는 그마나 '밥의 원형'을 볼 수 있다는 점이다. 촌스럽게 보일 수도 있지만 이것이 바로 '우리 밥의 원형'이다.

북한 요리책에서 만나는 다양한 밥

북한 요리책은 밥을 '낟알*로 만든 음식'으로 규정한다. 그래서 "입쌀을 비롯한 여러 가지 낟알을 깨끗이 씻어 일정한 양의 물과 함께 끓이거나 쪄서 만든 음식"이라고 정의를 내린다. 그러면서 밥은 우리 민족의 식생활에서 기본 주식이라고 못 박는다. 밥의 종류는 많으나 쌀의 종류와 섞어 짓기 여부에 따라 '이밥'과 '잡곡밥'으로 나눈다. 어떤 종류를 섞는가에 따라서 팥밥, 당콩밥, 콩밥, 완두콩밥 등으로 나눈다. 만드는 방법과 부식물을 넣는 정도에 따라 비빔밥, 볶음밥, 장국밥, 나물밥, 김치밥, 쌈밥 등으로 나누기도 한다. 이런 밥들은 우리 민족의 식생활을 다양하게 해주고 갖가지 영양물질을 골고루 섭취하게 해주는 좋은 음식이다.

밥의 기본, 흰쌀밥과 잡곡밥들

북한에서는 여전히 가장 귀한 밥이 흰쌀밥으로, 멥쌀을 입쌀이라고 하고 입쌀로 지은 밥을 이밥이라고 부른다. 북한에서는 부족한 쌀을 보충하기 위해 다양한 잡곡이 사용된다. 우리가 건강을 위해 잡곡밥을 먹고 있다면, 먹고 싶은 쌀 대신에 하는 수 없이 다양한 잡곡을 사용하는 셈이다. 북한은 쌀밥을 지을 때

---

* 낟알은 껍질을 벗기지 않은 곡식의 알을 가리키지만, 쌀알을 가리키기도 한다.

흰쌀밥, 오곡밥, 기장찰밥

밀밥, 풋당콩밥, 강냉이밥

멥쌀인 입쌀을 비롯하여 옥쌀(옥수숫가루와 밀가루를 섞어서 흰쌀모양으로 만든 쌀), 강냉이쌀, 밀쌀(밀의 겉껍질을 벗겨낸 쌀) 등이쓰인다. 밀쌀은 우리에겐 생소한데, 우리는 밀을 가루로 내어밀가루로 만들어 빵이나 국수를 만들어 먹지만 북한에서는 가루를 내지 않고 밀의 겉껍질을 벗겨낸 상태로 밥을 짓는다. 우리도 쌀이 부족한 일제강점기나 그 후 1970년대까지 밀쌀밥을많이 먹었다. 그리고 보리, 조, 수수, 기장, 팥, 완두콩, 당콩, 밤콩 등을 넣어 지은 밥 종류가 많다. 그리고 감자 철에는 감자밥등 다양한 곡물과 서류를 넣어 지은 밥을 먹었다.

여러 가지 남새밥

남새는 우리들에게 익숙하지 않은 용어지만, 채소의 순우리말이고 푸새, 푸성귀도 순우리말이다. 우리가 잃어버린 음식명의 원형도 북한 요리서에서 쉽게 찾아볼 수 있다. 북한의 다양한 밥 중에서 가장 많은 것이 여러 가지 채소류를 이용한 밥이

섞음밥(별밥), 밤밥, 남새밥

두릅나물밥, 도라지밥, 홑잎밥

라고 할 수 있다. 일제강점기의 조리서에도 나오는 별밥은 대추나 밤, 완두콩 등을 섞어 지은 특별한 밥이고 어린이들에게 좋은 밤밥도 많이 먹는다. 과거 조선시대의 구황식물로 다양하게 쓰인 도토리를 넣은 도토리밥, 식용 가능한 작물인 나리 뿌리를 넣어 지은 이름도 이쁜 나리밥, 봄에 나는 작은 찻잎 모양의 잎채소인 홑잎을 넣은 홑잎밥도 이채롭다. 홑잎밥에서는 차향이 나면서 맛도 좋다고 한다. 두릅나물, 참대순, 고사리, 도라지, 쑥 같은 나물을 넣어 만든 밥도 많다. 그중 가장 압권은 역시 우리는 너무 비싸서 밥에 넣기 어려워진 송이버섯밥이다. 아마도 북한은 우리보다 송이버섯이 많이 나니 밥에 넣어서 그 향을 즐기는 것이라 생각된다. 그리고 김치밥도 물론 있으며, 여러 가지 남새들을 다 섞어 지은 섞음남새밥도 있다. 황해도 지역에서는 두부를 만들고 남은 비지를 활용해 비지밥을 만드는데, 단백질도 풍부해 북한에서 애용되는 밥이다.

어패류와 고기를 이용한 밥

우리에게도 굴밥이나 쇠고기덮밥 등 다양한 어패류나 육류를 이용한 밥요리가 있지만 북한에서도 밥에다 굴이나 조개, 생선과 같은 어패류와 쇠고기, 닭고기, 돼지고기, 그리고 북한에서 많이 먹는 사슴고기, 꿩고기 등 다양한 고기를 이용한 밥이 조리서에 등장한다. 굴밥, 전복밥, 조개밥과 맛조개밥도 많이 먹고, 송어 살을 볶다가 불린 흰쌀을 넣고 부드럽게 지어 어린이나 노인에게 좋은 송어밥도 있다. 우리에겐 생소한 피밥은 돼지피에 다진 파, 소금, 후춧가루 등을 넣어 지은 밥으로, 돼지 비계와 곱창, 배추시래기 등을 함께 넣어 짓기도 한다. 내장을 활용한 전통요리라 할 수 있다. 다진 꿩고기 살로 완자를 빚어 넣고 만든 꿩고기완자밥, 생선 살을 다져 완자를 빚어 만든 생선완자밥, 토끼고기를 볶다가 참나무버섯을 섞고 불린 흰쌀을 넣어 지은 토끼고기밥, 귀한 송이버섯과 닭고기를 함께 넣고 지은 송이버섯닭고기밥도 나온다. 그리고 밥 위에 고기와 남새를 꾸

굴밥, 피밥, 조개밥

송이버섯닭고기밥, 장국밥,
대동강숭어국밥

미(꾸미는 고명)로 얹고 고깃국물을 부어내는 장국밥이 있고, 또한 배추김치와 굴을 고명으로 얹어내 따뜻하게 먹는 김치국밥도 있다. 특히 대동강숭어국밥이 유명한데 평양 대동강의 명물인 숭어를 이용하여 국으로 끓인 것으로, 밥그릇과 국그릇이 다 큰 것이 눈에 띈다.

마음까지 훈훈한 온반의 세계

북한의 밥 중에서 내가 가장 좋아하는 것은 단연 온반이다. 지금은 이곳에도 온반을 파는 식당들이 많이 생겨났지만 한동안 찾기 어려운 밥이었다. 이름 그대로 마음까지 따뜻해지는 밥, 온반溫飯이다. 육수를 부어 먹는 밥인데, 육수 재료는 닭고기를 가장 많이 사용해 닭고기온반과 닭고기지짐온반이 유명하다. 평양온반이 가장 널리 알려졌는데, 이는 평양 지방에서 해 먹는 장국밥 형식의 하나다. 특징은 닭고기장국을 만들고 꾸미로 닭고기와 녹두지짐을 얹은 것이다. 검둥오리인 물닭을 사

닭고기온반, 오리고기온반,
멧돼지고기온반

사슴고기온반, 생선온반, 평양온반

용한 물닭고기온반과 오리고기온반을 비롯해, 멧돼지고기온반, 사슴고기온반, 쇠고기온반 같은 육류를 활용한 온반도 있다. 이 외에도 해산물을 이용한 생선온반, 새우온반이 있다. 그리고 닭 알온반은 이름도 재미있는데, 만드는 방법은 다음과 같다. 감자 를 버들잎 모양으로 썰어 파와 같이 기름에 볶다가 더운물을 붓 고 간장과 소금으로 간을 한다. 미나리나물을 만들어놓고 밥을 짓는다. 밥을 그릇에 담고 미나리나물과 감자를 얹은 다음, 달 걀을 푼 국물을 밥에 부어 낸다.

섞어서 만드는 버라이어티 버무리밥

온반이 따뜻한 밥이라면 조금 슬픈 밥도 있는데, 바로 버무리 밥이다. 쌀을 아끼기 위해 다른 재료를 섞어 양을 늘린 밥을 말 한다. 곡물가루로 버무리를 만들어 넣은 밀가루버무리밥과 강 냉잇가루버무리밥도 있고, 밀가루 버무리에 채소를 섞은 풋배 추버무리밥과 쑥버무리밥도 있다. 만드는 방법은 다음과 같다.

밀가루버무리밥, 강냉잇가루버무리밥

풋배추버무리밥, 쑥버무리밥

풋배추 혹은 쑥은 끓는 물에 데쳤다 찬물에 담가 열기를 식히고 물기 없이 꼭 짜서 잘게 썰어 소금 간을 한 다음 밀가루 버무리를 만든다. 밥을 짓다가 뜸들기 전에 버무리를 밥 위에 뿌리고 뜸을 들인 다음 고루 섞는다. 이 중 쑥버무리밥은 쑥의 건강 기능성을 생각해볼 때 우리도 많이 만들어 먹었으면 하는 밥이니, 버무리밥의 세계도 현대에는 버라이어티해진다고나 할까.

영양만점 비빔밥의 세계

최근 한식 중에서 세계적으로도 가장 잘 알려진 음식의 하나가 비빔밥이다. 남한도 전주비빔밥, 진주비빔밥 등으로 다양하지만 북한도 이에 못지않다. 고기비빔밥은 닭고기와 돼지고기를 사용한 비빔밥으로 고추장양념을 하지 않고 간장으로 간을 한 것이 특징이다. 쇠고기의 양지머리로 만든 양지머리비빔밥과 북한에서 많이 나는 산나물을 다양하게 활용한 산나물비빔밥도 있다. 그런데 우리는 볶음밥으로 부르는 음식들도 북한 요

고기비빔밥, 쇠고기비빔밥, 생선비빔밥

전복비빔밥, 꿩고기비빔밥, 닭알비빔밥

리책에서는 비빔밥으로 부르고 있어서 이채롭다. 사진 중 쇠고
기비빔밥, 전복비빔밥, 꿩고기비빔밥, 닭알비빔밥 등은 요리법
이 볶음밥에 가깝다. 닭알비빔밥은 쌀로 시루밥을 짓고 번철에
기름을 두르고 당근, 감자를 볶다가 밥을 두고 섞은 다음 달걀
을 풀어 넣고 버무려 밥알에 붙으면 담아내는데, 부드러워서 어
린이에게 좋다고 한다.

쌈밥 잔치를 벌여보자

우리도 상추쌈같이 싸 먹기를 좋아하지만 북한에도 다양한
쌈밥 종류가 있다. 상추를 조선시대에는 '부루'라고 했는데, 북
한에서는 상추에 밥을 싸놓은 것을 부루쌈밥이라고 한다. 또 연
한 취를 삶아 싸 먹는 취쌈밥이 있으며 우리도 잘 아는 김밥도
조리서에 등장한다. 우리의 오무라이스와 비슷해 보이는 닭알
쌈밥은 고기와 당근을 볶다가 깨소금을 친 다음 밥을 넣어 볶
고, 달걀에 우유와 소금을 넣고 얇게 지져 반을 넣고 말아 노릇

부루쌈밥, 김밥

줴기밥, 갈잎밥

하게 다시 지져낸 것이다.

　그리고 쒜기밥과 갈잎밥이 있는데 이는 손에 들고 먹을 수 있게 쒜기를 지은 주먹밥으로 볼 수 있으며, 들놀이나 행군, 등산, 여행할 때 가지고 다니기에 편리한 음식이다. 북한에는 〈장군님의 쒜기밥〉이라는 노래가 있다고 한다. 김정일 국방위원장이 인민과 함께 굶으며 쒜기밥을 먹는다는 내용이지만, 이 노래를 들을 때 북한 주민들은 김 위원장이 즐겨 먹는다는 상어요리나 외국요리들이 쒜기밥이냐며 비난한다고 하니, 위정자들에 대한 그들의 감정을 알 수 있다. 쒜기밥은 쒜기를 지은 밥덩이에 김가루, 콩가루, 참깻가루를 무쳐낸 것이고, 갈잎쌈밥은 손에 들고 먹을 수 있게 쒜기를 지은 밥덩이를 갈잎에 싸서 먹기 좋게 그리고 색감도 좋게 쌈밥 형태로 만든 것이다. 갈잎 한 잎에 밥을 삼각형으로 올리고 그 가운데에 대추, 건포도를 한 개씩 놓은 다음 삼각으로 접어 싼다.

마음으로 읽는
팔도 밥별곡

팔도에는 팔도의 밥

쌀밥은 우리 민족에게 있어 최상의 가치인 한울님에서부터 민족의 한(恨)까지 상징하는 음식이다. 일반적으로 곡류로 만드는 것을 '주식'이라고 하는데, 최초의 주식은 시루에 쪄서 만든 지에밥[強飯]이었고, 다음이 죽, 그리고 지금과 같은 밥을 짓는 조리 기술은 그다음 단계로 완성되었다고 본다. 밥을 지을 수 있는 기술이 완성되었다고 모든 사람이 쌀밥을 먹을 수 있었던 것은 아니었다. 현대에는 쌀밥 자체가 건강에 나쁘다고 평가받는 천덕꾸러기가 되고 있지만, 쌀밥은 과거 부와 권력의 상징이었다. 쌀밥을 먹을 수 있는 계층은 상류층이었다. 그래서 흰쌀밥을 대체하는 밥들이 많이 있었다. 지금은 오히려 건강에 좋다고 해서 웰빙식으로 많이 먹는 현미밥, 잡곡밥, 콩밥 등은 과거 쌀밥을 먹을 수 없었던 사람들의 '대안 밥'이었다. 늘 부족했던 쌀밥 대신 손쉽게 구할 수 있는 곡물류를 이용한 것이다.

물론 지역마다 산출되는 곡물류가 달랐던 것도 영향을 미쳤다. 재료가 다르므로 밥도 같을 수 없는 법. 사람들은 자신이 사는 곳에서 소출되는 곡물을 이용해 다양한 밥을 지어 먹기 시작한다. 밥에도 팔도의 특색이 나타나게 된 것이다. 기후가 온난하고 평야가 있는 호남과 영남에서는 쌀밥과 보리밥을 주로 먹었고, 이북과 제주도에서는 잡곡밥과 조밥을 많이 먹었다. 논이 적고 밭이 많은 지역이어서 잡곡의 생산량이 많고 질도 우수했던 탓이다.

조선시대까지는 각 지역의 특성이 드러나는 음식을 팔도음식이라는 이름으로 불렀다. 그러다가 일제강점기 이후 소위 향토식의 개발을 주도하는 일본의 영향을 받아 현재는 고향의 음식이라는 의미를 추가한 '향토음식'이라는 명칭이 대세다. 우리나라의 향토음식은 의미가 많다. 요즘 유행하는 지역 축제에도 반드시 향토음식 코너가 있고, 지방마다 음식축제가 따로 벌어지기도 한다. 전국의 음식축제에 가면 거의 비슷비슷한 음식들이 나와 있는 것을 볼 수 있는데, 아마도 향토음식의 전국구화가 아닌가 싶다. 향토음식이 개성을 잃고 음식축제라는 이름 아래 하나로 통합되기 전에는 어땠을까? 1978년부터 1983년의 문화재관리국에서 실시한 〈한국민속종합조사〉 보고서에 나타난 팔도 명물 밥을 살펴보자.

외식음식의 원조가 된 서울 장국밥

서울에서는 어떤 밥을 먹었을까? 양반층이 많이 모여 살던 서울의 대표적인 밥은 역시 쌀밥이다. 서울음식은 전주, 개성과 더불어 사치스러웠지만 실제 서울의 토속적인 맛을 나타내는 음식은 적다. 그래서 특색 없는 음식이 서울음식이라고 한다. 서울만의 특색 있는 밥이라면 '장국밥'을 들 수 있는데 뚝배기에 흰밥을 담고 각색 나물과 고기산적을 올리고 양지머리육수를 부어낸 탕국으로 보면 된다.

이 국밥은 유난히 제사가 많았던 서울 양반가에서 제사를 지낸 후 남은 음식을 쉽게 먹기 위해 고안한 음식이라고 보는 설이 많다. 나중에는 밥집에서 주로 파는 음식으로 변신한다. 우리나라 최초의 외식음식인 셈이다.

경기도는 오곡밥을 즐겼다

경기도는 고려의 수도인 개성을 포함한다. 기후도 온난하고 자연조건도 좋아 음식이 소박하면서도 다양하다. 곡류음식으로 오곡밥, 찰밥, 팥밥을 즐겨 먹었다. 거피팥을 맷돌에 둘둘 타서 일어 쌀과 섞어 밥물을 붓고 밥을 짓거나 통팥을 삶아 자루에 짜서 팥물만으로 밥을 짓기도 했다.

오곡밥도 즐겨 먹었다. 쌀, 찹쌀, 팥, 수수, 콩, 차조 같은 곡식을 함께 넣고 밥을 지어 먹었는데 여기에 소금을 넣어 간간하게 하여 밥만으로도 간이 맞았다. 특히 정월 대보름에 오곡밥을 짓고 아홉 가지 나물을 해서 먹는 것이 풍습이었다.

구수하드래요, 강원도 밥

강원도는 동해를 면하고 있는 덕에 지역마다 각기 다른 생산품이 산출되었다. 다만 소박한 풍토로 인하여 묘미가 있고 깊이 있는 음식으로 다듬어지지는 못했다. 이 고장의 특산품은 감자, 옥수수, 메밀, 도토리 등이다. 따라서 지역민들은 이것들을 주식의 재료로 삼았다. 쌀밥보다 이러한 구황작물을 많이 이용해 밥을 지어 먹었다. 많이 먹었던 밥은 옥수수를 이용한 강냉이밥이다. 강냉이를 잘 닦아서 겨를 벗겨내고 다시 찧어 팥알만 한 크기로 부스러뜨려서 쓰는데, 물을 붓고 무르도록 잘 삶은 다음 여기에 쌀을 넣고 안치는 요령으로 밥을 지은 것이다. 뜸을 오래 들여야 강냉이가 잘 익고 제맛이 난다.

다음으로 많이 먹은 게 감자밥이다. 일단 쌀을 씻어 불려놓고, 감자는 잘 씻어서 껍질을 벗기고 통째로 물에 넣고 삶는다. 감자가 거의 무르면 불린 쌀을 넣고 밥을 짓는다. 뜸을 잘 들여서 물기가 완전히 없어지면 그때 감자를 주걱으로 으깨면서 섞어서 사발에 푼다.

강원도에서는 차수수밥도 많이 먹었다. 팥을 먼저 씻어 푹 끓인 다음, 수수를 여러 번 씻어서 붉은 물은 버리고 팥에 섞은 후 물을 붓고 밥을 지었다. 쌀이 부족하면 아예 넣지 않았다.

소박하고 맛 좋은 충청도 밥

충청도는 바다와 접한 남도와 접하지 않은 북도가 구별된다. 따라서 자연조건이나 생활여건도 달랐다. 그러나 두 지역의 생업은 모두 농업이었다. 특히 충남의 예당평야와 백마강 유역은 농경에 적합하여 곡물이 풍부했다. 또 조금 나가 황해로 가면 좋은 어장이 있었다. 삼국시대 당시, 신라에서는 보리를 주로 먹고 고구려에서는 조를 주식으로 하던 때에도 백제에서는 쌀을 주식으로 했다. 따라서 충청도는 예로부터 주식으로 흰쌀밥을 으뜸으로 쳤다.

일반 서민들은 보리밥을 많이 먹었다. 보리를 잘 닦으면 먹을 때의 촉감이 쌀밥과 다름없을 정도로 매끈하고, 솜씨 있게 지으면 그 맛이 구수해서 충청도 사람들에게 사랑을 받았다. 지역민의 소박하고 숙련된 조리 기술을 알 수 있게 해주는 밥이다. 보리밥 짓는 법은 다음과 같다. 매끈하게 잘 찧은 보리쌀을 씻어 일어서 물을 붓고 약 20분간 삶고 보리쌀이 익어서 퍼지려고 할 때 물이 많이 남았으면 따라내고 뜸을 들여 여분의 물기를 걷는다. 이렇게 삶은 보리쌀과 씻어서 일은 쌀, 햇강낭콩 등을 섞고 적당한 분량의 물을 새로 붓고 밥을 짓는데, 이때 특히 뜸을 잘 들여야 한다.

그다음으로 콩나물밥을 많이 먹었는데, 채소가 귀한 겨울에 비타민C를 보충해준 별미였다. 적당한 분량의 물을 부어서 쌀을 안치고, 그 위에 채썬 고기와 콩나물을 수북하게 얹어 밥을 짓는다. 뜸이 들면 밥을 주발에 담아 양념장을 곁들여 내면 먹는 사람이 비벼 먹었다. 충청도에서는 찰밥도 많이 먹는다. 팥은 씻어 일어서 물을 붓고 주름살이 확 퍼질 때까지 삶는다. 찹쌀과 삶은 팥을 솥에 안치고 팥 삶은 물까지 합하여 물을 잡고, 소금을 조금 넣고 밥을 짓는다.

전라도에 가면 콩나물국밥을!

전라도는 음식 솜씨가 사치스러운 지역으로, 개성과 대비된다. 개성음식은 고려시대의 전통을 지키고 있어 매우 보수적인 반면, 전라도는 조선시대의 양반풍을 멋있게 받아서 고유한 음식법을 지키고 있다. 호남평야를 안고 있어 쌀이 풍부하고 해산물이 다양하며 깊은 산에서 나는 귀한 산물이 많다.

특히 전주비빔밥이 유명하다. 양지머리를 푹 삶아 얻은 육수에 쌀을 넣고 고슬고슬하게 지어서 참기름으로 무쳐놓는다. 여기에 콩나물, 숙주, 미나리, 도라지, 고사리나물을 무쳐 넣는다. 우둔고기는 채썰어 양념하여 육회를 만들어 얹고 청포묵과 달걀 지단을 함께 올린다. 비빔밥의 유래는 섣달그믐날 비벼 먹는 음식 혹은 제삿집 비빔밥 등 다양하나, 전주에서는 비빔밥이 농번기에 들에서 비벼 먹던 밥에서 유래했다는 설도 있다.

콩나물국밥도 매우 유명하다. 콩나물을 삶아 양념하여 무쳐 두고, 멸치장국을 내 콩나물 삶은 물과 합해둔다. 뚝배기에 밥을 담고 새우젓 다진 것을 반 큰술 넣고 콩나물을 얹고 국물을 가득 부어 간장으로 간을 맞춘 후 깨소금과 고춧가루를 얹는다. 지금도 전주에는 콩나물국밥집이 수없이 많고, 전국적으로도 유행하고 있다. 소박하고 좋은 한국인의 밥이다.

무밥은 경상도가 최고

경상도는 전라도와 기후가 비슷하면서 동해와 남해를 끼고 있어 해산물도 있고 들판에서는 곡식이 골고루 생산된다. 물고기를 고기라고 할 만큼 생선을 제일로 치고, 멸치젓을 많이 사용한다. 음식은 간이 세고 매운 편이다. 곡물음식으로는 국수를 가장 즐기고 국물도 고기보다 멸치나 해산물로 낸다.

경상도의 명물 밥은 진주비빔밥이다. 이 진주비빔밥이 다른 비빔밥과 다른 것은 비빔밥에 따라오는 탕이 해장국이고, 그 건더기가 많고 재료가 다양하다는 점이다. 또한 보탕국이라고 하여 비빔밥을 담은 위에 바지락을 자작하게 볶은 것을 한 수저씩 보태어 맛을 돋웠다는 점, 나물을 무칠 때 바락바락 주물러 나물이 까바라지게 한다는 점, 볶은 쇠고기가 아닌 육회를 쓴다는 점, 고추장 대신 '엿꼬장'이라는 특별한 장을 쓴다는 점 등이다.

통영비빔밥도 유명하다. 백합과 바지락을 볶아서 얹고, 곁들이는 국으로 무, 두부, 미역, 파래 등을 넣어 통영의 특색을 살린 두부나물국을 올리는 것이 특징이다. 비빔밥의 간은 간장과 멸장으로 맞춘다. 멸장은 멸치젓을 담가두었다가 달여서 맑은 국물만을 받아 쓰는 멸치젓국이다. 이것으로 나물, 국, 찌개 등의 간을 맞추기도 한다. 맛은 깊고 구수하다.

경상도에서는 무밥도 많이 먹는다. 가을무를 굵게 채썰어 솥 밑에 깔고 그 위에 쌀을 안친 후 소금으로 간을 해서 지은 밥이다. 양념장을 따로 만들어 비벼 먹는다. 무가 가장 맛있는 철이 가을이므로 가을무를 쓰는데, 무에는 물기가 많으므로 밥물을 적게 잡는다. 또 '갱식'이라는 밥도 많이 먹는다. 겨울에 담근 배추김치를 숭숭 썰어서 물을 붓고 끓인 김칫국에 찬밥을 넣고 밥알이 퍼지도록 끓인 국밥이라고 보면 된다.

이름도 예쁜 제주도 쌀밥, 고은밥

제주도는 본토와 멀리 떨어진 섬으로 해촌, 산촌, 양촌의 차이가 뚜렷하다. 과거에는 양촌이 부유하고 유학자층이 많았으나 최근에는 해촌도 바다를 배경으로 급격하게 부유해졌다. 그러나 제주도는 농사짓는 땅이 적어 가정의 식량을 겨우 대는 정도고, 쌀농사는 아주 적다. 산도山稻, 육도陸稻라는 밭벼가 있고 밭곡식은 조, 피, 보리, 메밀, 콩, 팥, 녹두, 깨 등이 주를 이룬다. 감자, 고구마 생산도 많다.

쌀이 귀하므로 평소에는 보리, 조, 팥 등의 잡곡밥을 많이 짓고 제삿날이나 잔치에나 쌀밥인 '고은밥'을 지어 먹는다. 쌀의

80퍼센트를 육지에서 들여와야 하는 형편인 탓이다. 제주도에서는 쌀밥을 '곤밥'이라고도 한다. 제사를 지내고 나면 가족이 고은밥으로 음복함은 물론, 다음 날 새벽에 젯밥을 이웃과 나누어 먹는 풍습이 있다. 이를 '갯밥 어울림'이라고 한다. 정을 돈독하게 해주는 풍습이다.

곡창지대 황해도의 비지밥

연백평야가 펼쳐진 곡창지대가 있는 황해도는 인심 좋기로 유명하다. 인심 좋고 소박한 이곳은 음식도 구수하고 소박한 것을 즐기고 겉모양을 내지 않으며 만두도 큼직하게 만든다. 별로 짜지도 싱겁지도 않은 충청도음식과 비슷하다.

황해도는 쌀의 품질도 우수하고 양도 많은 편이나 땅이 걸어 조가 잘 된다. 황해도의 조는 알이 굵고 구수하여 남도 지방에서 보리를 먹듯이 메조를 많이 먹는다. 어느 가정이나 조밥을 많이 짓는데, 황해도에서 잡곡밥이라 하면 조밥을 말하기도 한다. 가난한 사람은 쌀이 섞이지 않은 순전한 조밥을 먹고, 가세가 넉넉하면 쌀을 많이 섞어 먹었다. 팥도 많이 섞어 밥을 짓는데 흰밥은 오히려 싱겁다고들 한다.

황해도의 대표적인 밥은 김치밥이다. 김치와 돼지고기를 넣어 지은 밥으로, 쌀은 씻어서 일어두고 돼지고기는 얄팍하게 너붓너붓 썰어둔다. 김치도 속을 털어내고 굵게 채썰어둔다. 냄비에 돼지고기를 넣고 색이 변할 때까지 볶다가 물을 붓고 김치를 넣어 15분간 끓인 다음 쌀을 넣고 잘 끓여 뜸을 들인다. 김치는 김장김치를 쓰는데 담백한 김치가 더 맛있다.

'김치말이'는 찬밥에 김칫국물을 넣어 먹는 겨울 야식이다. 동치미를 맛있게 담가 준비하고 무는 굵게 채썰어놓는다. 차게 식힌 닭국물과 김칫국을 섞는다. 찬밥에 준비한 국물을 담고 볶은 고기를 고명으로 얹고 채썬 김치와 깨소금, 참기름을 얹는다. 닭국물이 없으면 김칫국물만 써도 좋다.

황해도의 특식으로 '비지밥'이 유명하다. 콩을 물에 불린 다음 물을 넣어가면서 맷돌에 간다. 이를 냄비에 넣고 30분 정도 잘 끓인 다음 씻어 일은 쌀을 넣고 밥을 잘 짓는다. 먹을 때 양념장과 김치를 곁들인다. 콩을 갈아서 끓인 다음 쌀을 넣으면 밥이 깔깔하지 않고 부드러워 맛있다.

할머니의 맛, 평안도 김치말이

평안도는 산세가 험하나 서해에 면해 있고 들판도 넓어서 곡식과 산채, 어물이 풍부하다. 사람들의 성품도 진취적이고 대륙적이다. 음식 솜씨도 풍성하며 먹음직한 게 특징이다. 서울과 비교하면 소박하다. 겨울이 길고 추워서 겨울에 먹는 음식들이 더욱 푸짐하다. 조밥을 많이 지어 먹었고, 온반과 김치말이가 유명하다.

온반은 서울의 장국밥과 닮았다. 추운 지방이므로 국밥을 먹으면 몸이 따뜻하게 풀어지는 것을 감안, 지역에서 즐긴 모양이다. 겨울에 주로 먹다가 나중에는 사시사철 즐기게 되었다. 자연적으로 생긴 음식이라고 보는 편이 합당하다. 온반은 많은 사람이 한꺼번에 먹을 수 있어서 좋은 데다 대접하는 사람도 편해서 여느 가정이나 음식점에서 잘 준비하는 음식이다. 만드는 법도 간단하다. 쇠고기를 삶아 편육으로 썰어 양념하고 육수를 준비한다. 녹두녹말을 내어 얇게 부쳐 채를 썬다. 달걀 지단도 부쳐놓는다. 놋주발에 밥을 담고 편육 무친 것과 지단, 실고추, 녹두지짐을 덮고 육수를 붓는다. 여기에 시원한 무김치, 배추김치를 곁들인다.

황해도와 마찬가지로 김치말이가 유명하다. 밥은 고슬고슬하게 지은 찬밥을 쓴다. 황해도와 다른 점이 있다면 두부를 사용한다는 점이다. 두부를 행주에 꼭 짜두고 동치미 무와 배추김치를 채썬다. 찬밥, 두부, 김 썬 것을 참기름과 깨소금으로 무쳐서 사발에 담고 찬 동치밋국물을 부어낸다. 동치밋국물에 육수나 닭국물을 섞기도 한다.

함경도에 가면 가릿국밥집이 많다

함경도 지방은 한반도에서 가장 북쪽에 자리 잡은 곳이다. 바다에 면했지만 산골도 많은 지역이다. 곡류 중에서는 밭곡식의 질이 우수하고 산출되는 양도 많다. 곡식으로 콩, 조, 강냉이, 수수, 피 등이 많이 나고 특히 메조와 메수수가 차지고 맛이 좋다. 감자도 질이 좋아 냉면국수를 만들기도 한다. 음식의 간은 짜지 않고 담백하나 마늘, 고추 등의 양념을 강하게 쓴다. 잡곡밥을 일상적으로 많이 먹는데, 강낭콩과 팥을 먼저 삶다가 수수와 조, 피를 넣고 밥을 짓는다. 때로는 감자를 더 넣고 밥을 짓기도 한다.

함경도의 조는 메조지만 차지고 맛이 구수해 좁쌀만으로 밥을 한 조밥도 많이 먹는다. 조 이삭에서 턴 메조 싸락을 물로 버무려서 큰 가마솥에 넣고 찐 다음 자루에 넣고 찧는다. 보통 밥처럼 짓는데 밥물을 쌀밥보다 많이 붓는다. 이 밥은 함경남도에서 많이 먹는다.

함경도의 명물 밥은 가릿국밥이다. 밥 위에 고기 삶은 것을 얹고 육수를 부어 먹는 국밥인데, 죽으로도 해 먹었다. 옛날 함흥에는 이것을 파는 가릿국밥집이 냉면집보다 더 많았다고 한다. 닭비빔밥도 별미로 많이 먹었다. 닭을 통째로 삶아 고기만 뜯고 실같이 가늘게 찢어 맵게 양념한다. 콩나물도 살짝 데쳐서 갖은양념을 하여 무친다. 더운밥에 고기와 나물은 얹고 닭국물을 조금씩 따로 탕 그릇에 떠놓는다. 먹을 때 닭국물을 조금씩 넣고 비벼 먹는다. 맵게 양념하여 먹는 게 특징이다.

3부

남의 밥 이야기

우리 민족에게 밥은 어떤 의미를 가질까? 허기를 채우기 위해 먹는 일용할 양식일까? "사람은 빵만으로 살 수 없다"의 '빵'에 해당하는 보통명사일까? 우리는 오랫동안 밥에 대해서 이야기해왔다. 생활에서 밥을 이야기하는 사람, 삶 속에서 밥을 말하는 사람, 예술작품 속에서 밥을 이야기하는 사람도 있었다. 그래서 때로 밥은 가슴 아픈 소설 속 주인공으로, 혹은 영화나 드라마의 소재나 배경으로 다루어졌다. 특히 아버지의 눈을 뜨게 하려고 공양미 300석에 자신을 판 〈심청전〉에서 밥 이야기는 절정을 이룬다. 심청은 아마도 자기 자신보다 가족을 더 생각하고, 나아가 남을 배려하는 삶의 상징이 아니었을까?

나는 어린 시절 읽었던 '왕후의 밥, 걸인의 찬'이라는 수필을 좋아한다. 어린 마음에도 얼마나 가슴이 뭉클했던지! 쌀나무로 불리는 이팝나무 이야기는 또 얼마나 슬픈가. 우리는 어려운 시절에도 행복한 시절에도, 끊임없이 '밥'을 먹고 내 식구 '밥'을 걱정하고, 쌀 떨어진 이웃의 '밥'을 걱정하면서 살아왔다. 여기에서는 남과 얽힌 밥, 다른 이를 배려하고 걱정해주는 마음에서 비롯된, 인류 공통의 밥 이야기를 짚어본다.

찬밥

안도현

가을이 되면 찬밥은 쓸쓸하다
찬밥을 먹는 사람도 쓸쓸하다
쓸쓸하다
이 세상에서 나는 찬밥이었다
사랑하는 이여

낙엽이 지는 날
그대의 저녁 밥상 위에
나는
김 나는 뜨끈한 국밥이 되고 싶다

내 밥, 너의 밥, 우리 밥

제 밥과 남의 밥

너도 먹고 나도 먹는 밥이라고 흔히들 이야기하지만, 사실 우리 민족의 오랜 역사에서 밥은 나도 먹고 너도 먹는 것이 아니었다. 굶주림은 이 땅 백성들의 숙명이었기에 제 밥그릇 챙기기가 우선이었고, 제 밥을 위해서 남의 밥을 탐내기도 하였다. 그러니 너도 먹고 나도 먹는 것이 아니었던 과거의 밥의 아픈 이야기를 해보는 것이 좋겠다. 그런데 이러한 제 밥 그리고 남의 밥에 관한 이야기는 역시 백성들의 생생한 이야깃거리인 속담 속에 많이 등장한다.

속담 속 밥 이야기를 살펴보면 제 밥과 남의 밥의 경계가 확연함을 알 수 있다. 삶의 아픔도 느껴진다. 쌀이 부족해 굶주림의 역사가 수천 년 이어졌기 때문일 것이다. 지금 이 시대의 넘쳐나는 쌀 풍년은 고작해야 1970년 이후에 이룬 것이라 할 수 있다. 긴 역사에서 본다면 불과 수십 년에 지나지 않는다. 1962년 경제개발 5개년 계획을 발표하면서 당면과제로 내세운 구호도 이 땅에서 보릿고개를 몰아내자는 것이었다. 그러니 그 때까지만 해도 대부분의 백성이 굶주림에 시달렸고 제 밥그릇 챙기기는 이 땅 민중의 가장 중요한 삶이었다. 그래서 슬프게도, 제 밥과 남의 밥의 구분은 너무도 중요한 일이었다.

가장 대표적인 속담이 '제 밥그릇은 제가 지고 다닌다'일 것이다. 이는 먹을 복이 가장 큰 복이었으므로 먹을 복은 누구나 가지고 있다는 뜻이다. '제 밥 먹고 컸는데 남의 말 들을 리가 없다'는 속담도 있는데 이는 제 밥 챙겨 먹는 사람은 남의 지배를 받지 않는다는 의미다. 반면 손해 보는 일을 하는 것을 일러 '제 밥 먹고 남의 일 한다'고 하거나 '제 밥 먹고 상전 빨래한다' 혹은 '제 밥 먹고 큰집 일 한다'고 한다. 배은망덕한 일을 당했을 경우에는 '제 밥 먹은 개가 발꿈치 문다'라고 하였다. 제 집 밥이 가장 편하고 좋다는 의미의 '제 집 찬밥이 남의 집 더운밥보다 낫다'는 속담도 있다. 모두 한 인간으로서의 자유가 밥에서 비롯됨을 의미하는 속담이다.

반면 속담에서 남의 밥이라는 표현은 다소 부정적인 의미로 사용되는 것을 볼 수 있다. 자신과 상관없는 남의 것을 기대하는 것을 빗대어 '남의 밥 보고 상 차린다'고 하거나 '남의 밥 보고 시래깃국 끓인다' 혹은 '남의 밥 보고 장 떠먹는다', 심지어는 '남의 집 찬밥 보고 저녁 굶는다'고 하였다. 그런데 오죽하면 줄 생각도 안 하는 남의 밥을 두고 국 끓이고 장 떠먹고 했겠는가? 남의 밥이라도 먹어보고 싶었던 것이다.

그렇지만 아무리 힘들어도 남의 신세를 계속 질 수는 없다는 의미에서 '남의 밥도 석 달이다'라는 속담이 있다. 남의 밥을 얻어먹는 처지는 편하지 않고 어려운 밥이라는 의미로 '남의 밥은 맵고도 짜다', '남의 밥을 먹어봐야 부모 은덕을 안다' 혹은 '남의 밥에는 가시가 있다'고 했으니, 공짜인 남의 밥을 탐내지 말고 경계하며 살아가라는 뜻일 테다. 더 나아가 '남이 먹던 밥을 먹으면 오래 산다'라고 했는데 이는 굶주리던 시절에는 아무 음식이나 가리지 말고 먹어야 오래 산다는 의미다.

한편 우리는 살아가면서 남들과 평등하지 않은 분배상황을 제일 못 견뎌한다. 이런 심리 또한 속담에서는 밥에 빗대어 많이 표현하고 있다. '남의 밥그릇은 높아 보인다'고 하거나 '남의 밥이 더 맛있다' 혹은 '남의 밥이 더 희다', 심지어는 '남의 밥에 든 콩이 굵어 보인다'고까지 하였다. 이렇게 제 밥과 남의 밥을 구분해서 수많은 이야깃거리를 만들어낸 것은 밥에 대한 강한 열망을 표현한 것에 다름 아니리라.

그러니까 쌀밥이 더 이상 열망의 대상이 아닌 현대에도 사람들은 이권다툼이나 욕망 추구를 두고 제 '밥그릇 챙기기'라고 하거나 '밥그릇 싸움'이라고 표현한다. 밥은 우리의 숙명인 모양이다.

밥에 관한 속담은 슬프다

한 민족의 특성을 속담만큼 잘 보여주는 것도 드물다. 속담은 민족의 역사 속에서 만들어지고 백성들 속에서 회자되어왔기 때문이다. 서구의 속담은 원전의 출처가 있는 경우가 대부분으로 교훈적인 내용이 많다. 반면 우리 속담은 언제 누구에 의해서 시작되었는지 모르는 경우가 대부분이다. 오히려 우리 속담은 속된 사회에서 상스럽고 천한 계층의 언어로 전승되어왔다고 보는데, 이보다 더 진솔할 수가 없다. 날것 그대로의 언어로 생생한 삶의 아픔과 슬픔을 표현하는 경우가 많다.

쌀은 우리 민족의 가장 큰 관심사였으므로 쌀에 관한 속담이 많은 것은 당연하다. 그런데 쌀밥에 관한 속담들을 보면 대개 슬프다. 쌀밥을 먹는 것은 민중에게 너무 어려운 일이었고 늘 배가 고팠으므로 하얀 쌀밥은 항상 이루지 못한 꿈이었기 때문이다. 그래서 '여름 쌀밥은 꿈에만 봐도 살찐다'고 했고 '이밥을 먹으니까 생일인 줄 안다'는 속담이 있다. 반면 속담 중에는 '콩밥도 제때 못 먹는다' 혹은 '소금국에 조밥이다', '빌어먹는 놈이 콩밥 마다할까'라는 것도 있다. 이밥, 즉 흰쌀밥은 최상의 밥이었고 그 외 콩밥, 조밥은 잡곡밥으로, 쌀밥을 늘 먹지 못하는 슬픔을 나타낸 것이다. 그러나 '남의 집 이밥보다 제집 보리밥이 낫다'는 속담도 있는데, 아무리 좋은 쌀밥이라도 마음 편한 밥이 제일이라는 심정을 표현한 것이다.

최상의 밥은 따뜻한 밥이었다. 그래서 '더운밥 먹고 헛소리

한다'고도 하고, 불쌍해진 신세를 빗대어 '식은 밥 신세다'라고 하였다. 심지어는 '식은 밥이 밥인가, 의붓아비가 아비인가'라는 속담도 있으며, 이 신세 저 신세 다 겪어본 것을 일러 '찬밥 더운밥 다 먹어봤다'고 하였다. 밥이 잘 된 상태를 중히 여겨 '익은 밥 먹고 선소리 한다'고 하였고, 못마땅한 사람을 보면 '선밥 먹은 놈마냥 웃기만 한다'고 했다.

조선 같은 계급사회에서 밥에 대한 속담에 계급 갈등이 드러나는 것은 당연하다. 상전의 아량도 밥에 따라 결정되어 '밥을 남겨줄 양반은 강 건너서 봐도 안다'고 하거나 '배부른 상전이 하인 밥 못하게 한다'는 속담이 있다. 또 '사또 밥상에 지령 종지 같다'는 속담도 있는데 밥을 남기지 않는 상전에 대한 반감을 드러낸다. 또한 '영감 밥은 발뒤꿈치로 꽉꽉 밟아 담고 머슴 밥은 송글송글 피워 담는다'는 속담이나 '거지도 부지런해야 더운밥을 얻어먹는다', '거지가 밥술이나 먹게 되면 거지 밥 한 술 안 준다'는 속담은 남의 밥에 야박한 인심을 표현한다.

가족관계도 밥으로 표현된다. '남편 밥은 누워서 먹고, 아들 밥은 앉아서 먹고, 딸 밥은 서서 먹는다'는 속담은 가족 내 친소관계뿐 아니라 출가외인이라는 말로 드러나는 혼인제도까지 보여준다. 아들, 딸 구분이 확실한 남존여비의 사회였음을 밥으로 표현하는 속담으로 '아들네 집에 가면 밥 먹고 딸네 집에 가면 물 마신다', ' 자식 밥은 먹어도 사위 밥은 못 먹는다'가 있다. 심지어는 '인왕산 차돌은 먹을망정 사돈네 밥은 안 먹는다'고 하여 부계중심사회에서 사위는 항상 어려운 존재고 사돈 또한 어려운 존재임을 알 수 있다. 사위 밥은 못 먹어도 사위 대접은 항상 극진한 법이라 '사위 밥 한 그릇은 동네 사람이 먹고도 남는다'고 한 반면, 며느리의 매운 시집살이는 '시집 밥은 겉살이고 친정 밥은 뱃살이다', '친정 밥은 쌀밥이고 시집 밥은 피밥이다'로 표현했다.

이처럼 속담에 등장하는 쌀밥은 대개 간절한 염원이나 복의 상징이다. 그런데 밥이 나오는 꿈은 꼭 그렇지 않다. '꿈에 밥을 먹으면 구설이 많다' 혹은 '꿈에 쌀을 보면 근심이 생긴다'고 한다. 꿈에 쌀을 보면 좋을 것 같은데, 왜 이런 속담이 만들어졌을까? 아마도 꿈에 쌀이 보일 정도로 갈망이 심한 상태라면 아프거나 힘든 상황이 아니었을까? 그래서 이런 해몽이 생기고 이런 꿈을 꾸면 질병을 조심하라는 의미로 해석할 수 있지만, 이 또한 꿈보다 해몽이 아닐는지.

그런데 쌀에 관한 속담의 극치를 보여주는 말이 있다. 사실 속담치고는 최근에 만들어진 것이다. 1900년대 초 일제강점기에 '수입 쌀 먹으면 애비 에미도 못 알아본다'라는 말이 사회에 돌았다. 1891년에는 94만 석, 1909년에는 154만 석의 쌀이 일본으로 유출되었는데 당시 총생산량의 3분의 1이나 되어 쌀값이 폭등했다. 이런 극심한 식량난을 타개하기 위해 1901년, 재상이던 이용익은 안남미를 들여왔다. 안남미는 베트남에서 생산된 인디카 계통의 쌀로, 우리 쌀과 달리 찰기가 부족하다. 거기다 생전처음 외국 쌀을 보게 된 백성들의 반발은 클 수밖에 없었다. 그래서 '수입 쌀을 먹으면 애비 에미도 몰라본다'는 말이 생겨났다. 우리 쌀은 민족의 혼이고, 수입 쌀을 먹으면 혼을 빼앗긴다고 생각했기 때문인데, 정말 효도국가 자손다운 속담을 만들어낸 것이다.

사자성어 속의 밥

한때 젊은이들 사이에서 '대략난감'이라는 말이 유행한 적이 있다. 이러지도 저러지도 못하는 상황을 재미있게 표현한 것으로, 사자성어四字成語를 흉내 낸 신조어였다. 나는 젊은이들이 우리 고사성어에는 전혀 관심이 없는 줄 알았는데 꼭 그렇지는 않구나 하고 생각했다. 짧은 사자성어가 가지는 촌철살인의 매력을 그들도 재미있게 생각하고 오히려 더 재미있는 용어를 만들어내기 때문이다. 젊은이들이 한자를 잘 알고 우리 역사를 안다면 더 유머 넘치는 재미있는 사회가 되겠다고 생각했다. 그래서 밥을 주제로 한 사자성어를 소개하면 젊은이들의 호기심을 끌수 있을 것으로 기대한다.

우리 옛글에는 어떤 상황을 가장 잘 표현하는 사자성어들이 있고 우리 조상들은 이를 활용하여 우리 언어를 윤택하게 하고 어려운 삶을 유머로 받아들인 것 같다. 사자성어는 말 그대로 한자 네 글자로 이루어진 말을 뜻하지만 그 유래는 대부분 고사성어에서 온 것이 많다. 밥은 우리 생존에 가장 중요한 것이었기 때문에 밥에 대한 사자성어도 유난히 많다. 밥에 관련된 사자성어를 통해 우리 밥문화를 들여다보는 것도 흥미롭다 밥과 관련된 사자성어는 속담과 마찬가지로 굶주림과 가난 속에서 밥 먹기의 어려움을 표현한 것이 많다. '조반석죽朝飯夕粥'이라는 말이 잘 알려져 있는데, 아침에는 밥을 먹지만 저녁에는 죽을 먹을 수밖에 없는 궁핍한 형편을 말한다. 비슷한 사자성어로 '단사두갱簞食豆羹'이 있다. 이는 한 소쿠리의 밥과 한 그릇의 국을 뜻하는데, 군자들의 '안빈락도安貧樂道'를 표현한 말이다. '단사호장簞食壺漿'도 비슷한 뜻으로, 도시락에 담은 밥과 병에 담은 음료수를 가리킨다. 이러한 성어는 《맹자》에서 나온 말이지만 조선시대에도 선비들의 청빈한 삶을 비유하는 말로 많이 쓰였다. 재미있는 표현으로 '부중생어釜中生魚'라는 사자성어가 있다. 이는 말 그대로 솥 안에서 물고기가 헤엄친다는 뜻으로, 매우 가난하여 오랫동안 밥을 짓지 못한 상태를 이를 때 쓰는 말이다. 《후한서》에서 등장한 말이지만, 우리 선조들도 즐겨 인용한 고사성어였다.

역시 청빈한 삶을 표현한 사자성어로 '누항단표陋巷簞瓢'가 있다. 이는 누항에서 먹는 한 그릇의 밥과 한 바가지의 물이라는 뜻으로, 선비의 청빈한 생활을 이르는 말이다. 누항이란 좁고 지저분한 거리를 일컫는 말이니 청빈의 상징으로 사용된다. 조선 중기의 무신인 박인로朴仁老(1561~1642)는 벼슬을 사직한 후 〈누항사〉라는 가사를 짓고 청빈한 삶을 노래하기도 하였다. '단사표음簞食瓢飮'이라는 말도 한 소쿠리의 밥과 표주박의 물이라는 말로, 매우 소박한 생활을 뜻한다. 《논어》에 나오는 말로, 반찬 없는 한 그릇의 밥, 즉 청빈한 생활을 비유한다. 이로써도 살아갈 수 있고 행복할 수 있는데 왜 그리 부와 명예를 좇느냐는 의미로 쓰였다.

이렇게 청빈한 생활을 하는 사람이 있는가 하면 부유한 사람들도 있었다. 따라서 부유한 생활을 하는 사람들의 삶을 사치스러운 밥으로 표현한 고사성어들도 많다. '취금찬옥炊金饌玉'은 금을 때서 밥을 짓고 옥으로 반찬을 만든다는 뜻으로, 금과 은같이 귀한 것으로 훌륭한 음식을 만든다는 의미다. 우리가 다 먹는 밥이지만 경우에 따라서는 그 음식사치가 극에 달할 수도 있음을 알 수 있다. 비슷한 예로 '종명정식鐘鳴鼎食'이라는 사자성어는 종소리로 사람들을 모아 솥을 걸어놓고 밥을 먹는다는 뜻으로, 부귀한 집안의 생활을 의미한다. 그러니까 옛날 사람들의 부의 기준은 사치한 밥이었던 것이다.

밥이 얼마나 소중했는가를 보여주는 사자성어로 '금의일식錦衣一食'이라는 것도 있다. 이는 비단옷을 밥 한 그릇과 바꾼다는 의미로, 굶는 사람에게는 호사스런 비단옷보다 밥 한 그릇이 더 필요하다는 뜻을 담고 있다. 그런가 하면 '사발농사沙鉢農事'는 일은 하지 않고 밥그릇만 가지고 다니며 빌어먹는 게으르고 무력한 사람을 일컫는다. 또한 '방반유철放飯流歠'은 밥을 많이 뜨고 국을 흘리면서 마구 들이마시는 것을 가리킨다. 음식을 절약할 줄 모르고 있는 대로 먹고 마시는 것처럼, 해서는 안 되는 행동을 이르는 말이다. '취식지계取息支計'는 겨우 밥이나 얻어먹고 살아갈 만한 꾀라는 뜻이다.

한편 밥을 굶는 일이 많았고 먹고살기가 힘들었기 때문에 밥으로 은혜를 베풀고 보답하는 것이 중요했다. 그래서 '일반지은 一飯之恩'은 밥 한 끼를 베풀거나 얻어먹을 만한 작은 은혜를 말하고, '일반지보一飯之報'는 작은 은혜에 대한 보답을 표현하는 말로 쓰였다. 반면 '일반천금一飯千金'은 한 끼 밥에 천금의 은혜로 보답한다는 의미다. 어려울 때 도와준 작은 은혜가 천금의 보답을 받을 수도 있다는 뜻이니, 한 끼 밥의 중요성과 베풂의 중요성을 가르친 것이다. 우리가 최근에 많이 쓰는 사자성어로 '십시일반十匙一飯'이 있다. 열 사람이 한 술씩 보태면 한 사람 먹을 분량이 된다는 뜻으로, 여러 사람이 힘을 합하면 한 사람을 돕기는 쉽다는 말이다. 누구든지 쌀을 갖다 넣으면 필요한 사람이 퍼가는 '사랑의 쌀독'도 이런 마음을 잘 실현한 것이라 생각된다.

쌀밥나무에서 이팝나무로

우리나라에는 쌀밥나무라고 불리는 이팝나무가 있다. 이 나무를 처음 본 서양인들은 나무에 눈이 내린 것처럼 보였는지 이것을 '눈꽃나무snow flower'라 불렀다. 그런데 우리는 이 나무에 달린 꽃이 마치 흰쌀밥 같다고 하여 '이밥나무' 혹은 '이팝나무'라는 이름을 붙였다. '이밥에 고깃국'이라는 말이 있는 것처럼 이밥은 쌀밥을 뜻한다. 북한에서는 지금도 쌀밥을 이밥이라고 한다.

이밥이 '이李씨 밥'이라는 말에서 나왔다는 주장도 있다. 조선시대 벼슬을 해야만 이씨인 임금이 내리는 흰쌀밥을 먹을 수 있다는 뜻에서 쌀밥을 '이밥'이라 했다는 것이다. 그런데 이밥나무의 정식 이름은 이팝나무이다. 이팝나무는 '이밥나무'에서 유래한 이름으로 '이밥'의 발음이 변해 '이팝'이 된 것으로 보기도 한다. 지역에 따라 니팝나무, 니암나무, 뻿나무라고도 부른다. 나무 이름에 대해 또 다른 얘기도 있다. '입하立夏 때 꽃이 핀다' 하여 '입하나무'로 불리다 이팝나무로 변했다는 설이다.

어쨌거나 나이 드신 분들은 누구나 흰 꽃으로 덮인 이팝나무를 보고, 고봉으로 담긴 흰쌀밥을 떠올린다. 실제로 가느다랗게 넷으로 갈라져나온 꽃잎도 그 하나하나가 밥알처럼 생겼다. 그래서 어르신들은 이팝나무를 보고 이렇게 말씀하신다.

> 진짜 희거니(하얗게) 쌀밥 담아놓는 것 같어. 반지르르 뜸 잘 들여놓은 밥 덩어리. 고봉밥도 저런 고봉밥은 없제. 넘의 집(남의 집) 모 심으러 가믄 심덕 좋은 부인네들은 쌀 안 아끼고 모밥을 가득 담아준디 영락없이 그 모양이여.[34]

각 지역의 이팝나무에는 쌀밥에 사무친 우리 민족의 한을 말하듯 슬픈 이야기가 너무 많이 서려 있다. 전북 진안 마령면의 이팝나무는 가슴 아픈 이야기를 가지고 있다. 옛날 마령 사람들은 어린아이가 죽으면 무덤 곁에 이팝나무를 심었는데 한 번도 배불리 먹어보지 못한 죽은 아이의 영혼이나마 쌀밥을 마음껏 먹을 수 있기를 바라는 마음 때문이었다고 한다. 경상도에도 슬픈 이야기가 전해진다. 잡곡밥만 짓던 한 며느리가 큰 제사가 있어 쌀밥을 짓게 됐는데 뜸이 잘 들었는지 밥알 몇 개를 떠먹어보다 평소에도 온갖 구박을 하던 시어머니와 마주쳤고, 시어머니가 제사에 쓸 밥을 먼저 먹었다고 갖은 학대를 일삼자 억울함을 견디다 못해 목을 매 죽었다. 그 이듬해 며느리가 묻힌 무덤가에 쌀밥에 한 맺힌 며느리를 달래려는 듯 이팝나무가 자라 흰 꽃을 피웠다.

이렇게 슬픔을 간직한 이팝나무지만, 마을에서는 풍년을 기원하는 신목神木으로 간주했다. 이팝나무를 당산나무로 모시고 있는 여러 마을에 한결같이 내려오는 이야기가 있다. 이팝나무의 꽃이 많고 적게 피는 것에 따라 농사의 풍년과 흉년을 내다본다는 것이다. 동쪽 가지에 꽃이 많이 피면 동쪽 들녘에 풍년이 오고 서쪽 가지에 많이 피면 서쪽 들녘에 대풍이 든다는 말도 전해진다. 이팝나무가 꽃을 피우는 시기는 모내기 철과 겹친다. 모내기 철에 많은 비가 내려야 무사히 모내기를 끝낼 수 있다. 물을 좋아하는 이팝나무 습성으로 꽃을 피우는 것을 보고 한 해 농사를 점쳤던 모양이다. 모내기 철은 아직 보리가 패지 않아 지난 해 양식은 다 떨어진 보릿고개였으니, 이팝나무를 바라보는 마음이 더 간절했을 것이다.

또한 이팝나무가 있는 마을에서는 봄이 되면 어른아이 할 것 없이 비가 수북이 내려 한 해 농사가 잘 되기를 기도했다. 이팝나무가 꽃을 피우면 부모들은 "이팝나무 꽃 많이 핀 게 올해는 배곯지 않겠다"며 배고픈 아이들을 달랬다. 마을 사람들은 이팝나무가 쌀밥 같은 꽃을 피우면 날짜를 잡아 하룻동안 잔치를 벌이기도 했다. 그러나 요즘은 이팝나무를 당산나무로 모신 마을에서 열리던 '마을 이팝꽃 잔치'도 찾아보기 어렵다. 쌀밥이 더 이상 선망의 대상이 아닌 탓이다. 어쩌면 이팝나무에 서린 아름답고 아픈 이야기들도 곧 잊힐 것이다. 고운 꿈처럼 하얀 꽃을 피우는 이팝나무를 민족의 나무로 영원히 기억할 방법은 없는 것일까?

씹으면 밥 냄새가 난다

요즈음 아이들이 즐겨 읽는 책 중에《종이밥》[35]이 있다. 글을 쓴 김중미 작가는 인천 만석동의 괭이부리말에서 살아왔고, 지금은 그곳에서 공부방을 운영한다.《괭이부리말 아이들》이라는 책으로도 잘 알려진 작가다.《종이밥》의 줄거리는 이렇다.

판자촌에 사는 남매 철이와 송이. 송이는 한 살 때 돌아가신 부모님 대신 할아버지, 할머니와 산다. 할아버지와 할머니가 일하러 가고, 오빠 철이도 학교에 가고 나면 송이는 방 안에서 혼자 놀다가 종이를 씹어 먹는다. 종이를 씹으면 밥풀 냄새가 나기도 하고, 껌을 씹는 것 같기도 하다. 배고프거나 심심하면 생각나는 것이 송이에겐 바로 '종이밥'이다(제목에서도 느껴지듯 집에 혼자 남겨진 여자아이는 종이를 씹으면서 외로움을 견딘다). 할아버지는 아프고 할머니도 힘이 들자 송이를 절에 보내려고 한다. 철이는 송이를 보내려는 할머니가 밉기도 하면서 한편으로는 마음이 아프다. 졸졸 따라다니는 송이가 귀찮을 때도 있었지만 송이를 보낸다고 하니 잠이 오지 않는다. 그래서 저금통을 털어 송이에게 빨간색 곰돌이 푸우 가방을 사준다. 그리고 송이가 떠나기 전 날 온 가족이 가족사진을 찍고 외식을 한다. 송이가 할머니와 떠난 후 할아버지는 식음을 전폐하고 누워만 있고 철이는 송이 생각을 하면서 하루 종일 종이를 씹는다. 씹을수록 밥풀 냄새는 나지 않고 송이의 얼굴만 떠오른다. 이틀 후 할머니와 송이가 돌아온다. 송이가 집으로 돌아온 후 철이는 다짐한다. '난 송이만 남겨두고 절대 어디 안 갈 거야'라고.

외로움에 지친 어린 송이에게 종이는 장난감이자 과자이며 외로움을 달래줄 도구였다. 그리고 무엇보다 '따뜻한 밥'이었다. 외로운 영혼에게 따뜻한 밥 한 그릇이 주는 위로처럼, 송이는 종이를 씹으면서 밥풀 냄새를 맡았고 위로를 받았다. 이 동화는 현재 우리 주변에 있을지도 모르는, 하지만 우리가 잘 돌아보지 못하는 그런 사람들의 이야기일지도 모른다. 이 동화를 두고 누군가는 "요즘 이렇게 비현실적인 내용이 어디 있냐?"고 하고, 또 누군가는 "너무 현실적이어서 가슴이 아프다"고 한다. 이렇게 전혀 상반된 반응이 나오는 것도 각자의 경험 탓일 터이다. 하지만 지금 이 순간도 어느 누군가—어린아이뿐 아니라 어른들 가운데도—는 밥 냄새가 나는 다른 무엇인가로 외로움을 위로받고 있을지 모른다.

선생님의 밥그릇

소설가 이청준(1939~2008)은 많은 사람들의 사랑과 존경을 받은 문학가다. 그중 〈선생님의 밥그릇〉이라는 단편소설은 지금도 우리에게 스승의 깊은 사랑을 일깨워주는 아름다운 이야기다. 요즘 같은 풍요의 시대에는 또 다른 의미로 읽을 수 있다.

선생님의 밥그릇은 6·25전쟁을 배경으로 하는 가난한 시절의 이야기이다. 이야기는 37년 전의 담임 선생님을 모신 저녁 회식자리로 시작된다. 이 글에 나오는 노진 선생님은 37년 전 중학교 1학년 3반의 담임이었다. 선생님은 엄격한 분으로 반 아이들이 두려워하는 분이었다. 노진 선생님은 특이하게 그날 종례 시간에 규칙을 마련하여 걸린 아이들에게 청소를 시켰다. 선생님이 내린 규칙 중에는 도시락 검사가 있었다. 학생들이 밥을 잘 먹어야 건강하다고 생각해서 꼭 도시락을 가져오게 하신 것이다. 그래서 점심시간에 도시락을 거른 아이들을 잡아내서 청소를 시켰다. 도시락 검사를 하던 도중 빈 통만 가져온 문상훈이라는 아이가 학급 친구의 고자질로 결국 걸리게 된다. 그 아이의 도시락 통을 확인한 선생님은 말도 없이 나간다. 그 후 선생님은 도시락 검사를 더 이상 하지 않았다. 그러고는 따로 상훈이를 불러 자신은 이제부터 밥을 절반만 덜고 먹겠다며, 자신의 절반만큼의 마음이 언제나 너의 곁에 함께하고 있음을 알고 앞으로 어려움을 잘 이겨내라고 말한다. 졸업 후 37년 후에 이루어진 회식자리에서도 밥을 반만 덜어 먹는 선생님을 보고 상훈은 그 이야기를 꺼낸다. 노진 선생님은 "교육자랍시고 설익은 생각을 남에게 강요하기보다, 우선 내 지닌 몫부터 절반만큼씩 줄여 나눠 가져 보자는 생각이었다"고 말하며 민망하다는 듯이 웃었다.

그러니까 6·25전쟁 이후 도시락 싸오기도 어려웠던 시절의 풍경이다. 지금은 음식이 넘쳐나는 풍요의 시대라 많은 이들이 오히려 다이어트를 한다며 밥을 남긴다. 남겨진 밥은 음식물쓰레기를 양산하고 환경을 오염시킨다. 타인을 위해 자신의 밥을 덜어내어 남에게 주었던 아름다운 시절도 있었는데, 지금은 어떠한가? 자신을 위해 정성껏 만든 밥을 미안함도 없이 남겨 쓰레기로 버리는 시절이다. 지금도 지구 한쪽에서는 어린아이들이 영양실조로 죽어가고 있다. 멀리 갈 것도 없다. 북한 아이들도 밥을 충분히 먹지 못해 영양실조로 고통을 당한다. 타인을 위해 자신의 밥을 덜어내는 행위만이 과식으로 인한 비만의 시대에 자신도 구하고 타인도 구한다. 다이어트를 하느라 줄인 밥은 얼마 안 가 다른 음식으로 채우거나 폭식으로 대체되게 마련이다. 이제 자신의 몸을 위해서가 아니라 타인을 위해서 내 밥을 덜어내는 건 어떨까?

시인의 긍정적인 밥

밥에 관한 책을 쓰면서 알게 된 것 사실의 하나는 우리나라에 밥에 관한 글이 정말 많다는 것이다. 나는 음식을 전공하는 사람이라 아무래도 밥에 대한 관심이 많을 수밖에 없다. 그렇지만 이 책을 쓰기 위해 자료를 뒤질수록 밥에 대한 사람들의 많은 관심에 놀랄 수밖에 없었다. 밥에 사회경제적 관심을 기울이는 책도 많았지만, 그에 못지않게 밥에 관한 자료, 논문, 수필이 많아 다시 한 번 놀랄 수밖에 없었다. 진정으로 밥은 밥 이상의 그 무엇이었다.

또한 밥에 관한 시도 많았다. 밥에 관한 시들을 읽고 있으면 어느새 가슴 한편이 아파온다. 밥에 관한 시에서는 이 땅 민초들의 생생한 생활상을 만날 수 있다. 그 시들에서 느껴지는 것은 밥이 이 세상 무엇보다 따뜻하고 중요한 것이라는 선언이었다. 밥은 민족의 혼이었고, 정신이었으며, 신성한 그 무엇으로, 침범할 수 없는 정신적인 영역에 있는 것으로 생각되었다.

그중에서도 단연 나의 마음을 움직인 밥에 관한 시가 있다. 오래전부터 강화도에 들어가 산다는 함민복 시인의 〈긍정적인 밥〉이다. 요즈음 시대에 밥 못지않게 사람들에게 잊혀지고 있는 것이 시다. 그동안 밥이 생명을 살리는 물질의 양식이라면 시는 마음의 양식으로 비유되곤 했다. 변화해가는 물질 중심의 현대 사회에서는 밥이나 시나 그 운명은 비슷한 모양이다.

시 한 편에 삼만 원밖에 하지 않지만, 시인은 이를 얼른 따뜻한 밥으로 바꾸어 생각한다. 쌀이 두 말이란다. 그러니 마음이 긍정적으로 바뀌고 따뜻해진다. 시집 값인 삼천 원은 국밥 한 그릇으로, 시집 인세 삼백 원은 소금 한 됫박으로 바뀐다. 밥도 시도 제대로 대접받지 못하는 우리 사회에서, 가장 긍정적이고

행복한 사람은 그 누구도 아닌 밥과 시를 사랑할 줄 아는 사람
이라는 생각이 든다.

긍정적인 밥

시 한 편에 삼만 원이면
너무 박하다 싶다가도
쌀이 두 말인데 생각하면
금방 따뜻한 밥이 되네.

시집 한 권에 삼천 원이면
든 공에 비해 헐하다 싶다가도
국밥이 한 그릇인데
내 시집이 국밥 한 그릇만큼
사람들 가슴을 따뜻하게 데워 줄 수 있을까
생각하면 아직 멀기만 하네.

시집이 한 권 팔리면
내게 삼백 원이 돌아온다.
박하다 싶다가도
굵은소금이 한 됫박인데 생각하면
푸른 바다처럼 상할 마음 하나 없네.

왕후의 밥, 걸인의 찬

한 대형마트에 '왕후의 밥, 걸인의 찬'이라는 이름의 즉석 밥이 등장했다. 이를 보고 사람들은 어떤 생각을 했을까? 중장년 층은 과거 국어 교과서에 실렸던 김소운 작가의 수필 〈가난한 시절의 행복〉 중 '왕후의 밥, 걸인의 찬'을 떠올리면서 과거로 시간여행을 했을 것이다. 왕후의 밥은 남편이 어렵게 구해 사랑하는 아내를 위해 지은, 김이 모락모락 나는 하얀 쌀밥이다. 여기에 걸인의 찬은 돈이 없어 찬까지는 구하지 못한 남편이 준비한 간장 한 종지를 이른다.

그들은 가난한 신혼부부였다. 보통의 경우라면 남편이 직장으로 나가고 아내는 집에서 살림을 하겠지만, 그들은 반대였다. 남편은 실직으로 집에 있고, 아내는 집에서 가까운 어느 회사에 다니고 있었다. 어느 날 아침, 쌀이 떨어져서 아내는 아침을 굶고 출근을 했다. "어떻게든지 변통을 해서 점심을 지어놓을 테니, 그때까지만 참으오." 출근하는 아내에게 남편은 이렇게 말했다. 마침내 점심시간이 되어서 아내가 집에 돌아와보니, 남편은 보이지 않고, 방 안에는 신문지로 덮인 밥상이 놓여 있었다. 아내는 조용히 신문지를 걷었다. 따뜻한 밥 한 그릇과 간장 한 종지. 쌀은 어떻게 구했지만, 찬까지는 마련할 수 없었던 모양이다. 아내는 수저를 들려고 하다가 문득 상 위에 놓인 쪽지를 보았다. "왕후王侯의 밥, 걸인乞人의 찬……. 이걸로 우선 시장기만 속여두오." 낯익은 남편의 글씨였다.

순간, 아내는 눈물이 핑 돌았다. 왕후가 된 것보다도 행복했다. 만금萬金을 주고도 살 수 없는 행복감에 가슴이 부풀었다.

이 이야기의 주제는 물론 아내에 대한 남편의 사랑이다. 그런데 만약 반찬은 가득했으나 이와 함께 먹을 밥이 없었다면 상황이 어땠을까? 비만의 주범으로 여겨 밥 먹기를 꺼리는 현대인들이라도 이를 두고 '걸인의 밥, 왕후의 찬'이라고 했을까? 뭔가 허전한 느낌이지 않았을까? 이 이야기가 주는 감동은 찬으로 가득한 진수성찬이 절대로 줄 수 없는 '따뜻한 밥 한 그릇'의 위로다. 외로울 때 생각나는 김이 모락모락 나는 따뜻한 쌀밥 한 그릇, 어머니의 손길, 유년의 기억, 고향의 맛……. 공장에서 생산한 즉석 밥을 파는 대형마트에서 '왕후의 밥, 걸인의 찬'이라는 이름을 붙인 걸 보면, 기업에서도 '밥이 곧 사랑'임을 아는 것이 아닐까.

가을, 지에밥

밥이라는 이름처럼 단순하고 명료한 용어는 없다. 그런데 이 밥만큼 다양한 이름을 가진 것도 드물다. 밥은 어떻게 지어졌는가에 따라 진밥과 된밥으로 나뉘지만, 익은 정도에 따라 선밥과 탄밥으로도 나뉜다. 아예 실수를 하여 설익은 밥, 된밥, 탄밥으로 '삼층밥'을 지어낸 추억을 가지고 있기도 하다. 그런데 실제로는 부모님은 진밥을 좋아하고 자식들은 된밥을 좋아하면 일부러

한쪽은 질게, 한쪽은 되게 지어 각자 기호를 맞춘 밥을 '언덕밥'이라고 하니, 밥에 관한 우리 민족의 언어가 얼마나 풍성한지 놀랍다. 이외에도 '되지기'는 찬밥에 물을 부어 다시 지은 밥을 말하고 누룽지는 눌어붙었다고 해서 '눌은밥', 솥이나 가마를 훑어낸 것이라 해서 '솥훑이' 또는 '가마치'라고 부르기도 한다.

밥을 그릇에 어떻게 담느냐에 따라서도 이름이 달라진다. 그릇 위까지 수북이 담은 밥은 '감투밥'이고, 밑에는 다른 밥을 담고 그 위에 쌀밥을 담아 수북해 보이게 한 것은 '고깔밥'이라고 한다. '고깔밥'과 비슷하게 잡곡밥을 먼저 담고 그 위에 쌀밥을 담거나 아예 밑에 접시를 깔고 그 위에 밥을 담아 겉으로만 많아 보이게 한 밥을 '뚜껑밥'이라고 한다.

된밥만 해도 이름이 많다. 아주 된 밥을 '고두밥'이라고 하는데, 그중에서 찹쌀이나 멥쌀을 시루에 쪄서 지은 고두밥을 '지에밥'이라고 한다. 그런데 지에밥은 그 용도가 다양하다. 떡을 만들기 위해서 그리고 무엇보다 술을 만들기 위해서는 지에밥을 지어야 한다. 지에밥에 누룩을 섞어 버무린 것을 술밑이라고 해 술의 밑감으로 쓰인다. 이렇게 술을 담글 때 쓰는 지에밥은 '술밥'이라고도 한다. 또한 지에밥으로 약식을 만들기도 하고 식혜를 만들기도 하니 지에밥은 밥으로 만드는 모든 음식의 어머니라 할 만하다. 그래서 술밑을 주모酒母라고 부르기도 한다.

과거에 쌀밥을 먹기도 부족한 사정에 술을 빚기 위해 혹은 떡을 하기 위해 지에밥을 짓는 것은 상상하기 어려웠다. 그러나 가을이 되어 황금들판이 되면 그래도 궁색하던 사람들의 밥상에도 여유가 생긴다. 가을에 추수한 쌀로 지에밥을 지어 술도 담그고, 약식도 하고, 인절미도 하고, 식혜도 만들게 되는 것이다. 갓 수확한 햅쌀로 갓 쪄낸 지에밥을 한 쪽씩 떼어 먹을 때의 고소한 맛을 어찌 잊을 수 있겠는가?

하고많은 밥 중에서도 특히 지에밥은 쌀밥을 먹기 힘들었던 우리 민족의 비애를 보여주면서도 노란 황금벌판의 풍요로움을 나타내는 최고의 밥이 아닌가 싶다.

가을 지에밥

박기섭

가을은 해년마다 돗바늘을 들고 와서
촘촘히 한 땀 한 땀 온 들녘을 누벼 간다
봇물이 위뜸 아래뜸 고요를 먹이고 있다
절인 고등어 같은 하오의 시간 끝에
하늘은 또 하늘대로 지에밥을 지어 놓고
수척한 콩밭 둔덕에 두레상을 놓는다

당신에게 바치는 '공손한' 손길

요즈음 아이들은 '밥은 당연히 전기밥솥 안에 들어 있다'고 생각한다. 만일 전기밥솥에 밥이 없으면 냉동실에서 즉석 밥을 꺼내 전자레인지에 넣고 돌리면 따뜻한 밥을 먹을 수 있다고 생

각한다. 어른 아이 할 것 없이 이제 밥 걱정은 하지 않는다. 그
렇지만 나는 아직도 밥이라는 단어를 떠올릴 때면 '이불 속 따
뜻한 밥 한 그릇'이 생각난다. 어린 시절, 나의 어머니는 밥을 지
어 뚜껑 있는 주발에 담아 아직 집에 돌아오지 않은 식구를 위
해 아랫목 따뜻한 이불 속에 묻어두곤 했다. 어머니가 소중하게
간직했다가 주는 밥은 내게 늘 어머니 자신처럼 느껴졌다. 그
추억 때문일까? 밥은 나에게 여전히 함부로 다룰 수 없는 소중
한 그 무엇으로 여겨진다.

성인이 된 후 우연히 아름다운 시 한 편을 보게 되었다. 추운
겨울날 식당에 들어간 친구들이 밥이 나오자 모두 밥주발 뚜껑
위에 손을 올려놓는 모습을 그린 시다. 그런데 여기서 내 가슴
을 훈훈하게 했던 것은 '공손히'라는 단어였다. 그런 동작을 보
인 이유도 자신을 위해 아랫목 이불 속에 밥을 넣었다가 내놓
으시던 어머니를 떠올렸기 때문이 아닐까? 어쩌면 그들의 손길
하나하나가 집 나간 자식을 위해 매일 따뜻한 밥 한 공기를 아
랫목에 '공손히' 묻어두던 어머니의 손길이 아니었을까? 조상들
에게 밥이 한울님이었던 것처럼, 우리 민족에게는 여전히 '밥은
곧 어머니'다. 공손히 모셔야 할 어머니다.

공손한 손

                                        고영민

추운 겨울 어느 날

점심을 먹으러 식당에 들어갔다
사람들이 앉아
밥을 기다리고 있었다
밥이 나오자
누가 먼저랄 것 없이
밥뚜껑 위에 한결같이
공손히
손부터 올려놓았다

또 이런 시도 있다. 〈아버지의 밥그릇〉이라는 시다. 어머니뿐
만 아니라 이 땅의 아버지들도 얼마나 힘들고 어려운 존재들인
가? 이 시에 나오는 아버지도 평생을 가족을 위해 봉사만 하다
가 다리에 채여 쓰러진 이불 속 밥그릇처럼 쓰러진다. 이 땅에
서 오늘을 살아가는 수많은 아버지의 모습이다.

아버지의 밥그릇

안효희

언 발, 이불 속으로 밀어 넣으면
봉분 같은 아버지 밥그릇이 쓰러졌다
늦은 밤 발 씻는 아버지 곁에서
부쩍 말라가는 정강이를 보며
나는 수건을 들고 서 있었다

아버지가 아랫목에 앉고서야 이불은 걷히고
사각종이 약을 펴듯 담요의 귀를 폈다
계란 부침 한 종지 환한 밥상에서
아버지는 언제나 밥을 남겼고
우리들이 나눠 먹은 그 쌀밥은 달았다
이제 아랫목이 없는 보일러방
홑이불 밑으로 발 밀어 넣으면
아버지, 그때 쓰러진 밥그릇으로
말없이 누워 계신다

이 땅에는 아버지라는 이름의 사내들도 있다. 다음의 시에서
도 가족의 생계를 양 어깨에 짊어지고 살아가는 건장한 사내
들을 만날 수 있다. 이들이 삶을 위한 힘겨운 노동을 하면서 필
요로 한 것은 다른 그 무엇도 아닌 김이 모락모락 나는 흰쌀밥
이다. 밥을 넘치게 담아 내주는 백반집 주인의 정이 우리의 오
늘을 아름답게 해준다.

가정식 백반

윤제림

아침 됩니다 한밭 식당
유리문을 밀고 들어서는,
낯 검은 사내들,

모자를 벗으니

머리에서 김이 난다

구두를 벗으니

발에서 김이 난다

아버지 한 사람이

부엌 쪽에 대고 소리친다,

밥 좀 많이 퍼요.

가족들의 '밥 줘' 그리고 밥해주러 간다

일 나가는 엄마가 자식들에게 늘 미안해하는 게 있다. 가족들에게 제때 집에서 밥을 차려주지 못하는 것이다. 사실 밥을 꼭 엄마가 차려야 하는 법은 없을 텐데, 이걸 못하는 직장 다니는 엄마들은 이 문제로 늘 괴로워한다.

그런데 집에 있는 엄마들은 엄마들대로 불만인 게 있으니 이 또한 밥이다. 남편에게 자식에게 가장 불만인 것이 아들이나 남편이나 자신을 찾는 것은 "밥 줘" 할 때뿐이라서란다. 여성학자 오숙희는 이 '밥 줘'가 너무 화가 난다면서 여성들이 밥으로밖에 안 보이냐고 풍자한 재미있는 일인극을 공연한 적도 있었다. 나도 본 적이 있었는데 속이 다 풀리는 것 같았다. 이 밥, 밥, 밥 어찌해야 하나?

김혜자 씨 주연의 인기 주말 드라마 〈엄마가 뿔났다〉(KBS, 2008)에서도 가정주부인 엄마는 시집온 이래 수십 년 동안 하루 세 끼 밥 차리기를 한 번도 거르지 못했다. 이에 질린 엄마는 시아버지에게 자신도 밥에서 해방되어 1년만이라도 자유롭게 살겠다고 선언하고 집을 나간다. 전업주부든 직장주부든 가장 버거워하는 게 이 밥 차리기다. 하루에 한 번도 어려운 밥 차리기를 시부모님이라도 계시면 하루 세 번씩 평생을 해야 한다니, 얼마나 고역인가. 이 정도가 되면 이건 신성한 밥이 아니라 원수 같은 밥이 아닐까? 세계적으로 주로 여성들이 부엌일을 하는 경우가 보편적이지만, 이는 남성이 밖에서 돈을 벌 때 분담의 성격으로 여성이 담당하는 일이다. 남성이 밥을 하지 않는 문화는 아니다. 우리는 남성이 바깥일을 하지 않더라도 부엌일을 하는 것을 꺼린다. 밥을 짓는 남성은 못난 남성이라는 편견 때문이다.

밥하는 행위가 주로 가정의 주부에게 집중되는 것은 한국만의 특성으로 보인다. 이웃나라 중국을 보아도 남성이 요리를 담당하는 경우가 많다. 동남아시아도 마찬가지다. 대부분의 남성은 필요에 따라 밥 차리는 일을 한다. 그것도 힘들면 아침밥도 밖에서 사 먹는 것으로 해결한다. 우리나라도 이제 많이 바뀌기는 했지만, 아직도 밥은 여성이 차려야 하는 경우가 많다. 이제는 밥 차리기를 직접 하는 젊은 남성들이 늘어나고 있어 반갑지만, 이 꼴을 제일 못 보는 것은 다름 아닌 아들의 어머니다. 여자들만 밥 짓는 것이 웬수같이 지겨웠으련만 왜 자신의 아들이 밥 짓는 것은 보아내지 못할까? 밥 짓는 일이 행복한 과정은 되지 못하는 것 같다. 사랑하는 가족을 위해 짓는 밥이건만, 너무

한 사람에게만 집중된 일은 아무리 중요한 일이어도 행복할 수 없다.

이 문제를 어떻게 풀어야 할까? 나는 밥을 짓는 행위인 요리에 대한 개념이 바뀌어야 한다고 본다. 이제 맞벌이도 많아지고 세상은 달라졌다. 밥 짓기는 가족들이 번갈아가면서 할 수 있을 때 행복한 노동이 될 수 있다. 요리는 매우 창조적인 행위다. 그래서 창조적인 요리예술가들이 많아지고 있다. 세계적인 지휘자인 정명훈은 음악 외에 가장 잘하는 일로 요리를 꼽고 요리책까지 낸 바 있다. 엄마들은 아들들에게서 요리하는 행복을 빼앗아서는 안 된다. 집에서 모두가 다 밥을 잘 짓고 요리를 할 수 있다면 가족 누구나 행복할 수 있을 것이다.

그렇지만 아직도 자식 밥을 못 해주는 대한민국의 어머니들은 바쁘게 달린다.

밥해주러 간다

유안진

적신호로 바뀐 건널목을 허둥지둥 건너는 할머니
섰던 차량들 빵빵대며 지나가고
놀라 넘어진 할머니에게
성급한 하나가 목청껏 야단친다

나도 시방 중요한 일 땜에 급한 거여

주저앉은 채 당당한 할머니에게
할머니에게 뭔 중요한 일 있느냐는 더 큰 목청에

취직 못한 막내 놈 밥해주는 거
자슥 밥 먹이는 일보다 더 중요한 게 뭐여?
구경꾼들 표정 엄숙해진다.

그들의 쌀나눔, 노블레스 오블리주

우리 민족에게 쌀은 절대적인 곡물이었다. 하지만 그 양은 늘
부족했다. 그래서 흰쌀밥은 서민들에게는 떠올리기조차 가슴
아픈 음식의 대명사이기도 했다. 흉년과 기근이 들면 굶어 죽는
사람이 부지기수였다. 쌀을 소출하는 농토를 두고 좌우대립에
의한 소작쟁의가 발생했고, 언제나 부자와 빈자가 대립했다. 그
러나 우리 역사 속에 이러한 대립만 있었던 건 아니다. 나눔의
정신도 종종 쌀을 통해 드러났다. 우리가 마음으로 존경할 수
있는 진짜 부자는 예나 지금이나 주변의 고통을 덜어주려 노력
하는 사람들이다.

이러한 나눔의 정신을 잘 보여주는 것이 운조루의 '타인능해'
뒤주 이야기고, 또 경주 최부잣집 이야기이다. 전남 구례군 토
지면 오미리에는 뒤로는 지리산을, 앞으로는 섬진강을 끼고 있
는 배산임수의 지형으로 남한 3대 명당 중의 하나라는 '운조
루雲鳥樓'가 있다. 영조 때(1776년) 낙안군수 유이주 선생이 지

〈그림 20〉 구례에서 하동으로 가는
19번 국도변에 있는 운조루의 뒤주.

〈그림 21〉 노블레스 오블리주를 실현한
경주 최부잣집.

은 것으로 '구름 속을 나는 새가 사는 집'이라는 뜻을 지닌다. 운조루는 조선시대 양반 가옥의 모습을 잘 나타내는 건물로, 조선시대 대군들이 집을 지을 수 있는 60칸을 넘어 99칸의 규모를 자랑한다.

우리의 근현대사를 슬픔으로 물들인 대변혁—동학농민운동, 활빈당, 일제강점기, 여순사건, 6·25전쟁 등—을 치르는 동안 지주계급은 무참히 처단되고 가옥은 많이 소실되었다. 그러나 동란의 한가운데서도 지리산 자락에 있는 대저택 운조루는 230년이 넘도록 그 원형을 지키고 있다. 그 이유는 무엇일까? 무엇보다 굶주리는 사람을 돕기 위한 쌀나눔이 그곳에 있었기 때문일 것이다.

대저택 운조루의 후미진 곳간에는 커다란 쌀뒤주가 있었다. 뒤주 아래 부분에는 가로 5센티미터, 세로 10센티미터 정도의 조그만 직사각형 구멍이 뚫려 있다. 손 하나가 드나들 수 있는 크기다. 구멍을 여닫는 마개에는 '타인능해他人能解'라는 한자가 새겨져 있다. '다른 사람이 열어도 된다'는 뜻으로, 말 그대로 누구든 마음대로 마개를 열고 쌀을 퍼갈 수 있는 뒤주였던 것이다. 운조루는 이 뒤주를 사람들이 잘 다니지 않는 후미진 곳에 두어, 쌀이 필요해서 가져가는 이들이 행여 마음의 상처를 받지 않도록 세심하게 배려했다.

그것만이 아니다. 운조루의 굴뚝은 모두 나지막하다. 한옥은 굴뚝이 높아야 연기가 잘 빠지고 열 손실이 낮아져 집이 따뜻하게 된다. 그러나 운조루의 굴뚝은 사람 키 반 정도밖에 안 될 만큼 다른 집에 비해 아주 낮다. 연기가 높이 올라가지 않도록 지은 것이다. 식량이 부족해 밥을 굶는 이웃도 많은데 혼자만 밥 짓는 연기를 날리는 것은 도리가 아니라고 생각한 집주인의 배려심 때문이다.

존경할 만한 부자가 드문 현실에서 뭇사람들의 존경을 받는 부자로 '경주 최부잣집'을 든다. 이 가문이 무려 300년 동안 만석꾼을 유지할 수 있었던 정신은 상생相生이자 적선積善이요, 보시普施였다. 그래서 후손에게 내려오는 가훈도 "사방 100리 안에 굶주리는 사람이 없게 하라" 그리고 "과객過客 대접을 후하게 하라"였다. 먹을거리를 나누는 정신을 중히 여긴 것이다. 실제로 1년에 약 1,000가마의 쌀을 집에 찾아온 과객들 밥 먹이는 데 소비했다고 한다. 손님 접대용으로 하루에 약 두 가마 반의 쌀이 들어간 셈이다. 물론 공짜였다. 사랑채와 행랑채까지 손님이 꽉 차면 100명까지 들어갔다고 한다. 평균 80~90명의 손님이 1년 365일 동안 최부잣집에 상주하고 있었던 셈이다.

경북 경주에 위치한 최부잣집 고택에는 쌀 700~ 800석 이상을 보관할 수 있을 정도로 어마어마한 곳간이 있다. 최부잣댁은 봄에 보릿고개가 닥칠 때면 대문을 활짝 열어 어려운 사람들이 쌀을 가져갈 수 있게 했다. 그 정도 창고 규모라면 근방의 마을 사람들이 보릿고개를 넘길 수 있었으리라. 역시 이 집 사랑채에도 운조루와 비슷한 쌀뒤주가 있었다고 한다. 어른 두 주먹이 겨우 들어갈 만한 작은 구멍이 있는 뒤주다. 지나가던 과객들이 이 집을 떠날 때 여행식량으로 필요한 쌀을 퍼갈 수 있도록 하기 위한 배려였다.

내 밥, 너의 밥, 우리 밥

눈으로 먹는 밥이 더 맛있다
_대중매체 속 밥 이야기

밥은 상징이다

우리에게 '음식'은 하나의 문화적 표상이다. 물론 과거에도 음식은 사람들의 흥미를 끄는 소재로서 차용되었다. 소설, 영화 그리고 드라마 등에서 특히 많이 다루어졌다. 하지만 음식이 주인공이라기보다 하나의 장치 혹은 소품으로서 이용되곤 했다. 그런데 최근에는 사정이 많이 달라졌다. 전국민의 인기를 끈 만화 〈식객〉이나 음식드라마의 효시가 된 〈대장금〉처럼 음식 자체가 주인공으로 등장하는 매체들이 등장한 탓이다. 하지만 나는 우리 음식의 주인공은 언제나 밥이라고 생각한다. 내가 대중매체 속에 나타난 우리의 밥 이야기에 관심을 가지는 것도 같은 맥락이다.

우선, 한국의 드라마나 영화, 만화와 같은 대중매체에서 음식은 어떻게 보여지는가를 살펴보자. 영화 속에 재현되는 음식을 통해 영화는 무엇을 표상하고 어떠한 이야기를 하려고 하는 것일까? 고전영화 〈사랑방 손님과 어머니〉에서 어머니는 하숙생인 사랑방 손님에 대한 마음을 '삶은 달걀'로 표현한다. 당시 귀한 음식이었던 삶은 달걀을 줌으로써 자신을 마음을 전달한 것이다. 비교적 최근에 방영된 드라마 〈내 생애 마지막 스캔들〉(MBC, 2008)에서 여주인공은 자신의 사랑을 '홍삼 달인 물'을 주는 것으로 표현한다. 〈일지매〉(SBS, 2008)와 〈돌아온 일지매〉(MBC, 2009)에서는 잃어버린 모성을 음식의 맛을 통해 상기하고 기억한다. 대부분의 사람들이 생각하듯 자신이 찾는 음식의 맛은 곧 어머니의 맛임을 보여준다.

한동안 남녀 간의 로맨스를 다루는 드라마에서는 두 사람이 데이트를 즐기는 장소로 대개 우아한 레스토랑이 등장했고 음식도 대개 서양식을 보여주었다. 그런데 한류 붐을 일으킨 드라마 〈겨울연가〉(KBS, 2002)는 독특하게도 남녀가 김치찌개를 해 먹는 장면을 선보였고, 이 장면은 '연애음식=서양음식'이라고 생각했던 수많은 일본인들을 놀라게 했다. 이처럼 밥은 한국 영화에 가장 많이 등장하는 음식의 상징이었다. 또 가족이나 좋은 관계를 표상하는 긍정적인 매개체로 등장했다.

대중매체는 우리 사회에서 먹는 행위가 어떻게 갈등을 해소하는 도구로 쓰이는지도 잘 보여준다. 〈친절한 금자씨〉는 유괴

범 이야기를 다룬 영화다. 무거운 주제를 다룬다. 그러나 이 이야기의 현실감은 주인공이 유괴범의 아내와 밥을 함께 먹는 장면에서 드러난다. 그 누구도 밥을 먹지 않고는 살 수 없기 때문이다. 좀 더 묵직한 주제를 다룬 영화 〈밀양〉에서도 자식을 잃고 고통 속에 하루를 연명하는 여주인공이 부엌 싱크대 앞에 서서 밥을 먹는다. 극심한 고통에 빠져 있지만 살아야만 한다. 제대로 식탁에 앉지 않고 '싱크대 앞에 서서 허겁지겁 혹은 꾸역꾸역' 밥을 먹는 모습은 복잡한 여성의 심리를 나타낼 때 자주 차용하는 모습이다. 영화 〈빈집〉에서는 주인공들이 집집마다 돌아다니며 밥을 해 먹는다. 그들 또한 현실 속의 인간이다. 〈살인의 추억〉은 또 어떤가? 범죄자에게도 취조가 끝난 뒤에는 어김없이 먹을 것을 준다. 주로 자장면이 많이 나온다.

수년 동안 누군가에 의해 감금된 〈올드보이〉의 주인공도 삶을 지속하기 위해 끊임없이 제공되는 군만두를 먹는다. 그의 복수심을 표현할 때 사용된 소도구는 산 낙지다. 그는 산 낙지를 '질근질근 씹어' 먹는다. 이 시대의 새로운 가족 형태를 예고했던 영화 〈가족의 탄생〉에서도 가족의 정의를 '밥상을 함께 하는' 장면으로 은유한다. 〈과속스캔들〉에서도 딸이 밥하는 것으로 관계의 변화를 나타내고, 인기 드라마였던 〈내조의 여왕〉(MBC, 2009)은 아내가 대기업에 취업한 남편을 위해서 아침밥으로 서양식 빵과 커피 혹은 주스를 제공하지만, 남편이 회사에서 퇴출된 후에는 식구들이 양푼에 고추장을 듬뿍 넣어 비빔밥을 해 함께 먹으면서 아픔을 나눈다.

분단의 아픔을 다룬 영화인 〈공동경비구역 JSA〉에서는 초코파이가 남한의 경제적 풍요로움을 대변한다. 총격전이 일어나기 전의 마지막 파티에서는 초코파이가 '정'의 매개로 다시 한 번 나온다. 인간의 이중성을 나타낸 영화 〈오아시스〉에서는 여자친구를 소개하는 가족회식에서 장애인 여성이 보여주는 음식 매너를 통해 비장애인들의 식사 매너에 스며 있는 폭력성을 자연스럽게 고발한다. 이제 음식은 단순한 배경이나 소품이 아니라 '인간'을 이야기하고, '관계'를 만들어주고(혹은 깨거나), 숨겨진 '심리'를 드러내주는 하나의 표상이 되었다.

〈대장금〉과 한식, 맛은 정성이다

〈대장금〉(MBC, 2003~04)은 비록 오래전에 방영된 드라마이지만 아직도 세계인들은 〈대장금〉을 보고 한국음식을 먹고 싶어한다. 얼마 전 한국음식 조사를 위해 동남아 일부 국가와 남미의 브라질과 파라과이를 다녀온 적이 있다. 현지인들과 인터뷰를 할 때, 한류바람이 불지 않아서인지 한국을 잘 모르는 사람들도 있었지만 〈대장금〉은 알고 있는 사람들이 많은 것을 보고 놀란 적이 있다. 그들은 〈대장금〉이라는 드라마로 인해 한국음식을 먹고 싶다고 했다. 관심도 많았다.

〈대장금〉은 세계인들에게 한식 열풍을 일으켰을 뿐만 아니라 한국인들 사이에서 궁중음식에 대한 호기심을 증폭시킨 드라마다. 덕분에 조선의 왕족들의 일상적인 식생활에 대한 궁금

증도 높아졌다. 아무리 왕족이라 해도 매일 먹는 식사가 백성의 그것과 얼마나 다를까? 물론 임금의 밥은 '수라'라 하여 이르는 말부터 다르기는 하다. 하지만 이 단어는 고려 말기에 몽골어에서 전해진 표현이라는 주장도 있다. 드라마 〈대장금〉에는 여러 궁녀가 둘러서 있는 가운데 임금이 수라상을 받는 장면이 종종 나오는데, 붉은 상 두 개, 전골상 세 개가 한자리에 차려진 12첩 수라상이다. 그러나 실제로는 중종 당시의 수라상에 대한 문헌 자료가 전혀 남아 있지 않은 탓에 300년 후인 1800년대 고종 임금의 수라상 차림을 재현한 것이라고 한다.

궁중의 일상식에 대한 문헌 자료는 연회상 차림 자료보다 훨씬 부족한 형편이라 실제로 어떤 임금이 무엇을 들었는지는 거의 알 수가 없다. 지금 우리가 알고 있는 12첩 반상의 수라상은 조선 말기의 밥상 차림이다. 그러니까 드라마 〈대장금〉에 나오는 수라상은 12첩 반상 차림으로 수라와 탕 두 가지씩과 김치, 조치, 찜 등 열두 가지 찬물로 구성된다. 백반白飯과 팥 삶은 물로 지은 찹쌀밥인 홍반紅飯 두 가지를 수라기에 담고, 탕은 미역국과 곰탕 두 가지를 모두 탕기에 담아 올려 그날그날 먹고 싶은 수라와 탕을 고를 수 있게 한다. 조치는 토장조치와 젓국조치 두 가지를 준비하고 찜, 전골, 침채 세 가지와 청장, 초장, 윤집(초고추장), 겨자집 등을 종지에 담아 차린다. 쟁첩(반찬그릇)에는 열두 가지 찬물을 사용해 육류, 어패류, 채소류, 해초류 등 다양한 식품 재료로 조리법을 각각 달리하여 만든 반찬을 담는다. 더운 구이, 찬 구이, 전유화(전유어), 편육, 숙채, 생채, 조리개(조림), 장과(장아찌), 젓갈, 마른 찬 그리고 별찬으로 회와 수란 등을 올린다.

언제부터인지 확실치는 않지만 수라상에는 쌀밥과 팥밥 두 그릇을 함께 놓는 풍속이 있었다. 그러나 고종과 순종은 팥수라는 뚜껑도 열어보지 않았다 한다. 반면 순종의 계비 윤씨는 팥수라를 무척 좋아했지만 나이가 든 후에는 흰밥만 먹었다고 전해진다. 수라는 화로에 숯불을 담아놓고 새옹이라고 하는 곱돌솥에 꼭 두 그릇씩만 지었다. 이름난 지방에서 진상된 쌀로 지어 밥 끓는 냄새가 마치 잣죽 끓이는 냄새같이 고소했다고 한다. 팥수라는 팥 건더기를 뺀 팥즙만 가지고 쌀을 물들여 지어 고운 분홍빛이 돌았다. 팥 건더기를 쓰지 않는 것은 꺼칠꺼칠한 것이 입안에 닿지 않도록 하기 위한 배려였다.

드라마 〈대장금〉에는 음식을 만드는 이의 자세에 대한 훌륭한 일화가 나온다. 한 상궁이 장금에게 요리하는 자세에 대한 가르침을 전하는 장면이다.

"음식을 만드는 자는 그것을 먹는 자를 먼저 생각해야 하느니라." 장금이 어려서 수라간 생각시로 들어와 한 상궁 밑에서 배우던 시절, 장금의 요리 스승인 한 상궁이 장금에게 마실 물을 떠오라고 주문하자 장금은 아무 생각 없이 맹물을 가져간다. 한 상궁은 "이 물이 아니다"라고 말하며 물을 다시 떠오라고 한다. 장금은 이상하다고 생각하며 이번에는 따뜻한 물을 떠간다. 그러나 이번에도 한 상궁의 반응은 같다. "이 물이 아니다. 다시 가져오너라." 장금은 다시 찬물을 가져가보았지만 역시 같은 반응이었다. 어린 장금은 한 상궁의 주문이 너무 어려워 수라간 구석에 쪼그리고 앉아 소리 내어 운다. 그때 정 상궁이 지나가며 장금에게 왜 우느냐 묻더니 "그냥 짠 소금이나 한 바가지 퍼다주거라"라고 말한다. 정 상궁의 말에서 힌트를 얻은 장금은 물을 가져가지 않고 이렇게 질문한다. "한 상궁 마마, 혹시 목이 아프십니까?" 한 상궁이 그렇다고 대답하자 장금은 그제야 활짝 웃으며 목이 아픈 한 상궁을 위해서 부은 목이 편해질 수 있도록 따뜻한 소금물을 준비해온다. 소금물을 마신 한 상궁은 마침내 "바로 이 물이구나"라고 말하며 장금을 칭찬한다.

이 이야기는 물 한 그릇을 준비할 때라도 상대방의 몸과 마음의 상태를 먼저 살피고 그에 가장 적절한 것을 제공해야 한다는 가르침을 준다. 긴 여정에 지치고 힘든 나그네가 우물물 한 바가지를 청하자 버들잎을 한 줌 훑어 물 위에 띄워준 아낙의 지혜와 맥을 같이한다. "음식을 하기 전 먹을 사람의 몸 상태, 좋아하는 것과 싫어하는 것, 받는 것과 받지 않는 것, 그 모든 것을 생각하여 음식을 짓는 마음, 그게 요리임을 얘기하고 싶었다"는 한 상궁의 말에 장금은 '물도 그릇에 담기면 음식인 것을 알고 계신 분. 또 그것이 음식이 되는 순간엔 먹는 사람에 대한 배려가 제일임을, 음식은 사람에 대한 마음임을 알고 계신 분이었구나' 하고 깨닫는다. 오늘, 요리를 호사가의 취미로 혹은 화려한 출세의 길로 생각하는 젊은이들에게 들려주고 싶은 진언이다.

〈대장금〉 17회에는 수라간 최고상궁 자리를 놓고 한 상궁과

최 상궁이 경합을 벌이는 장면이 나온다. 한 상궁이 최고상궁에 임명되자 근본이 천한 것을 이유로 들어 수라간 나인들이 반발하면서 재경합을 벌이게 되는데, 이때 나온 과제가 가장 평범하고도 중요한 음식, 즉 '밥' 짓기다. 대비가 밥 짓기를 과제로 정한 이유는 "밥은 조선음식의 기본으로, 같은 밥이라도 짓기에 따라 맛이 달라지기 때문"이다.

최 상궁은 가마솥 밥을 짓는다. 그 이유는 "가마솥 위에 무거운 것을 눌러 압을 가하고 옆은 쌀 반죽으로 봉해 김이 새어나가는 것을 막으면 밥맛이 훨씬 차지고 부드러워지는 것"을 알아냈기 때문이다. 그러나 밥을 시식한 궁중 나인들과 상궁들은 한 상궁이 놋그릇에 담아낸 밥이 더 맛있다는 데 한 표씩 던진다. 한 상궁은 자신의 밥 짓기 비결을 다음과 같이 말한다.

밥을 할 때 솥의 한쪽에 그릇을 놓게 되면 그릇을 놓은 쪽은 쌀이 물 위로 올라와 된밥이 되옵고 가운데는 보통의 밥, 다른 한쪽은 진밥이 됩니다. 전하는 약간 된밥을 좋아하시고 중전은 진밥을 좋아하시기에.

한 상궁은 각 처소의 상궁들이 진밥을 좋아하는지 된밥을 좋아하는지 그 취향까지 알고 모두를 위한 밥을 지었다. 이에 중전은 사람의 기호를 파악하고 있다가 음식을 줄 때 고려하는 것을 보아 수라간의 최고상궁으로서 손색이 없다고 판정을 내린다. 한 상궁은 좋은 밥맛의 비결을 장금에게 말하면서 중요한 것은 정성이라고 거듭 강조한다. 늘 먹을 것이 부족했던 시절, 얼마 되지 않는 먹을거리를 좋은 볕에 말리고 거두고 말리고 거두고 하는 사람들의 그 정성과 마음을 봐야 한다고 가르친다. "어차피 음식으로 배부르게는 못 먹으니까 정성이라도 많이 먹어야 배가 부르다"라는 표현 역시 음식의 핵심은 정성에 있다는 것을 보여준다. 스승을 향한 다음과 같은 장금의 고백 역시 좋은 음식을 만드는 기본은 숨겨진 비법이 아니라 만드는 이의 마음가짐에 있음을 나타낸다.

실은 스승님을 원망했습니다. 결과가 나빴기에 늘 칭찬하셨던 저의 재기도 평가하지 않으신 거라고 생각했습니다. 그때 제가 한 노력은 이기기 위한 노력이었습니다. 여기 와서도 저는 남의 비법이나 알고자 했습니다. 그러나 비법은 없습니다. 오로지 거기에 들어간 땀과 정성만이 비법이었습니다.

맛의 협객 〈식객〉

만화 〈식객〉은 2002년부터 2010년까지 《동아일보》의 지면과 인터넷판에 연재된 허영만 화백의 작품이다. 우리의 음식과 식재료에 대한 단순한 소개에 머물지 않고 음식에 얽혀 있는 일화와 기원뿐 아니라 영양학적 가치까지 찾아내며 음식 하나하나에 담긴 한국인의 삶까지 생생하게 전달해줌으로써 우리 음식에 대해 대오각성하게 해준 작품으로 평가된다. 만화 〈식객〉

은 허영만 화백의 작품 중에서 단연 대표작으로 꼽힌다. 수년 간에 걸쳐 이루어진 현장 취재와 문헌 연구, 집필 과정 등을 볼 때 여기 들어간 허 화백의 정성과 노력을 짐작할 수 있다. 그는 개별 음식과 식재료에 대한 풍부한 지식 외에 음식과 식재료를 준비하는 이와 먹는 이의 살아가는 모습까지 조명하여 평소 우리가 대수롭지 않게 넘겼던 일상의 음식들을 다시 돌아보게 만든다. 〈식객〉은 우리의 음식문화 전반에 대한 소개서이자 음식을 통해 살펴본 한국인의 의식구조 그리고 우리 전통문화에 대한 입문서로도 읽힌다.

식객이란 '맛의 협객侠客'이라는 뜻이다. 따라서 천하제일의 맛을 찾기 위해 팔도강산을 누비면서 우리 밥상의 맛을 지키고자 한 작품이라고 하겠다. '성찬'과 '진수'라는 이름을 가진 두 주인공은 식객으로서 팔도강산을 몸소 누비면서 발견한 우리 음식 특유의 요리 비법을 가르친다. 나아가 마음으로 느끼는 음식, 사랑받고 있다는 느낌을 주는 음식, 사람의 마음을 움직이는 음식의 맛도 전한다. 만화는 하나의 독립된 이야기로 성립될 수 있는 총 135개의 에피소드로 나뉘어 있다. 이 만화에 등장하는 음식들 중 소위 주식류로 소개된 음식들을 정리해보았더니 〈표 6〉과 같았다. 특히 밥 종류로 소개된 음식들의 이름만 보아도 이 음식들이 값비싼 재료의 고급한 밥이 아니라 소박한 재료로 만든 서민의 밥이라는 것을 짐작할 수 있다. 〈식객〉의 방대한 음식 이야기 중에서 허 화백이 우리의 밥을 어떻게 이해하고, 어떻게 풀어내었는지 살펴보자.

[표 6] 만화 〈식객〉에 나오는 음식

분류	품목	음식명
주식	밥	쌀밥, 콩나물국밥, 돼지국밥, 우거지국밥, 김밥, 곤드레나물밥, 떡국, 쌈밥, 보리밥, 비빔밥, 뼈다귀해장국
	죽	타락죽
	면	콩국수, 라면, 냉면, 김치말이냉면, 수제비, 바지락칼국수, 잔치국수, 올챙이국수, 콧등치기국수, 막국수, 팥칼국수, 진주냉면, 승소냉면, 평양냉면, 함흥냉면, 밀면, 자장면
	만두	만두

〈식객〉의 제1화는 '쌀'로 시작한다. 쌀로부터 시작된 한식 순례는 우리 땅에 내려진 대자연의 선물인 모든 생산물을 소중하게 생각하게 만들고, 그 생산물에 깃들인 인간의 노력을 되돌아보게 한다. 또한 우리가 먹는 모든 것은, 하찮은 푸성귀 하나도 다 소중한 것임을 일깨운다. 이 사실을 받아들일 때 우리는 모든 음식을 감사히 먹게 되며, 이 땅의 모든 먹을거리가 소중하고 모든 먹을 것에 민족의 영혼과 삶의 노고가 깃들어 있음을 알게 된다. 그렇기 때문에 우리 음식의 핵심인 토종 쌀을 지키기 위한 농민들의 시위를 첫 회에 내세운다. 이를 통해 저자는 우리의 음식, 우리의 맛이 사라지고 있음을 상징적으로 보여주는 것이다.

〈식객〉의 첫 에피소드가 우리 민족의 영혼이라 볼 수 있는 쌀 이야기로부터 시작하는 것은 우연이 아니다. 쌀은 한국음식을 대표하며 '흰쌀밥에 고깃국'이 진수성찬의 대명사인 것처럼 쌀은 한국인의 모든 먹을거리의 근간이자 환유다. 여러모로 기나긴 이야기의 시작을 알리는 제1화 '어머니의 쌀'은 입양아 제임스가 18년 만에 돌아와 올개쌀의 고소하고 쫀득한 맛을 찾는 내용이다. 이렇게 가슴으로 느끼고 맛보는 한국음식의 진정한 맛의 기원을, 저자는 고향과 어머니의 맛에서 찾는다. "고향의 맛이란 어머니의 맛이고 그것이 맛의 시작이다. 우리는 그 맛을 잊지 못한다." 이는 쌀맛, 즉 밥맛이 곧 한국과 동일시되며 다른 한편으로 쌀은 수많은 종류와 맛을 가지고 있음을 의미한다. "쌀과 어머니는 닮아 있다. 그것은 생명의 근원이고 영원한 그리움이다. 적어도 한국인에게는 그렇다"라는 저자의 단정적 표현은 한국인에게 있어서 쌀의 의미가 무엇인지 잘 드러낸다. 또한 토종 쌀을 지키기 위한 농민들의 시위를 통해 우리의 음식, 우리의 맛이 사라지고 있음을 보여주기도 한다.

어머니가 주신 쌀밥을 찾는 일화는 음식을 단지 생명 유지를 위한 섭취물, 물질적인 차원에서 보는 것이 아니라 영혼을 충족시킬 수 있는 무엇으로 설정한다. 그래서 한국의 모든 음식에는 어머니의 영혼과 사랑이 깃들어 있고, 그것 때문에 우리는 음식에서 어머니의 맛, 고향의 맛을 느낄 때 감동하며 그것을 최고의 요리로 인정하는 것이다. 저자는 "우리는 모두 어머니가 만들어주신 음식을 최초의 맛으로 기억한다. 처음의 기억은 잊히지 않는다. 그것은 깊은 상흔처럼 세월 속에서도 결코 희미해지는 법이 없다. 기억은 오히려 선명해지고 향수는 깊어만 간다"고 표현한다.

어머니의 맛을 진정한 맛의 근원으로 설정하는 모티브는 비단 한국의 것만은 아니다. 애니메이션 영화 〈라따뚜이〉에서도 최고의 음식평론가의 입맛을 만족시킨 것은 그의 어릴 적 추억 속 어머니가 만들어주신 맛있는 스튜였다. 이는 〈대장금〉의 산딸기 정과 에피소드에서 임금을 감동시킨 비장의 음식이 어머니와 관련된 이야기를 담고 있다는 것과도 일치한다. 최고의 음식 맛은 추억에 있고, 추억은 어머니에게로 귀결된다는 설정은 평범한 진리이기도 하지만, 곧 음식의 맛을 평가하는 절대적인 기준이 무엇인지를 증명하기도 한다.

〈식객〉에서 올개쌀은 쌀이 그저 추상적 개념이나 보편적 식재료가 아니며, 각각의 밥에는 어머니의 맛이 담겨 있다는 구체화된 모성애의 상징으로 드러난다. 저자는 이야기의 끝까지 "최고의 맛의 비법은 혀끝이 아니라 가슴이다"라고 강조한다. 이는 또한 맛은 절대적인 기준으로 평가할 수 없다는 '맛의 상대주의' 선언으로 볼 수도 있다. 즉 저자의 표현처럼 "이 땅의 최고의 맛은 이 땅의 어머니의 숫자와 동일한 것"이다. 이 같은 맛의 상대주의는 결국 각각의 음식에 담겨 있는 식재료 하나하나, 그 식재료에 사랑을 담아 음식을 만들어내는 사람들의 정성까지 생각하며 음식을 대해야 한다는 저자의 입장으로 이어진다. 음식을 만드는 사람의 정성의 최고봉은 당연히 자식을 위해 상을 차리는 어머니의 사랑일 것이다.

〈식객〉의 음식은 이처럼 우리의 희비애환을 고스란히 녹여 독자에게 전달한다. 〈식객〉은 우리의 맛과 문화를 보여주는 대변인이자 스스로를 돌아보게 하는 성찰의 거울이라는 역할까지 담당하고 있기 때문이다. 진수와 성찬이 함께했던 마지막 뒷모습이 아름다운 건, 아마도 이 만화가 우리가 아끼고 지켜나가야 할 우리의 전통적 일상음식들에 대한 사랑으로 가득하기 때문일 것이다. 고급 호텔 주방장으로 오라는 제의를 거절하면서 영원히 차장수로 남게 되는 결말에서, 부인이 된 진수는 성찬식품이 10대까지 이어지기를 바란다는 말을 하는데, 이는 우리 민족의 정서를 담고 있는 우리의 전통음식이 영원히 그 맛을 간직하기를 바란다는 저자의 의도를 담고 있다 하겠다.

드라마 속 밥상 풍경

우리나라 드라마 속에는 밥을 먹는 풍경이 유난히 많이 나온다. 화려하게 차린 궁중밥상으로 한류문화를 일으키고 대히트를 기록한 드라마가 바로 〈대장금〉이었다. 그래서 드라마 속 궁중음식을 먹기 위해 한국을 방문한 외국인들을 볼 때면 드라마 속 밥 풍경이 얼마나 중요한가를 새삼 생각하게 한다. 그러나 한국에서 〈대장금〉 속 음식을 맛볼 수 없어 실망하고 돌아간다는 이야기도 심심치 않게 들려 안타깝기도 하다.

이렇게 음식을 주제로 한 드라마에서 밥상 풍경이 자주 나오는 것은 당연하지만, 그렇지 않은 가족드라마에서도 밥상이 빈번하게 등장하는 것을 볼 수 있다. 우리나라 드라마에는 식구들이 모여서 밥을 먹는 것은 물론이고, 연인들이 밥을 먹으면서 데이트를 즐기는 장면도 유난히 많이 등장한다. 심지어는 회사 동료들의 회식자리는 물론이고 친구들끼리, 혹은 동료들끼리의 밥 먹는 장면도 많이 나온다. 그러다 보니 밥을 먹다가 다투거나 싸우는 장면도 심심찮게 나온다.

그런데 이 밥 먹는 장면에서 우리 눈을 끄는 것은 너무 많이 차려진 밥상 위의 음식들이다. 우리가 집에서 밥을 먹을 때 상에 놓이는 것은 밥과 국 아니면 찌개에 반찬 두세 가지 정도다. 그래서 보통 반찬 세 개 정도로 차려지는 3첩 반상이 가장 일반적인 한국 반상 차림이라고 이야기한다. 그런데 드라마 속 밥상은 지나치게 반찬 수가 많거나 아니면 그 양이 지나치게 많은 경우가 대부분이다. 어떤 경우에는 설정에 어울리지 않게 한 상 가득 차려진 밥상이 드라마에 몰입하는 것까지 방해한다. 아니 저걸 어떻게 다 먹으라고 저렇게 넘치는 밥상을 차려내나 하는 생각이 앞선다.

얼마 전에는 심지어 바른 식생활 교육을 홍보하기 위해 정부가 제작 지원한 방송에서도 예외 없이 한 상 가득 차려진 밥상이 등장해 놀란 적이 있다. 바른 식생활이란 음식 낭비를 줄여 음식물쓰레기를 없애고 에너지를 절약하여 지구의 환경까지 생각하는 식생활이어야 하기 때문이다. 물론 상차림을 바꾸어 다시 찍기는 하였지만 왜 우리는 이렇게 푸짐하게 음식 차리는 것을 좋아할까라는 생각을 하게 되었다.

그래서 한번은 담당자에게 물어본 적이 있다. "왜 그렇게 드라마 속 상차림은 한 상 가득인가?" 그랬더니 "비주얼 때문"이라고 대답한다. 그렇게 음식을 한 상 가득 차려야 화면에 예쁘고 멋있게 나온다는 것이다. 그래서 기를 쓰고 그렇게 상을 차린다는 것이었다. 물론 그들은 그런 의도로 한 상을 푸짐하게 차린다고 하지만, 그 이면에는 밥상, 그것도 자신의 밥상이 아닌 타인을 위한 밥상 차림이라면 한 상 가득 차려내야 한다는 생각이 우리 민족에게 뿌리박혀 있는 것이 아닐까 하는 생각이 들었다. 아무리 음식물쓰레기를 줄이자고 해도 남에게 대접하는 밥상은 반찬 가득한 상으로 차리는 것은 변하지 않는다. 그래야 예의고 체면이 선다는 생각에 사로잡혀 있기 때문으로 생각된다. 이 생각부터 바꾸어야 한다.

내가 한식의 중요성을 주장하면 제일 싫어하는 사람들이 젊은 직장 여성들이다. 당장 자신에게 한식을 차리라는 압력이 오기 때문이란다. 직장 다니랴, 애 키우랴, 젊은 시기를 힘들게 보낸 나는 비슷한 시기의 젊은 여성을 동지라고 생각하는데, 그들에게 너무 미안한 일이다. 그런데 이러한 문제는 한식을 잘못 이해한 데서 생긴다. 그들은 한식을 손이 많이 가고 한 상 화려하게 차려내는 음식으로 생각하지만, 사실 한식은 밥과 국 외에 반찬 두세 가지만 있으면 되는 간단한 음식이다. 김치가 기본적으로 준비되어 있다면 찬 한두 가지만 준비하면 된다. 여러 가지 재료가 들어간 찌개가 있다면 별다른 반찬을 준비하지 않아도 된다. 그래서 많은 사람들이 즐겨 보는 드라마에서 한식이란 쉽고 간단히 차려낼 수 있는 밥상이라는 생각이 들게 해주어야 우리 밥이 살아남는다.

이제 세상은 바뀌었다. 사람들은 드라마 속 한 상 가득 차려진 음식을 보며 푸근하고 따뜻하게 느끼기보다 피곤하고 힘들어한다. 실제 상황에 맞게, 한 사람이 먹을 거면 소박한 일인상을 원한다. 그것이 가정의 밥상이라면 가득 차려진 밥상을 보는 것만으로도 주부들은 피곤해진다. 이러한 상차림은 보기 좋은 장면으로 보이는 게 아니라 부담감만 안겨준다. 먹을 것이 부족한 사람들에게 대리만족을 주던 푸짐한 한 상 차림은 이제 드라마에서 사라져야 한다. 사람들은 더 이상 푸짐한 상차림을 원하지 않는데 정작 드라마를 만드는 이들은 이러한 변화를 잘 몰랐던 것이리라. 이러한 생각부터 바꾸어야 음식물쓰레기도 줄어들고 우리 밥상이 사라지지 않게 될 것이다.

양식은 고급, 한식은 저급?

한식을 하는 사람들이 싫어하는 드라마 속 장면이 있다. 바로 드라마에 등장하는 식당 장면이다. 이때 일정한 맥락과 공식이 있기 때문이다. 드라마 속 두 주인공이 데이트를 하거나 프로포즈를 할 때 등장하는 식당은 거의 대부분 양식 레스토랑이다. 물론 젊은 사람들이 선호하는 음식 메뉴는 거의 양식이고, 이들의 야망과 성공도 양식 레스토랑을 무대로 그려지는 경우가 많다.

그런데 젊은이들은 그렇다고 하더라도 실제로 양식을 선호하지 않는 중장년층의 비즈니스나 회의를 위한 식당은 어디인가?

이곳도 우리가 늘 먹는 한식당이 아니라 대부분 일식당이다. 우리에게는 일식은 비싼 음식이고, 생선회는 고급음식이라는 생각이 암암리에 널리 유포되어 있다. 생선회는 이미 일본음식이라는 이미지가 강하여, 과거 우리나라에도 생선회가 있었느냐는 질문을 종종 받는다. 당연히 조선시대에 생선회는 일반적인 음식이었으며 고조리서에도 등장한다. 조선의 양반들은 숙회라고 해 살짝 익힌 회를 즐겨 먹고, 생회는 상스럽다 하여 서민층에서 즐겼다. 그런데 일본음식의 대명사가 된 생선회는 이제 고급음식의 이미지를 입고, 고급한 분위기에서 손님을 접대해야 할 때면 어김없이 등장하니 재미있는 일이다.

반면 한식당은 대부분 서민적인 이미지를 주기 위한 장소로 등장한다. 이러한 드라마 속 이미지로 인해 사람들은 한식이 손님을 접대하는 고급음식이 되지 못한다는 생각을 갖게 된다. 밥을 함께 먹는 것을 매우 중시했던 우리 문화에서 본다면, 따뜻한 밥 한 끼의 이미지는 정말 중요하다. 함께 밥을 나누는 자리는 무엇보다 우리 민족의 정신을 담고 있는 밥 중심의 한식으로 하는 게 좋지 않을까? 그래야 맞선 보는 상견례도, 비즈니스도 마음이 맞아 잘될 것이라는 생각이 든다.

실제로 2008년부터 한식 세계화가 정부 정책으로 시작된 이후 가장 문제가 된 것이 특급호텔 내 한식당이 거의 없다는 점이었다. 한식을 세계로 내보내자고 하면서도 막상 한국 내에서는 고급한식이 설 자리가 없었다. 이는 소비자들이 한식을 고급음식으로 받아들이지 못해서 비싼 호텔 한식이 유지되기 어려웠기 때문이다. 지금은 한두 군데 특급호텔 정도에서 한식당을 운영하고 있기는 하지만, 여전히 어려운 문제다. 드라마 속 한식이 아직도 싸구려로 취급받고 양식이나 일식이 고급음식의 이미지로 소비되고 있는 이상, 한식의 이미지 개선은 쉽지 않다. 그러나 일부 고급하고 세련된 이미지의 한식당이 새롭게 문을 열고 한식의 이미지가 개선되고 있는 점을 볼 때, 이제 드라마 속 고급 한식당의 모습을 자주 볼 수 있게 될 것이라고 기대해본다. 우리의 밥문화가 살아남으려면 이제 한식당의 한식이 고급한 음식으로도 자리 잡아야 한다.

문학작품으로 만나는
우리 밥

《토지》로 읽는 밥의 변천사

　음식의 생산과 소비는 사회경제적 영향을 받기도 하고, 전통이나 금기와 같은 문화적 규범에 규정되기도 한다. 음식문화는음식을 둘러싼 사회구조와 체계의 변화에 뿌리를 두고 사회경제적 조건의 변화로 인해 야기되는 거대한 흐름이다. 따라서 시대의 변화에 따른 음식 생산과 소비의 변화는 당연한 것이며,이에 대한 진지한 고찰은 매우 의미 있는 작업이 될 것이다. 특히 소설은 시대와 사회, 문화 속에서 인간의 삶이 가지고 있는갈등구조를 가장 잘 표현하는 것으로, 소설 속에는 배경이 되고있는 그 사회의 문화, 풍습, 역사 등이 폭넓게 반영되고 녹아들어 있다.

《토지》는 한국을 대표하는 소설가 박경리(1926~2008)가 1969년에 제1부를 시작하여 26년 만인 1994년 8월 15일에 총 5부와 완결 편까지 모두 16권으로 완성한 대하소설이다. 《토지》가 다루는 시간적 배경은 1897년부터 1945년까지다. 《토지》에 등장하는 공간은 경남 하동 평사리에서 시작하여 만주와 연해주, 일본 동경까지다. 동시대에 펼쳐진 각 지역의 역사와 의미가 새로운 역사적 맥락을 형성하고 있다. 이를 시대별로 구분지어 주식류인 밥의 변천을 정리해 살폈더니 〈표 7〉과 같았다. 《토지》는 그 제목처럼 쌀이 생산되는 토지(땅)를 둘러싼 인간의 삶을 그린 소설이다. 그 시대를 살았던 이 땅 사람들의 삶이 팍팍하기 그지없었던 것은 소설 속에 등장한 그들의 주식을 보면 잘 나타난다. 일제강점기 막바지인 1930년대 이후에는 등겨밥, 콩깻묵밥과 같이 곡물에서 버려지는 폐기물로 지은 밥까지 등장하여 오히려 조선 말기의 상황보다 더 나빠졌음을 보여준다. 그러면서도 일본의 영향으로 오야코돈부리(달걀닭고기덮밥)와 같은 음식도 등장해 주식의 종류도 시대에 따라 변함을 알 수 있게 해준다.

1897년 한가위에서 1908년 5월까지를 배경으로 한 1부에서는 당시의 식량 사정이 극도로 나쁜 것을 알 수 있다. 이 시기는 러일전쟁에서 승리한 일본과 을사늑약이 체결되고 의병항쟁이 일어나던 때로, 자연재해뿐만 아니라 민란, 조세 수탈 등의 인재人災도 끊이지 않았던 시기다. 따라서 대다수의 빈농들은 기

[표 7] 소설 《토지》로 살펴본 주식류의 변천

	1부 1897~1908년	2부 1911~1917년	3부 1919~1929년	4부 1930~1938년	5부 1940~1945년
밥류	쌀밥, 보리밥, 찰밥(콩가루 묻힌), 깡보리밥, 콩밥, 나물밥	주먹밥	쌀밥, 보리밥, 콩밥	등겨밥, 싸래기밥, 보리밥	찰밥, 쌀밥, 보리밥, 주먹밥, 초밥, 콩깻묵밥
병탕류	떡국	–	떡국	–	–
탕반	국밥	국밥	국밥	국밥	국밥, 장국밥
면류	콩국수	국수	국수	우동	우동, 수제비
죽류	보리죽, 시래기죽, 팥죽, 호박풀떼기	보리죽, 미음, 시래기죽, 강냉이죽	–	밀죽	시래기죽, 보리죽
일품류	–	비빔밥	비빔밥	–	오야코돈부리

아에 허덕였다. 소설 속에서도 표현되었듯이 당시 백성들의 대부분을 차지했던 농민들은 춘궁기 보릿고개가 아닌 수확의 계절인 추수 철에도 쌀밥을 먹지 못하는 실정이었다. 아래 인용문은 최 참판가 침모의 딸로 서희와 친동기처럼 지내는 봉순이가 생각하는 농사짓는 외가의 모습이다. 사계절 얇은 무명옷 한 가지에 깡보리밥을 먹으며 농사일을 하는 것이 서민들의 보편적인 삶으로 표현되어 있다.

외가에 가보아야 넉넉지 못한 농사살림에 자식들은 많고 사촌들과 동등한 대접을 받는다 하더라도 사철 무명옷에 깡보리밥, 농사일을 거들어야 한다. (1부 4권, 217쪽)

추수하는 제철에도 농사꾼들은 쌀밥을 먹지 못한다. 명절이라고 쌀밥을 양껏 먹을 수 있는 집은 흔하지 않았다. (1부 4권, 22쪽)

다음은 두만네가 사돈이 온다는 소식에 정성껏 음식을 준비하지만 손님이 오지 않자 아이들과 늦은 저녁을 먹는 장면이다. 두 내외는 기다리다 지쳐서 아주 캄캄하게 어두워진 뒤 사돈을 위해 보리쌀은 적게 넣고 콩을 두어서 지은 밥을 아들 형제와 함께 먹는다. 가장 어려운 관계인 사돈인지라 귀한 음식을 대접하고 싶지만 형편이 여의치 않아 고작 준비할 수 있는 것은 보리쌀을 적게 넣고 풋콩을 까서 콩밥을 짓는 것이다. 쌀밥은 꿈도 꾸지 못한다. 하지만 오랜만에 쌀이 들어간 밥을 먹는 두 아들은 한 그릇 다 먹고도 또 먹으려 한다. 거친 깡보리밥을 일상으로 먹던 아이들에게 조금이나마 쌀을 넣은 달콤한 콩밥은 그야말로 꿀맛이었을 것이다.

  "식충이 될라꼬 그러나. 깡보리밥도 아닌데." (1부 4권, 79쪽)

1911년에서 1917년까지를 배경으로 하는 2부에서 일제에게 국권을 빼앗긴 조선 백성들의 식량 사정은 더욱 나빠져 있다. 속악과 탐욕의 상징인 조준구에게 누명을 쓰고 어이없이 남편을 잃은 석이네는 아이들을 키우며 힘겹게 살아간다. 이는 탐욕의 일제에게 억울하게 국권을 빼앗기고 목숨을 연명하는 일반 백성들의 삶과 다르지 않다. 식사는 시래기죽이었으며 아이들은 언제나 양이 차지 않아 허기를 느꼈다. 하지만 양푼에 퍼놓은 시래기죽을 좁은 방에 둘러앉아 먹을지라도 아이들은 먹는다는 것만으로도 행복했다. 이렇듯 소설《토지》에는 구한말에서 일제강점기로 시간의 흐름에 따라 식량 사정은 점점 악화되고, 깡보리밥을 먹던 농민들이 보리죽, 시래기죽, 강냉이죽 등으로 목숨을 연명하고 있음이 잘 묘사되어 있다.

시래기죽을 끓여 양푼에 퍼다놓고 식구들이 좁은 방에 둘러앉았을 때 석이 눈은 시퍼렇게 멍이 든 순연의 얼굴 쪽으로 쏠린다. 어글어글한 눈이 확 풀어지는가 싶더니 빛이 번쩍 난다. 언제나 양이 차지 않는 아이들 배에서는 꾸럭꾸럭 소리가 난다. 먹는다는 기쁨에서 침이 넘어간다. 설움이 무엇이며 추위가 무엇인가 그런 것쯤이야, 아이들은 먹을 것을 앞에 둔 이 순간이 무한하게 행복할 뿐이다. 어미는 석이 몫의 시래기죽을 먼저 떠서 밀어준다. (2부 2권, 296쪽)

이 시기에는 또 주로 읍내와 같은 지역 소도시에 주막, 국밥집, 비빔밥집이 등장한다. 우리나라 대중음식점의 모태가 된 주막酒幕은 술을 팔던 곳이다. 1900년대 초반 도회지의 주막은 음식점의 기능이 강했고, 시골의 주막은 여관을 겸했다. 당시의 주막은 술과 음식을 동시에 팔았고 아직은 전문화되지도, 분화되지도 않은 통합된 기능을 가지고 있었다.《토지》에 등장하는 음식점 역시 술과 음식을 동시에 파는 전문화되지 않은 모습을 보이고 있다. 또한 음식점을 운영하는 주인들이 모두 여성이라는 것이 특징이다. 다양한 이유로 남편을 잃은 여성들이 생계를 유지하기 위해 노동을 해야 했으나 농촌의 대지주화 등으로 농사지을 기회마저도 얻지 못했다. 그런 여성들이 생계를 위해 쉽게 접근할 수 있는 일이 바로 음식을 만들어 장사를 하는 일이었다. 이는 요즘의 현실과도 크게 다르지 않다.

"국밥 두 그릇 말아주고, 먼저 술 한 잔 줄라나." (중략) 국솥은 술청 안에 있었다. 숙이는 솥뚜껑을 열고 크고 긴 놋국자로 밥을 담은 사발에 국을 퍼 담는다. 김이 무럭무럭 서려 오른다. 술판에 국밥 두 그릇과 양념장이 놓여졌을 때 처음으로 "배고플 긴데 어서 묵어라." 딸에게 관수는 말했다. (4부 3권, 64쪽)

마당 한구석에 짐을 내려놓고 가겟방으로 들어간 그는 "여기 비빔밥 한 그릇 주소." 서울네가 힐끗 쳐다본다. 심부름하는 아이가 밖을 향해 "비빔밥 하나아!" 하고 소리를 질렀다. (3부 3권, 136쪽)

다음으로 1930년 이후. 이때는 일제강점기 중 제3기에 해당하는 시기로, 한반도 병참기지화 및 민족말살 정책이 기승을 부리던 때다. 이 기간은 일제가 만주사변, 중일전쟁 등으로 식민지 침략전쟁을 확대하고 조선에 대해서 전쟁 협력을 강요하던 시기여서 침략전쟁에 필요한 자원들을 폭력으로 약탈하곤 했다. 따라서 이 시기 일반 백성들의 식량 사정은 극도로 악화되어 깡보리밥을 먹던 농사꾼들은 그마저도 먹지 못하고 가

축의 사료로 사용되었던 등겨나 싸래기로 밥을 지어 먹어야만 했다. 이 시기에 많은 농민들은 생존을 위해 만주땅으로 무작정 떠나게 된다. 이른바 '농민의 이주현상'이 가속화된 것이다.

"결국 살려고 버둥거려보다가 안 된께 우떤 곳인지 연비도 없는 만주땅으로 무작정 떠나는 거 아이겠나." "그렇지요." "쌀을 맨들어 내는 농사꾼이 등겨밥, 싸래기밥, 밀죽을 묵어야 하니 비참한 얘기가 아니겠나." (4부 13권, 326쪽)

1940년대 이후의 상황이 묘사되고 있는 5부에도 강압적인 일제의 식량수탈로 인하여 극도로 어려워진 백성들의 삶이 표현되고 있다. 식량 배급에만 매달려 있는 일상에서 사람들은 원시세계로 돌아간 듯 일체를 생략하고 살아야 했으며 밥 한 술, 술 한 잔 나누어 먹을 것이 없게 된 세상은 명줄이나마 잇기 위해 서글프게 돌아갔다. 일반 백성들은 술을 짜낸 후 버리는 양조장의 술 찌꺼기와 두부공장의 비지조차도 구하기 힘들게 되었으나, 식량배급소 관리들은 살림이 윤택하여 태평성세를 이루었으니 일제의 민족 분열과 말살 정책은 식량을 통제함으로써 효과를 극대화했다고 볼 수 있다.

"산더미 같은 쌀밥 많이 먹었어요?" "배탈이 나도 쌀밥 한번 실컷 먹어봤으면 좋겠어요." "말이 그렇지. 어떻게 실컷 먹을 수 있었겠니? 그것도 사감들이 따라가지 않아서 눈치껏 먹은 거지." "어쨌든

언니들은 좋겠어요. 졸업이 얼마 안 남았는데 졸업하면 콩깻묵밥은 면할 거 아니에요?" "여기보담은 낫겠지만 식량 사정이야 비슷하지 뭐." (5부 5권, 277쪽)

공출된 쌀은 일본으로 유출되거나 전쟁 준비를 위한 식량으로 이용되었다. 배급식량은 동물사료로 이용되던 콩깻묵이 전부였다. 그나마 양도 충분하지 않았다. 이렇게 식량으로 먹을 수 있는 곡식의 양이 턱없이 부족할 수밖에 없었기 때문에 이 문제를 해결하기 위해 여러 가지 대안을 마련해야 했다. 일본은 당시 신문이나 잡지 등의 대중매체를 통하여 계몽운동을 폈다. 계몽운동은 크게 두 가지 양상으로 진행된다. 하나는 '식량을 아끼자'는 것이고 다른 하나는 '새로운 대용식에 관심을 갖자'는 것이다. 《조광朝光》제9권 5호에는 식량이 부족하여 배급이 어려운 가운데에서 잡곡의 하나인 대두콩 한 쪽이라도 감사히 생각하고, 배급량이 부족하더라도 서로가 마음을 합하여 어려운 현실을 타개해나가자고 독자들을 독려하는 내용이 실렸다. 또 《조광》제8권 5호에서는 여러 전문가들이 모여 도시 사람들이 쉽게 맛보거나 접할 수 없는, 산간 지역에서 재배되는 여러 종류의 산채, 채소를 소개하면서 이들을 대용식으로 사용할 것을 강조하고 있다.

이와 같이 소설 《토지》에는 시간의 흐름과 함께 일본의 식민지 경제정책의 변화에 따른 조선인들의 식생활상의 변화가 등장인물들의 일상생활 속에 자연스럽게 녹아 드러난다. 이 때문에《토지》는 우리 민족의 밥의 변천사를 살펴보는 데 매우 중요한 역할을 담당한다. 문학작품으로서만이 아니라 사료로서의 가치도 높은 것이다.

여인의 삶을 노래한《혼불》

소설가 최명희(1947~98)의《혼불》은 1980년부터 쓰기 시작해 1996년 17년 만에 원고지 1만 2000장 분량의 전 10권(5부)으로 완간된 대하소설이다.《혼불》은 일제강점기인 1930~40년대 전라북도 남원의 유서 깊은 가문 '매안 이씨' 문중에서 무너져 가는 종가宗家를 지키는 종부宗婦 3대와, 이씨 문중의 땅을 부치며 살아가는 상민마을 '거멍굴' 사람들의 삶을 그린다.《혼불》은 우리나라 민속자료로서의 가치도 크다. 이 소설에 기술되어 있는 민속에 대한 정보는 웬만한 민속지에 기록된 것보다 더 정확하며 그 양상 또한 다채롭다. 이러한 모든 민속적 정보들 중 소설의 중심이 되는 종갓집 여인의 삶을 표현하는 것은 음식과 관련된 부분이다. 전통시대의 모든 여성에게 삶의 중심은 대개 음식에 있었다. 대부분의 행동반경도 음식을 만드는 장소인 부엌이었다.

《혼불》의 모델은 삭녕 최씨의 종갓집이라고 한다. 소설의 주인공이자 이씨 집안의 전통을 마지막으로 지켜가는 효원은 실제로 최씨 종갓집의 마지막 며느리 박증순 할머니로 알려져 있다. 박씨 할머니의 큰딸 최강희 씨는 "하인까지 포함해 10명이 넘는 대가족이었지만 한 번도 식구끼리만 밥을 먹은 적이 없다. 늘 가난한 이웃과 지나가는 사람까지 불러다 함께 식사했다"며 어머니를 회고한다. 박씨 할머니는 오전 4~5시에 일어나 세수를 하고 머리를 빗은 뒤 부엌문을 여는 것으로 하루 일과를 시작했다. 하루의 일과가 부엌문을 여는 것으로 시작되는 여인의 삶. 그것은 오로지 가족과 가문을 위하여 한평생을 바쳐야 했던 옛 여인들의 모습이다.

《혼불》에 등장하는 강실이의 숙모는 어린 강실에게 수많은 신들과 그 신들을 공경하는 사람들의 마음가짐에 대한 이야기를 풀어놓는다. 여성의 삶 중심에 놓인 부엌을 관장하는 '조왕신'은 특히 첫 번째로 공경해야 할 대상이다.

"한 집안의 생사화복이 그 부뚜막에 달렸거든. 거기에 늘 양식이 수북수북 넘쳐나고 그 양식 기름진 것만큼 식구들 밥숟가락 소복소복 복스럽고 그 밥 머근 내 식구들 아픈 데 없이 마른 데 없이 끼니마다 충실해야 오복 중에 지복이 아니겠느냐. 사람으로 그 일 맡은 것은 주부이고 가신으로 그 일 맡으신 분이 조왕신." (6권 94쪽)

이제는 있을 곳도 사라져버린 터, 우리 앞에 모습을 드러내지 못하는 조왕신은 최명희의 《혼불》에서 그 모습을 되찾고 있다.

이 대수롭지 않은 기역 자 부뚜막이 오류골댁의 세상이었다. 그네는 여기에 조왕신을 모셨으며 이날까지 새벽이면 으레 단정한 첫 우물물을 길어 정화수로 올리었다. 그리고 봄에는 진달래 가을에는 올벼를 꺾어다 바쳤다. 그뿐 아니라 밤이건 감이건 그해 들어 첫 번째 익은 것은 이 조왕에 절을 하고 놓아드렸다. (9권 271쪽)

조왕신을 섬기는 여인의 마음에는 아끼는 사람이 늘 끼니를 배불리 먹게 해달라는 간절한 기원이 있다.

기웅이 출타하여 아직 돌아오지 않은 끼니 때 겨울이면 샛노란 놋주발에, 여름이면 흰 사기 밥그릇에 기웅의 밥을 꼭 떠놓았다. 오류골댁이 혼인하여 기웅의 아내 된 후 그네는 단 한 번도 밥 때에 대주인 남편의 밥그릇을 비워둔 일이 없었다. 그것은 아낙의 간절한 정성이고 기도였다.

그런데 이제는 그 부뚜막 조왕신 그릇 밑에 강실이의 합에다 밥을 담아 바쳐놓는다. 강실이를 그렇게 담아놓는 것이다. 내 새끼 어디 가도 밥 굶지 말고 언제라도 네 밥그릇 예 있으니 돌아와서 네 밥 먹어라. (9권 275쪽)

어느 민족이든 탄생, 성년, 결혼, 사망 등 삶의 중요한 전환점에서는 반드시 나름의 상징성이 부여된 통과의례를 행해왔다. 우리 민족 역시 태어나기 전부터 죽을 때까지, 그리고 제사라는 방식을 통하여 죽음 이후까지 그 삶의 전환점을 기념하는 행사를 치렀다. 탄생, 생일, 혼인, 사망 등 각각의 통과의례에 차려지는 음식들은 저마다 특별한 상징성을 지니고 있다. 즉 통과의례

음식은 한국인의 전통적 우주관과 인생에 대한 이해 방식, 그리고 염원을 담고 있는 것이다. 《혼불》은 이러한 전통을 놓치지 않고 세세하게 묘사하며 그 내면적 의미까지 잡아내고 있다.

아래 인용 부분은 아이를 낳은 후 삼신할머니에게 아이의 무병장수를 비는 내용이다. 삼신은 여러 가신 중 생산·출산을 맡은 신이니 집안에 새로 나는 어린 생명의 산육을 관장하여 돌보아준다. 그래서 아들 낳기를 바라거나 산모가 순산하기를 빌때, 그리고 산모가 건강하게 빨리 회복되기를 기원할 때, 또 태어난 아기가 아무 탈 없이 자라게 해달라고 빌 때 반드시 이 신을 찾는다. 이때 삼신할머니에게 바쳤던 음식이 정한수와 시루떡, 미역국에 흰밥이었다.

누구라도 아기를 낳으면 삼신할머니한테 정한수 떠놓고 시루떡 올리며 미역국에 흰밥을 차려서 두 손 모아 간절히 기도 축문을 외운다. 강실이를 낳은 오류골댁도 그랬었다. (중략) 그리고 삼신바가지는 안방 시렁 위에 모시었다. 그 바가지 속에는 쌀을 담아 창호지로 덮어서 무명 타래실로 묶어두었는데 바가지에 담긴 곡식은 봄가을에 햇곡식으로 갈아넣고 묵은쌀로는 밥을 지어 온 식구가 함께 먹으면서 "삼시랑할머니한테 감사 디려라." (6권 83쪽)

전통적으로 아이의 첫돌을 축하하는 음식으로는 흰밥, 미역국, 푸른 나물, 백설기, 붉은 팥을 묻힌 차수수경단, 오색 송편을 준비한다. 한편 장례를 치를 때는 저승사자들을 잘 대접하면 죽은 이의 저승길이 편할 수도 있고, 뜻밖에 영혼을 데려가지 않을 수도 있다는 생각에서 저승사자를 위한 상을 차린다. 이때 차리는 상을 '사자상'이라 하고, 사자상에 차린 밥을 '사잣밥'이라 한다. 《혼불》에도 이 사잣밥을 차리는 장면이 나온다.

새로 지어 막 퍼올린 흰밥 세 그릇을 동그란 소반 위에 올려놓고 그 옆에 짚신 세 켤레를 나란히 놓았다. 저승에서 망자를 데려가려고 찾아온 사자들을 대접하는 사잣밥이다. 그 밥 옆에 동전 세 개를 놓는다. (3권 123쪽)

또한 망자의 몸을 씻긴 후 입관 전까지 행하는 절차를 '습'과 '염'이라고 하는데 이 경우 망자에게도 마지막 음식이 제공된다. 망자의 입에 버드나무 수저로 쌀을 넣어주는 것이다. 《혼불》의 묘사를 보자. 어느 민속학의 해설보다도 정확하고 생생하게 망자를 향한 의식이 그려지고 있다.

쌀이 담긴 그릇을 받쳐든다.
반함을 하려는 것이다. 살아생전 그 몸에 젖이 날 리 없었던 어머니 청암 부인은 암죽을 떠먹여 자신을 기르고 자라면서도 내내 별로 음식을 탐하지 않아 무엇을 먹이랴 늘 애가 타서 밤낮으로 어린 구미에 당길 것을 궁리하여 먹였건만 그 염려로 기혈과 골격을 얻어 어른이 되고 오늘에 이른 자신은, 어머니의 입 속에 이승의 음식인 밥이 아니라 저승으로 가면서 먹을 식량이라 하는 쌀을 물려드

리려고 하다니.

하얗게 소복한 쌀은 찹쌀을 물에 불리었다가 물기를 뺀 것인데 이기채는 버드나무로 깎은 수저를 들어 가만히 쌀을 뜬다.

그리고 청암 부인의 시구 오른쪽에 공손히 넣으며

백 석이요

목이 메어 말한다.

다음에는 왼쪽에 한 수저를 넣었다

천 석이요

그리고 마지막으로 가운데 한 수저를 넣었다

만 석이요

아아, 어머니

죽음이 무엇이오. (3권 185쪽)

개성의 음식문화를 보여주는 《미망》

《미망》은 박완서(1931~2011)의 장편소설이다. 개성을 배경으로 한 거상 일가의 삶을 그린 가족사 소설이다. 19세기 중반부터 20세기 중반까지 우리 민족사의 격동기를 모두 포함하고 있어 역사소설의 모습도 갖추고 있다. 개성은 작가가 고향에 대해 품은 강한 애정과 향수를 찾아볼 수 있는 공간이다. 따라서 《미망》은 구한말에서부터 한국전쟁까지의 시간과 개성이라는 공간을 배경으로, 개성의 역사와 그곳에서 살아가는 사람들의 생활상을 구체적으로 보여주는 작품이다.

[표 8] 소설 《미망》에 나오는 주식류

밥	된밥, 조밥, 수수밥, 깡조밥
만두	편수
병탕	조랑떡국(편수+고명), 떡국
면류	국수
죽류	암죽, 녹두죽, 깨죽, 밤죽, 흰죽
일품류	첫국밥, 장국밥, 국밥(쇠기름살)

　조선시대의 개성은 중국의 문물이 서울로 유입되는 길목에 있어 상업상 유리한 위치를 차지하던 곳이다. 전 왕조의 오랜 수도로서 경제·문화적 인프라를 활용하여, 정치적 수도인 서울과는 달리 도시 스스로 권익을 지키고 조선의 경제를 좌우하는 큰 세력으로 성장했다. 나아가 일제강점기에는 독립운동 자금을 지원하는 등 민족의 자긍심과 혼이 살아 있는 공간의 역할도 일임했다. 《미망》의 시대는 19세기 중반부터 20세기 중반, 서민들의 삶이 가장 어렵고 힘들었던 때이다. 그러나 소설 《미망》에는 서민들의 이야기가 많이 다루어지지 않는다. 개성 송상에 관한 이야기라서 그렇다. 하지만 서민들이 주로 먹었던 밥 이야기는 등장한다(〈표 8〉 참고). 이들은 조밥, 수수밥, 그리고 조만 넣어 지은 깡조밥 등을 먹었다. 또 이 시기부터 장국밥이나 국밥 같은 '밥을 파는 집' 음식도 많이 등장한다.

　《미망》에는 대중음식점의 근대적 형태인 목롯집, 선술집, 요릿집 등이 다양하게 나온다. 개성, 경성, 간도 등의 도시 공간에 있는 음식점들은 사람과의 만남을 연계해주는 교류의 공간으로서 활용되며, 술과 다양한 안주류가 제공되던 곳이다. 특히 개성은 상업과 경제의 중심도시로서 전국을 돌며 행상을 하던 보부상들이 모여드는 곳이었고 청과의 무역이 활발하게 이루어졌던 곳이어서 다른 도시보다도 사람들이 만나 교류하며 술과 식사를 함께 나눌 곳이 특별히 더 필요했을 터이다. 《미망》에는 개성보다는 경성이나 간도를 배경으로 술집에서 술과 음식을 나누며 담소하는 장면들이 자주 묘사되고 있지만, 당시의 사회경제적 상황을 고려할 때 개성의 대중음식점 발달 상황은 충분히 미루어 짐작할 수 있다.

마도섭이 밉상을 떨건 말건 배천댁은 못 들은 척 양푼처럼 큰 반병두리에다 쇠기름살까지 듬성듬성 섞인 국밥을 푸지게 말아 내왔다. (하, 350쪽)

바쁜 상인들과 배고픈 길손들에게 술과 음식을 함께 팔던 주막에서 제공하기 좋은 음식은 바로 국밥이었다. 소나 돼지의 부산물에 많은 물을 붓고 푹 끓인 탕에 밥을 말고 김치를 함께 내면 빠르고 간편하게 배고픔을 해결하는 단체급식용 메뉴가 되었다. 따라서 국밥과 같은 실용적인 탕류는 매식買食으로서 최고의 인기를 누렸다. 《미망》은 우리나라에서 가장 화려한 음식문화를 꽃 피운 개성의 음식들을 만나는 재미를 준다. 조랑떡국과 편수 같은 음식이 대표적이다. 이 음식들은 주식류로서 개성 사람들이 즐겨 먹었던 것들이다. 음식을 비롯한 일상문화의 사적史的 변화와 의미를 제공한다는 점에서 민족의 삶을 재현한 여성 작가들의 소설은 그 의미가 남다르다. 남성들이 도저히 따라올 수 없는 부분이 아닌가 싶다.

소설《임꺽정》속 밥의 표현

문학작품 속의 밥 이야기를 하면서 소설《임꺽정》을 그냥 지나치기는 어렵다. 일제강점기에 발표된 벽초 홍명희(1880~1968)의 《임꺽정》은 한국 근대 역사소설에서 가장 중요한 작품이자 조선시대 민중의 삶을 가장 생생하게 서술한 작품으로 평가된다. 더구나 소설《임꺽정》의 시대적 배경은 연산군에서 명종까지 네 임금이 재위한 기간(1476~1567)으로 특히 음식사료가 부족한 조선 전기의 식생활을 파악하는 데 참고가 된다.

그래서 늘《임꺽정》속의 밥 이야기를 한번 다뤄보고 싶은 욕심이 있었다. 그러나《임꺽정》열 권을 읽어내기는 쉬웠지만 음식이라는 주제로 분석하기는 어려워서 차일피일 미루고 있었다. 그런데 얼마 전 충북 괴산군에서 '임꺽정만두'를 시판한다는 기사를 보았다. 이 임꺽정만두는 이주여성들에게 일자리를 제공하는 등의 지원을 하기 위해 심혈을 기울여 개발한 것이라고 했다. 내용인즉 괴산군이 국비 등을 들여 1년여 동안 고장 특산물인 절임배추 우거지, 대학찰옥수수, 괴산고추 등을 재료로 만두를 만들어 내놓고 이름을 '임꺽정만두'라고 붙였다는 것이다. 그래서 더 늦기 전에 《임꺽정》속 밥에 대해 거칠게라도 다루어야겠다고 생각했다.

《임꺽정》은 조선 명조 때 황해도 지방에서 활동한 도적 임꺽정(임거정林巨正)이 모델인데, 작가인 홍명희가 괴산군에서 태어났기에 만두 이름도 그리 붙인 것으로 생각된다. 사계절출판사 판본 10권으로 이루어진 《임꺽정》을 살펴보았는데, 음식에 관련된 대목은 약 300건이었다. 그중에서 주식이라고 생각되는 밥들을 중심으로 보았다. 조선시대 밥의 재료가 되는 곡물은 쌀(입쌀), 보리 조, 기장 등이었다. 그러니까 이 소설에서 귀한 입쌀밥은 양반의 밥이고 일반 민중은 조밥, 기장밥, 보리밥 등을 주로 먹는다고 나온다. 그리고 곡물로 지은 밥 외에,《임꺽정》에는 주식으로 국수장국, 냉면, 국밥이 등장한다. 그러니까 소설 어디에도 만두는 등장하지 않는다. 그런데도 괴산군은 임꺽정 만두를 대표상품으로 개발한 것이다.

그럼,《임꺽정》에 등장하는 여러 가지 '밥'의 이름을 살펴봄으로써 당시 밥의 의미를 생각해보자.

먼저, 흰쌀밥에 대해 살펴보자. 소설에서는 흰쌀로 지은 밥은 '입쌀밥'으로 부르는데 대부분 양반들이 먹기 때문에 계층차이를 나타낼 때 상징적으로 등장한다. "…… 하여 입쌀밥이 다르고 무나물, 배추 겉절이의 한두 가지 반찬이라도 먹게 하여 놓은 것이 다르다", "우리도 자기네와 같이 입쌀밥만 먹고 지내는 팔자인 줄 아는 게야" 같은 문장을 통해 입쌀밥은 어디까지나 상전의 밥이었음을 알 수 있다.

반면 조밥은 '조팝'으로 나오는데 백성들이 먹는 거친 밥으로 나온다. "조팝으루 주린 배를 채우며 뜰 앞에 앉아서 해를 보냈었습니다"라는 표현이 그러하다. '조다짐'이라는 용어는 '조밥 먹는 일'을 속되게 이르는 말로, "이따금이 아니구 끼니마다 조다짐이야"라는 표현이 나온다. 또한 조당수라는 표현도 새로운데 이는 좁쌀로 묽게 쑨 미음 같은 음식을 말한다. "천왕동이가 잠은 일찍 깼으나 노독이 났는지 몸이 무겁고 머리가 아파서 일어나지 못하고 안해가 갖다주는 조당수 한 그릇을 자리 속에서 어린 아들과 같이 나눠 먹고"라는 대목을 통해 이 당시 백성들이 일상적으로 먹던 잡곡인 조에 관한 표현을 볼 수 있다.

위의 천왕동이처럼 먹는 것을 표현하는 말도 있다. 자릿조반─早飯은 아침에 잠이 깨는 길로 그 자리에서 먹는 죽이나 미음 같은 간단한 음식을 말하는데, 소설 곳곳에 이 표현을 만날 수 있다. "사처방에서 자릿조반으로 양즙*을 먹고 늦은 조반으로 깨죽을 먹었고" 혹은 "껑정이가 소홍이 집에서 자릿조반 먹고 바로 남소문 안으로 왔다" 등의 문장에서 자릿조반으로 주로 양즙이나 깨죽 같은 음식을 먹은 것도 알 수 있다. '기승밥'이라는 생소한 단어도 나오는데, 이는 모나 김을 맬 때 논둑에서 먹는 밥을 말한다.

'대궁'이라는 말도 많이 나오는데, 이는 먹다가 그릇에 남긴 밥을 말한다. 누군가 먹고 남긴 밥을 다른 이가 먹는 게 일상이

---

* 소의 위인 양胖을 곱게 다져서 중탕하여 짜낸 즙으로, 주로 보양식으로 먹는 음식이다.

었는지 가장 많이 등장하는 밥이 대궁이다. "논둑에서 기승밥도 먹고 절에서 잿밥도 먹고 서당에서 선생의 대궁도 먹고 한 끼 두 끼 굶기도 하면서 하여간 무사히 강원도 땅을 지나 함경도 땅을 잡아들었다", "그러면 진어합시고 나서 대궁을 물려주시면 황감하겠습니다", "도화는 상긋 웃고 서림이는 대궁상을 돌려놓고 밥을 먹었다", "백손이는 저의 밥을 다 먹고 부족하여 부리만 헐다 만 어머니의 대궁까지 마저 다 먹었다". 하인들은 주로 상전이 먹다 남긴 밥을 물려 먹었는데 이 밥도 대궁이라고 한다. 비슷한 말로 '턱찌끼'가 있는데 이 또한 먹고 남은 음식을 말한다. 할아버지가 먹고 남긴 것을 먹으라고 달래는 어머니에게 "할아버지 턱찌끼 먹기 싫소. 그래도 주우" 혹은 "아랫말 좀 안 가보실라오? 턱찌끼 얻어먹으러?" 등의 표현을 볼 수 있다.

이외에 '중둥밥'도 나온다. '중등밥'이라고도 하는데, 팥을 달인 물에 입쌀을 안쳐 지은 밥을 의미한다. 그런데 다른 뜻으로 '식은 밥에 물을 조금 치고 다시 무르게 끓인 밥'이라는 의미도 있다. "미음을 떠 넣어도 맛 모르고 삼키던 병인이 개춘이 되면서부터 조금조금 나아서 중둥밥까지 달게 먹게 되었다"라는 문장에서는 무르게 끓인 밥이라는 의미로 사용된 듯하다.

'숫밥'이라는 재미있는 말도 있는데, 이는 하나도 헐지 않고 만든 그대로 있는 밥을 말한다. "숫밥은 없지만 상제님 얼마 안 잡수신 대궁이 그대로 있습니다"라는 문장은, 그러니까 새 밥은 없지만 먹다 남긴 밥은 있다는 의미다. 그리고 요새도 많이 쓰이는, 반찬을 갖추지 않은 밥이라는 의미의 '맨밥'이라는 말도 나온다. "양식도 달리거니와 너를 맨밥 먹이기 답답해서 양식하고 반찬하고 얻어왔다"라는 문장에서 쓰였다. '서홉밥'이라는 말도 나오는데 이는 모자란 밥이라는 의미로, 양반의 7첩 반상과 대비되는 의미로 사용되고 있다. "밥이 서홉밥일 뿐 아니라 찬도 망측하고 하인들은 나중에 사랑 대궁상을 물려다가 먹는데 그 상은 칠첩 반상이 분명하였다". 그리고 밥을 짓는 솥으로는 곱돌솥이 나온다. "방 안에 들어가 쌀 한 바가지를 들고 나와서 한데 걸린 곱돌솥에 밥을 짓는데……" 등이다.

곡물로 지은 밥 이외에 주식으로 먹은 음식은 '장국', '국수', '첫국밥' 등이다. 장국은 간장을 넣어 끓인 국을 말하지만, 《임꺽정》 속의 장국은 장국밥으로 이해된다. "사주풀이가 그 생년월일 임자의 일생과 조금만 틀리면 무명필을 주고 오거나 장국 그릇을 먹여 보낼 뿐이고"라는 문장을 보면 그러하다. 첫국밥은 해산 후 산모가 처음으로 먹는 미역국과 흰밥을 말한다. 해산 준비하는 모습을 "쌀은 말로 찧어두고 미역은 춤으로 구하여두고 첫국밥 담을 새 사발을 준비하고"의 문장에서 살펴볼 수 있다.

한편, 현대에는 잘 사용하지 않는 밥에 관한 표현도 많이 나온다. "먹은 밥이 자위도 돌기 전에 천왕동이가 아랫간에서 윗간으로 내려와서", "저녁밥을 한 그릇씩 다 먹고 먹은 밥이 자위도 돌기 전에 잘 자리들을 보았다" 같은 문장에서 '자위가 돌다'라는 표현이 나오는데, 이는 먹은 음식이 소화되기 시작하는 것을 의미한다. 끼니 외에 먹는 음식이란 의미로 '군음식' 혹은 때

없이 음식으로 입을 다신다는 '군입', 가외로 짓는 저녁밥이라는 의미로 '군저녁'이라는 표현도 찾아볼 수 있다.

상의 종류에 대한 다양한 표현도 볼 수 있는데 예를 들어 '도르리'는 여러 사람이 음식을 돌려가며 내서 함께 먹는 일을 말한다. 그리고 '두루거리'는 두리기, 즉 두리반에 음식을 차려놓고 여러 사람이 둘러앉아 먹는 일을 말한다. 그리고 '두루거리상'은 여러 사람이 격을 차리지 않고 둘러앉아서 한데 먹게 차린 음식상으로, 두리기상이라고도 한다. '사이'라는 표현도 나오는데 이는 농사꾼들이 힘든 일을 할 적에 끼니 밖에 참참이 먹는 음식을 말한다. '사잇밥', '샛밥', '새참', '곁두리' 다 비슷한 표현이다.

술과 관련한 표현도 많다. '술밑'은 누룩을 섞어 버무린 지에밥을 말한다. "벌써 몇 일 전에 청주 술밑까지 해 넣었다네". '술밥'은 술과 밥을 같이 이르는 말이다. "돌석이 일생을 술밥으로 진창 대접하였다", "돌석이가 올 때에 이방의 안해는 사위의 낯을 보아 술밥을 대접하나 딸이 불길하게 여기는 손이라 대접이 자연 소홀하였다".

밥이 워낙 일상적인 용어라서 그런지, 《임꺽정》에는 밥을 빗댄 재미있는 표현들이 많이 등장한다. '말밥'이 좋은 예인데, 좋지 못한 이야깃거리의 대상을 뜻한다. "계림군 유는 당시 종실 중에 명에 있는 사람일 뿐 아니라 윤임의 생질인 까닭으로 원로, 원형의 말밥이 된 것이니……". '말밥에 얹다'라는 표현은 언짢은 화제의 대상으로 삼는 것을 의미한다. "백손이가 삼촌은 말밥에 얹지 않고 고모의 말을 뒤받아서 '모르고 좀 먹었기루 왜 이렇게 야단이오' 하고 대답하니……".

거꾸로 '말밥에 오르다'는 언짢은 화제의 대상이 되는 것을 의미한다. "천왕동이가 무슨 말을 했다고 공연한 사람을 말밥에 올려?", "적당이 일에 섣불리 말밥에 오르면 화를 받을까 두려워하는 까닭인지" 등의 표현을 볼 수 있다.

한편 현대에도 많이 쓰이는 말이 바로 '밥병신'이라는 말인데, 이는 '일도 변변히 하지 못하면서 밥이나 축내는 사람'을 욕으로 이르는 말이다. "나를 거짓말두 못하는 밥병신으로 알았소?", "너희 놈들이 밥병신이지 사람이냐? 하다못해 여기 찰방한테 가서 말하구 역졸들과 같이 좇아가보지두 못한단 말이냐" 등의 표현을 자주 볼 수 있다.

'밥술이나 먹다'라는 표현은 '살림 형편이 쑬쑬함'을 이르는 말이다. 그래서 "양반은 무슨 말라비틀어진 양반이야, 대장질해 모아서 밥술이나 먹는 게지", "봐 하니 밥술 먹는 집 자식 같구나, 네 아비 할아비 모아놓은 천량 작작 없애라" 같은 표현이 나온다. 반면에 '밥줄(이) 끊기다(떨어지다)'라는 표현은 직업을 잃게 되거나 먹고살아갈 방도를 잃게 된다는 의미다. "노밤이가 병신 되고 밥줄 떨어져서 집에 나와 있은 지 불과 일 년 만에 늙은 어미는 굶주린 끝에 병나서 죽고 젊은 계집은 어떤 총각 놈을 붙어서 도망하여"라는 표현이 나온다.

다음으로 '상이 어둡다'라는 표현도 흥미로운데, 이는 차린 음식으로 상이 가득하다는 뜻이다. "아침, 점심에 없던 반찬이 많

아서 상이 어두웠다"라거나 "밥은 갓 지은 것이라 기름이 흐르고
찬은 상이 어둡도록 가짓수가 많았다"라는 문장이 나온다. 또한
'밥을 내다'라는 표현이 있는데, 이는 죄를 불게 하기 위하여 고
문을 하는 것을 말한다. "그 친구 놈은 한옆에 제쳐두고 그놈만
잡아내서 밥을 내려고 한즉 그놈이 독하고 모질어서 좀처럼 불
지 아니하여 그 친구 놈도 간간이 족쳐보았다"라는 문장에서 볼
수 있다.

《임껑정》은 남성이 쓴 소설이라 여성 작가의 《혼불》이나 《토
지》 등과 비교하면 음식에 관한 내용은 많지 않다. 그러나 어려
운 살림살이를 밥을 매개로 한 표현은 오히려 많이 등장해 밥이
우리 민중의 삶에서 가장 중요한 것이었음을 방증한다.

이상과 심훈을 통해 본 근대의 밥

우리 민족의 밥문화가 가장 큰 변화를 겪는 것은 근대에 들어
서면서다. 밥 위주의 식사에서 서구식의 빵문화가 들어오면서
우리 식생활이 영향을 받았기 때문이다. 이 시기는 대개 개항이
이루어진 1867년부터 일제강점기까지를 일반적으로 말하고,
개화기라고도 불리는데, 이때 쇄국이 풀리면서 외국의 새로운
문물이 들어왔기 때문이다. 이 시대를 살아간 대조적인 두 작가
인 이상과 심훈의 소설을 통해 근대의 밥문화를 살펴보는 것도
흥미롭다.

심훈(1901~36)과 이상(1910~37)은 비슷한 시대를 살았다.

그들이 산 시대는 우리나라의 전환기로, 개항과 더불어 새로운 문물이 이 땅에 들어왔을 뿐 아니라 일제의 식민 지배를 받던 시기다. 심훈과 이상은 이러한 격변기를 살아낸 지식인 소설가지만, 그들의 삶이나 추구하는 신념은 확연히 구분되어 문학적으로 서로 다른 길을 갔고 다른 평가를 받고 있다. 그들의 작품 속 음식을 통해 두 사람을 비교해보자.

먼저, 천재시인 이상부터 살펴보자. 이상이 살았던 경성에는 소위 모던보이들이 생겨나고 서구문화의 상징인 커피문화가 퍼진다. 이상은 당시 통인동에서 제비라는 다방까지 운영했다. 다방 제비는 이상이 요양차 황해도 배천온천에 갔다 만난 금홍이 마담으로, 1930년대의 모더니스트들이 모이는 장소였다고 한다. 그러나 경영은 쉽지 않아 차도 제대로 갖춰놓지 못하다 금홍이 떠나면서 문을 닫고 만다. 이후에도 이상은 계속 다방을 개업했다가 닫았다를 반복하였다.

그래서인지 이상의 소설과 수필에는 "코코아, 카스텔라, 아이스크림, 초코레이트, 카라멜, 리그레 추윙껌" 등 이 시대에 들어온 서양 식품들이 눈에 많이 띈다. 또한 일제강점기였던 만큼 일본식 채소장아찌인 후쿠진스케福神漬, 인공조미료인 아지노모토, 왜떡(센베이)이라는 표현도 많이 나와, 실제로 일본음식을 많이 접하고 먹었던 것으로 보인다. 일본음식뿐만 아니라 아스파라거스 같은 서양 채소는 물론이고 오렌지, 바나나 등의 외래 과일도 심심치 않게 그의 글에서 만날 수 있다. 실제로 그가 27세의 젊은 나이로 죽어가면서 먹고 싶어한 것도 다름 아닌

멜론이었다. 그것도 센비키야 농원의 멜론이라고 그의 아내 변동림은 추억하고 있다.

그러니까 이상은 모던보이답게 이 당시 근대의 산물인 커피, 홍차, 코코아 같은 서양 음료과 과자 그리고 서양 과일에 대한 기호를 가지고 있었다. 그런데 이러한 그의 근대적 음식 취향과는 다른 내용도 글에서 찾을 수 있다. 이상의 수필 중에 〈어리석은 석반夕飯〉이 있다. 그 내용을 일부 옮겨보면 다음과 같다.

만복의 상태는 거의 고통에 가깝다. 나는 마늘과 닭고기를 먹었다. 또 어디까지나 사람을 무시하는 후꾸진스께와 지우개 고무 같은 두부와 고춧가루가 들어 있지 않은 뎃도마수 같은 배추 조린 것과 짜다는 것 이외 아무 미각도 느낄 수 없는 숙란을 먹었다. 모든 반찬이 짜기만 하다. 이것은 이미 여러 가지 외형을 한 소금의 類族(유족)에 지나지 않는다. 이건 바로 생명을 유지하는 데 목적을 두고 있는 완전한 쾌적행위이다. 나는 이런 식사를 이젠 벌써 존경지심까지 품고서 대하는 것이다.

먹는다는 행위, 특히 선택의 여지 없이 일본음식을 먹어야 하는 데 대한 혐오를 드러내는 내용이다. 그러면서도, 어쩔 수 없이 선택한 맛없고 짜기만 한 저녁밥이지만 그것이 생명을 유지하기 위해 필수적이라고 인정한다. 사실 예민한 미각으로 늘 힘들었던 이상은 만복 상태를 고통이라고 했다. 그럼에도 불구하고 자신 역시 음식을 먹고 생명을 유지할 수밖에 없는 세속적인 인간임을 고백한다. 그러니 살기 위해 먹을 수밖에 없는 짜기만 한, 맛도 없는 음식을 이제는 존경심까지 가지고 대하는 인간의 나약함을 표현하고 있다고 봐도 될까?

그런데 이렇게 근대의 서구적인 미각을 추구했던 이상이지만, 마지막으로 그가 목말라하고 진정으로 먹고 싶어한 음식이 무엇인가를 보여주는 글을 〈H형에게 보낸 편지〉에서 읽을 수 있다.

정직하게 살겠습니다. 고독과 싸우며 오직 그것만을 생각하며 있습니다. 오늘은 陰曆(음력)으로 除夜(제야)입니다. 빈자떡, 수정과, 약주, 너비아니, 이 모든 飢渴(기갈)의 鄕愁(향수)가 저를 못살게 굽니다. 생리적입니다. 이길 수가 없습니다.

결국 이상이 고독한 제야의 밤에 그토록 먹고 싶어한 음식은 커피와 카스텔라가 아닌 유년의 시절 섣달그믐이면 먹었을 빈자떡, 수정과, 약주, 너비아니였던 것이다.

그럼, 〈상록수〉라는 계몽소설로 유명한 심훈의 음식 이야기는 어떨까. 물론 농촌계몽소설답게 〈상록수〉에는 다양한 농촌 풍경과 음식들이 등장한다. 그러나 소설 속 여주인공인 채영신이 당시 지식인들이 즐겨 먹었을 라이스카레와 오믈렛을 만들어 지인들에게 대접하는 내용도 나온다. 이 두 음식은 이 시대의 보편적인 양식이었던 것으로 보인다.

그러나 먹을 것이 부족했던 일제강점기의 일반적인 밥상에서 반찬이란 장물을 찔끔 친 갯줄나물과 짠지 쪽뿐이었다. 또한 그들의 점심은 쌀을 양념처럼 둔 보리밥이나 조가 반 넘어 섞인 덩어리를 짠지 쪽과 고추장만으로 먹는 것이다. 그 당시에 서구 영양학이 들어오기 시작했는지 "우리 농민들의 육체는 비타민A가 어떠니 B가 어떠니 하는 현대의 영양학설은 당최 적용되지 않는데, 그래두 곧잘 살거든요, 그렇구 말구요, 칡뿌리를 캐거나 나무껍질을 벗겨 먹구두 사는 수가 용하지요"라는 표현이 나온다. 먹고살기도 힘든 현실에 근대적 영양학 지식이 무슨 소용이 있냐는 것이다.

그렇다면, 그들에게 좋은 반찬은 무엇인가? 돌나물김치에 마른 새우를 넣고, 지짐이처럼 끓인 동혁이 형제의 밥상이 상찬, 즉 매우 좋은 상차림이었다. 수란을 뜨고 닭고기를 볶고 해서 세 사람은 아침을 맛있게 먹었다. 영신이 밥상으로 달려드는 두 어린것에게 닭다리를 하나씩 물려주는 것이 최고의 식사였다. 그러나 이 당시에도 역시 무엇보다 좋은 것은 외씨(오이씨) 같은 쌀밥, 즉 이밥이었다.

아침에 먹다 남긴 것인지 미역을 넣고 끓인 닭국에는 노란 기름이 동동 떴다. 건배의 밥은 보리 반 섞임인데, 새로 닦은 주발에 고슬고슬하게 퍼 담은 영신의 밥은 외씨 같은 이밥이다. 아픈 영신을 힘을 나게 한 음식도 우리 밥이었다. 통배추김치에 된장찌개를 보니, 영신은 눈이 버언해져서 저도 모르는 겨를에 일어나 앉았다. 보

〈그림 22〉 소설 〈상록수〉를 소재로 꾸며본 상록수 밥상
동부보리밥, 박속낙지탕, 우렁쌈장, 호박잎, 조개젓, 어리굴젓, 곤쟁이젓, 도토
리묵조림, 가지된장구이, 돌나물김치, 호박지, 짠지, 수수동동주, 시루떡

기만 해도 입에 침이 고여서, 기숙사 식탁에 허구한 날 놓이는 미소
시루(된장국)와 다꾸앙 쪽을 생각하였다. 영신은 이야기도 못 하고,
위장에 밴 고향의 음식을 걸터듬해서 먹었다.

전혀 다른 성격의 글을 쓴 심훈과 이상은 외국음식이 들어오
는 근대기를 살았다. 그래서 이 시대의 다양한 서양음식들이 등
장하고 이에 대한 서로 다른 기호를 가졌지만, 그들이 결국 그
리워한 것은 하얀 쌀밥이 있는 우리 밥상이었다.

추사의 《완당집》 속 밥상

마지막으로 다시 조선시대로 돌아가서, 유명한 서예가이면서

최고의 예술가인 추사 김정희(1786~1856)의 밥상을 들여다보는 것도 흥미롭다. 추사는 당대의 미식가로 유명하기 때문이다. 그의 작품으로는 〈묵란도〉와 〈묵죽도〉, 국보로 지정된 〈세한도〉 등이 있으며 저서로는 《완당집》, 《해동비고》 등이 있다.

추사는 까다로운 미식가였다고 추측된다. 추사의 까다로운 식성은 제주 유배 시절 아내에게 보낸 한글 편지를 통해 익히 알려져 있다. 그는 시 속에서 자신을 '식탐 많은 노인[老饕]'이라고 칭한다. 식탐 많은 노인이라는 표현은 중국 북송의 유명한 시인인 소동파가 자신을 노도라고 칭한 데서 딴 것으로, 소동파가 보여준 음식에 대한 특별한 관심과 열의가 자신에게도 있음을 빗댄 것이다. 풍기에 사는 지인에게는 "식탐 많은 노인을 위해 연시 일백 개를 봉제하여 보내주게" 하며 청했고, 또 광양의 스님에게는 "곳곳마다 식탐 많은 늙은이 탐욕을 금치 못하고, 오신반에 또 향기로운 해태(김)를 기약하네"라고 을렀다.

때로는 군침을 흘리고 있는 자신의 모습을 시에서 묘사하기도 했다. "사제에다 하어河魚(복어)마저 식단에 오를 테니/ 허기진 입 부질없이 군침을 못 거두네"(《완당전집》 제10권, 이진수 치간에게 증별하다), "벌여놓은 음식[飣餖]에 생강조림[薑鹽]은 오후에 비교되니 허기진 침 속절없이 식단에 흘리누나"(《완당전집》 제10권, 종씨가 달성에 행차하므로 애오라지 다섯 절구를 부쳤는데 각기 속이 있다). 이 시들은 각각 부여와 달성 지역으로 떠나는 지인들을 전별하며 쓴 것이다. 떠나는 사람이 오히려 부럽다는 식으로 상대를 위로하고 있는데, 그 이유가 바로 그들이 맛볼 그 지역음식에 있는 것이다. 생강조림을 오후에 비교한 것은 다른 음식을 먹고 단 생강조림으로 끝마침을 하는 것이 좋다는 의미로, 추사의 미식 수준을 새삼 알게 해준다. 이런 음식을 생각하며 군침을 흘리고 있는 모습은 추사를 인간적으로 느끼게 만든다.

추사고택이 있는 충남 지역의 대학에 근무하는 나는 추사의 《완당집》에 나오는 음식들을 정리하여 '추사밥상'을 만들어 본 적이 있다. 어느 날 어부가 은어를 잡아 정성껏 포장하여 추사에게 보냈는데, 밤사이 쥐가 훔쳐가서 허탈해하는 느낌을 표현한 글이 있다. 당시 은어구이가 맛있고 귀한 음식이었음을 알 수 있는데, 은어가 사람의 손에 잡혔을 때 "죽는 것은 괜찮으나 상놈의 입에 들어갈까 슬프다"고 한탄한다는 우스갯소리도 있다. 이렇듯 맛과 향이 일품인지라 은어는 궁중의 진상품이었다고 한다. 이처럼 추사의 글에서는 귀한 은어뿐 아니라 세모승, 부추, 고기, 새우, 국화전, 호박전, 식해, 죽순, 상추쌈 등 많은 음식이 등장한다. 또한 《완당집》에는 춘궁기에 먹던 부춧국에 관한 내용도 등장한다.

그래서 추사를 대표하는 선비음식으로 올갱이부춧국과 은어구이를 설정했다. 특히 추사가 한 편의 시로 표현한 세모승은 참가사리를 말린 후 오래도록 고아서 만든 우뭇가사리다. 또한 미식가로 유명한 중국 시인 소동파가 구운 돼지고기를 좋아하는 것으로 알려졌는데, 추사도 "오늘에야 죽순을 실컷 먹지만 더 맛있는 돼지고기가 있으면 죽순을 뺄고 구운 돼지고기를

〈그림 23〉《완당집》을 소재로 만들어본 추사밥상.
율무밥, 올갱이부춧국, 추사전골, 멧돼지적, 은어구이, 세모승냉채, 취나
물된장무침, 더덕직화구이, 표고버섯전, 고사리나물, 호박고지적, 호박
죽, 배추김치, 국화동동주

먹지 않겠는가"라고 읊고 있다. 그래서 주 조미료인 된장으로
재운 멧돼지고기를 귀한 음식으로 설정하여 추사밥상에 추가
했다. 추사의 시에는 죽순, 푸른 나물, 상추쌈 등의 채소를 읊은
구절도 자주 등장한다. 따라서 향이 좋은 더덕구이와 함께 봄에
데쳐 말려둔 마른 취나물과 고사리나물을 가을 추사밥상의 나
물로 구성했다.

  이렇듯, 문학 속의 음식 이야기를 만나보는 것은 즐거운 미식
여행이다. 더 나아가 이를 현대의 밥상으로 재현해보는 것은 더
즐거운 미식체험여행이라고 해도 될까?

남의 밥도 맛있다

음식이 나라의 운명을 바꾼다

지금까지 우리 민족이 쌀밥에서 느끼는 상징과 감정을 많이 이야기했지만, 이런 감성이 비단 우리만의 정서는 아니다. 세계의 다른 민족들도 주로 먹는 음식이라는 의미로 나름의 주식을 가지고 있다. 세상에는 어머니 수만큼의 하느님이 있다고 하듯이, 민족 수만큼의 음식 가짓수가 있다. 그러니 각 민족이 자신의 주식을 사랑하는 마음은 다 비슷할 터이다.

쌀밥을 민족의 운명처럼 받아들이는 정서는 우리 것이다. 그러나 모든 민족이 그렇지는 않다. 주식을 단순한 먹을거리로 받아들이는 민족이 있는가 하면, 음식을 민족공동체의 운명으로 받아들이는 나라도 있다. 베트남인들은 오랜 전쟁을 끝낸 후 이렇게 말했다고 한다. "전쟁으로 모든 것이 파괴되어 우리에게 남아 있는 동질감을 찾기 어렵다. 남은 게 있다면 오직 공통의 음식문화뿐이다." 그들이 현재 주식으로 먹는 쌀국수는 지금 전 세계인들의 입맛을 사로잡고 있다.

햄버거의 나라인 미국은 자신만의 고유한 음식문화가 없다는 사실에 늘 절망하는 편이다. 아메리카 대륙에 살고 있던 원주민에게는 그들만의 주식이 있었다. 하지만 현재 그들은 보호구역에서 살면서 자신들의 고유음식을 잃어버린 채 정부에서 나눠주는 '푸드스탬프'로 가공식품을 사 먹으면서 비만과 각종 만성질환에 시달리고 있다. 고유음식과 함께 민족성마저 잃어버린 것이다.

세계 1위의 경제 대국인 미국인들이 프랑스인에게 기가 죽는 이유가 프랑스인들이 자랑하고 지켜가는 고유의 음식문화가 자신들에게 없기 때문이라고 한다. 음식의 나라인 이탈리아인도 자기 음식에 대한 자부심이 대단하다. 그들은 미국의 패스트푸드에 대항하는 '슬로푸드'의 개념을 만들어 전세계에 전파하기도 했다. 요리의 천국으로 불리는 중국도 마찬가지다. 흔히 "중국의 화교들은 프라이팬 하나로 세계경제를 휘둘렀다"고 말한다. 음식으로 세계적인 부를 창출한 것이다. 일본 역시 서구인들이 전혀 먹지 않던 날생선으로 만든 스시를 국민음식으로 부각시키면서 세계 최고의 값비싼 요리로 만들었다.

이렇게 각 민족에게 특별한 음식이 있지만, 그에 대한 국민의 정서나 태도는 모두 다르다. 그래서 '음식이 나라의 운명을 바꾼다'라는 말을 한다. 또 '한 나라의 음식에는 그 나라의 과거, 현재, 미래의 운명이 있다'고 말하기도 한다. '밥이 우리 민족의 운명을 좌우할 것이다'라고 믿는 나의 생각과 같은 맥락이다.

이제부터 각 민족의 운명을 짊어진 그들만의 주식(밥)은 무엇인지 간단하게 살펴보자. 밥의 개념이 매우 다양하지만, 여기서는 주로 쌀로 된 요리와 쌀과 비슷하게 조리하는 음식을 중심으로 살필 것이다. 갠지스강과 이라와디강, 메콩강 등 큰 강에서 발원된 물줄기들이 인도와 중국으로 흘러들었고, 쌀은 수천 년 전 이러한 물줄기들을 따라 전파되었다. 이렇게 전파된 쌀은 이후 전세계로 퍼져나갔고 현재 전세계 인구 3분의 1의 주식으로 이용될 정도로 많은 사랑을 받고 있다. 쌀은 지리적·환경적 조건에 따라 각기 다른 품종으로 개발되었고, 이를 토대로 각 나라에 맞는 다양한 쌀요리가 발달했다.

중국인의 볶음밥 차오판

'주식'이란 포만감을 느끼기 위해 먹는 음식이다. 농경민족은 주로 곡물음식을 주식으로 먹고, 유목민족은 육류를 주식으로 선택해왔다. 오늘날 중국인의 주식은 밀과 쌀로 나뉜다. 밀은 중국의 건조한 북부 지역에서 오랫동안 경작된 작물로, 낱알이 단단하지 못해 이를 빻아 만든 밀가루 기반의 분식문화로 발전했다. 중국의 분식문화는 가공과 조리법을 통해 화려하게 발전하여 이후 셀 수 없이 다양한 국수류와 만두류를 만들었다. 심지어 중국의 국수가 마르코 폴로에 의해 이탈리아로 전해졌고 '파스타'의 효시가 되었다는 이야기도 있다. 물론 확실한 이야기는 아닌데도 다들 그렇게 믿는 분위기다. 그만큼 '중국은 국수의 원조'라고 생각한다. 중국 국수의 영향력을 나타내는 말이기도 하다. 밀가루 반죽을 얇게 밀어 다양한 소를 싸서 만드는 만터우, 자오쯔, 바오쯔(딤섬) 등으로 불리는 만두 또한 세계인들이 사랑하는 중국의 주식이다.

반면 중국 남방의 경작물인 쌀은 중국인의 삶을 유지하게 해준 작물이다. 밀에 비해 단위면적당 생산량이 많은 쌀은 중원의 한족이 남쪽으로 내려와 살면서 대규모로 경작하게 되었고 이를 바탕으로 인구 증가도 가능해졌다. 쌀은 그만큼 중국인에게 중요한 작물이다.

중국인들이 즐기는 대표적인 쌀요리인 차오판[炊飯]은 반찬 없이 먹을 수 있는 음식이다. 차오판은 각종 볶음밥을 일괄하여 일컫는 이름인데, 쌀밥에 어떤 재료를 사용하는가에 따라 맛과 이름이 달라진다. 차오판의 기본 재료인 밥은 찰기가 적은 쌀로 고슬고슬하게 지어야 한다. 기름에 볶을 때 밥알이 서로 들러붙지 않아야 맛있게 만들 수 있기 때문이다. 그리고 화력이 강한 불에 큰 냄비를 달구어 빠르게 볶아내야 맛과 향이 살아난다.

차오판은 청나라 말기의 재상이자 미식가였던 리훙장(1823~1901)에 의해 유명해졌다. 이홍장은 국가 일로 외국을 방문하던 중에 수행하던 요리사에게 서양 사람들을 접대할 만한 요리를 하나 만들라고 했고, 이에 수행 요리사는 동서양 사람들이 다 좋아할 수 있으면서도 조리법이 간단한 요리를 만들었다. 이 게 바로 유명한 중국식 차오판으로, 이미 다양한 형태로 존재하던 볶음밥을 중국 유명요리로 재탄생시켰다고 전해진다.

차오판의 종류는 매우 다양하다. 고기를 넣어 볶는 주러우차 오판, 달걀을 넣는 단화차오판, 전복을 넣는 바오위차오판 등이 있다. 이 밖에 다양한 재료를 함께 사용하면 쌴셴(삼선)차오판, 스쩐차오판이라고 불린다. 가장 유명한 것은 '양저우楊洲차오판' 인데, 수나라의 양제로부터 유래된 것으로 알려졌다. 양제가 강남 지방으로 순시를 왔다가 양주의 달걀볶음밥에 반하게 되고, 이후 달걀볶음밥에 여러 가지 진기한 재료를 첨가해서 요리법을 발전시킨 것이 곧 궁중음식으로 정착하게 되었다.

그런데 양저우차오판이 유명해지자 가짜가 판을 치게 되었다. 그래서 양저우 시가 규제에 나설 정도라고 한다. 원조 양저우차오판의 재료는 안남미, 달걀, 해삼, 닭다리살, 햄, 패주, 새우살, 당근, 버섯, 완두, 파, 소흥주, 닭고기 육수, 식물성기름 등이다. 현재 우리가 즐기는 중국음식점의 볶음밥은 재료 수를 줄인 양저우차오판이라 할 수 있다.

스페인이 사랑하는 파에야

스페인은 요리가 매우 발달한 나라 중 하나다. 특히 기후나 지역적 특성에 따라 다양한 요리를 선보인다. 해안가에서는 해물요리가 발달했는데 지중해를 끼고 있는 해안가 본연의 특색이 잘 드러난다. 스페인의 중요한 식재료는 올리브기름이다. 스페인에서만 세계 전체 올리브의 44퍼센트가 생산된다. 북부 지방에서는 버터나 동물기름도 중요한 식재료로 사용한다. 스페인의 대표적 음식은 다양한 종류의 스튜, 미가스, 소시지, 하몽 등이다. 이 중에서 쌀로 만드는 대표적인 요리가 바로 '파에야paella'다. 파에야는 여러 가지 해산물을 재료로 하는 볶음밥의 일종으로, 8세기 무렵부터 시작된 이슬람 지배의 영향으로 동부 발렌시아 지방에서 시작되었으나 지금은 스페인 전역에서 즐겨 먹는 요리가 되었다.

재미있는 것은 요리의 이름인 '파에야'가 바닥이 얕고 둥근 모양에 양쪽으로 손잡이가 달린 프라이팬을 가리키는 말에서 유래했다는 점이다. 즉, 우리의 돌솥비빔밥처럼 조리도구나 그릇이 이름이 된 경우다. 그러나 지금은 쌀에 해산물이나 육류, 채소 따위를 넣고 만드는 스페인식 쌀요리로 더 널리 알려지게 되었다. 파에야에 사용하는 쌀은 우리나라 쌀과 흡사한데, 이슬람 문화권에서 들여온 것이라고 알려졌다. 8세기부터 스페인을 포함한 이베리아 반도 전역을 지배한 무슬림 지배자들이 쌀을 먹는 식습관과 재배 기술을 전한 것이다. 쌀은 스페인 전역에 광범위하게 퍼졌고 다양한 형태의 쌀요리가 등장했는데 그중 오늘날까지 가장 사랑받는 것이 바로 파에야다.

파에야의 주재료는 닭고기, 돼지고기, 쇠고기, 토끼고기 등의 육류와 오징어, 낙지, 새우, 가재, 게, 생선 등의 해산물 등이다.

만드는 방법은 다음과 같다. 닭고기나 쇠고기 또는 생선과 새우를 이용하여 육수를 만들어둔다. 그리고 프라이팬에 올리브유를 두르고 고기나 해산물 등의 재료를 넣고 살짝 볶아서 따로 준비한다. 프라이팬에 마늘, 양파, 피망, 콩, 토마토와 같은 여러 가지 채소를 넣고 볶는다. 채소가 익어 부드러워지면 쌀과 미리 준비한 재료들을 넣고 다시 볶은 다음 향신료인 사프란을 넣고 잘 섞는다. 육수를 넉넉히 붓고 중간 불에서 쌀을 익힌 뒤 뜸을 들이면 완성된다.

파에야는 대부분의 가정에서 일요일 점심 정찬으로 먹고 있는데, 전통적인 파에야는 따로 덜지 않고 팬을 동그랗게 둘러싸고 먹는 것이라고 한다. 지금도 축제 기간에는 거대 파에야를 만들어 함께 먹는다고 하니, 우리가 대형 비빔밥을 만들어 함께 먹는 것과 비슷하다. 파에야나 우리 비빔밥은 전통음식 중에서도 특히 나눔을 강조하는 음식이다.

일본인의 밥, 그리고 스시

일본은 우리나라와 마찬가지로 주식으로 쌀을 먹는 나라다. 밥을 주식으로 하고 반찬을 곁들이는 식사 형태도 우리와 흡사하다. 쌀도 우리나라에서 건너간 것이라는 견해가 유력하다. 따라서 일본인의 밥문화를 들여다보는 일은 여러모로 흥미롭다. 과거에 우리 민족의 밥 짓는 기술이 매우 뛰어나다고 중국인들이 감탄했는데, 현재는 일본인들의 밥 짓는 기술이 세계 최고라고 할 수 있다.

일본인들은 외식산업을 발달시키기 위한 첫 단계로 '맛있는 쌀밥 만들기'에 심혈을 기울였다. 맛있는 밥을 만들려면 무엇보다 과학적인 조리법과 표준화가 선행되어야 한다. 일본은 이러한 면에서 세계 최고인 셈이다. 일본 대부분의 식당에서 제공되는 밥은 품질이 뛰어나다. 무엇보다 밥맛이 한결같다. 쌀의 원산지 선택부터 도정 후 경과 시간, 밥 짓는 온도, 보관 등에 대한 관리를 철저히 한 덕분이다. 동네 식당에서조차 적당히 밥을 지어 팔지 않는다. 쌀밥 조리 기술의 노하우가 가장 잘 집약된 음식이 바로 '스시'다.

스시는 이제 전세계인들이 즐기는 일본음식이 되었다. 날생선을 전혀 먹지 않던 서양인들도 지금은 거금을 지불하고 일본 식당에 가서 서투른 젓가락질로 스시를 먹는다. 스시의 품질은 쌀밥 위에 얹는 생선에 의해 결정된다고 보곤 하지만 핵심은 오히려 밥이다. 최고 품질의 쌀로 제대로 조리된 밥의 감촉이 스시에서 가장 중요하다. 그래서 스시의 장인은 "스시 한 개에 들어가는 쌀의 개수를 센다"는 말도 있다.

우리나라는 현재 한식 세계화를 위해 정부 차원에서 애를 쓰는 중이다. 정책을 마련하여 막대한 예산을 들여가면서 세계 외식 무대로 진출하려고 노력하고 있다. 물론 일본에 비교할 때 뒤진 감은 있다. 일식의 세계화는 이미 1964년 도쿄올림픽을 계기로 시작되었으니까. 그때 중심이 된 음식이 바로 쌀밥을 주재료로 한 스시였다. 쌀밥에 대한 일본인들의 집착과 연구정신이 이를 가능하게 했다. 우리도 마찬가지다. 한식 세계화를 위해 많은 한식들을 내세우고 있지만 성공 가능성이 가장 큰 메뉴는 비빔밥이다. 민족음식인 김치는 다양화되고 있다 해도 밥과 함께 먹어야 비로소 빛을 발하는 음식이다. 물론 불고기나 잡채 같은 우수한 음식들도 있다. 그러나 이들 역시 부식에 지나지 않으므로 2퍼센트 부족하다. 일본음식 하면 떠오르는 '스시'처럼 한식 하면 떠오르는 대표선수는 '비빔밥'이다. 스시나 비빔밥 모두 한 끼니를 구성하는 주식으로 먹을 수 있기 때문이다. 따라서 일본의 스시처럼 비빔밥을 세계적인 음식으로 성공시키려면 무엇보다 쌀밥에 대한 진지하고 과학적인 연구가 필요하다.

인도네시아식 볶음밥 나시고렝

인도네시아는 1만 7500여 개의 섬과 2억 2000만 명이 넘는 인구를 자랑한다. 사용하는 언어만 해도 2,500여 종, 민족집단은 300여 개에 이른다. 세계 최대의 이슬람국가지만 불교, 힌두교, 기독교, 샤머니즘이 공존한다. 인도네시아에는 자바인, 순다인, 마두라인, 중국인 등이 섞여 살고 있기 때문에 요리도 다양하다. 이슬람교도는 돼지고기를 먹지 않는 대신 소, 물소, 양, 닭, 오리 등의 고기와 어패류를 많이 사용하며, 코코넛오일과 과육을 사용한다. 인도와 더불어 향신료의 본고장답게 다양한 향신료로 독특한 풍미를 낸다.

이처럼 복합적인 특성을 자랑하지만 인도네시아의 대표음식은 '나시고렝'이다. 여기에는 아무도 이견이 없다. 그러니까 인종과 민족과 종교는 다양해도 음식에는 대표요리가 있는 셈이다. 나시고렝은 그만큼 인도네시아 사람들이 즐겨 먹는 음식이다. 나시고렝은 쌀요리다. 해산물이나 닭고기, 돼지고기, 쇠고기 등을 각종 채소와 함께 넣고 특유의 향신료로 양념하여 센불에서 단번에 볶아낸 것이다. 말레이인도네시아어로 '나시'는 밥, '고렝'은 튀기다, 볶다의 의미를 갖고 있다.

나시고렝은 인도네시아 전통요리지만 중국 볶음밥과 비슷하다. 실제로도 중국과 관련이 깊다. 나시고렝의 기본 재료인 쌀의 기원에 관해서는 설이 분분하다. 그러나 기원전 9000~6000년 사이에 중국 양쯔강에서 시작해 동남아시아로 퍼져나간 것으로 알려져 있다. 또한 나시고렝을 만드는 가운데가 우묵한 프라이팬 '웍wok'도 중국에서 전해진 것이다. 나시고렝이 중국식 볶음밥과 다른 점은 '케찹 마니스kecap manis'라는 단맛의 간장으로 밥을 요리한다는 점이다. 케찹은 인도네시아어로 발효된 소스, 즉 장류를 뜻한다. 인도네시아에는 간장이 두 종류 있다. 케찹 아신kecap asin은 묽으면서 짠맛이 강하고 케찹 마니스는 끈적하고 달콤하다. 인도네시아식 볶음밥인 나시고렝에는 케찹 마니스가 반드시 들어간다. 나시고렝은 짙은 갈색을 띠는데 이는 케찹 마니스 때문이다.

나시고렝은 기본적으로 단순한 음식이다. 그러나 여기에 다양한 음식이 곁들여진다. 달걀, 닭, 사테(꼬치요리), 새우 등의 해물에 뻥튀기와 비슷하게 생긴 크로폭이라 불리는 튀김과자를 곁들이기도 한다. 고급식당일수록 나시고렝에 들어가는 재료가 다양하다. 나시고렝을 만들려면 먼저 해산물 또는 고기 등의 주재료를 볶은 다음 따로 담아놓아야 한다. 그러고 나서 달군 팬에 달걀을 스크램블처럼 풀어서 익힌 다음, 밥과 케첩 마니스를 넣고 볶는다. 여기에 양파·마늘 등을 다져서 넣고 볶다가 완두콩과 옥수수 등의 채소를 넣는다. 채소가 익으면 미리 준비한 주재료를 넣어 함께 볶는다. 마지막으로 잘게 다진 토마토를 넣어 고루 섞으면 완성된다. 기호에 따라 땅콩소스나 칠리소스 등과 함께 먹는다.

나시고렝의 기본 재료는 위에서 알 수 있듯 쌀과 간장이다. 우리에게도 친숙한 재료들이다. 우리도 쌀밥에다 간장과 참기름을 넣고 비벼 먹거나 볶아 먹기도 했고, 여기에 달걀프라이를 넣고 비벼 먹기도 했으니까. 우리가 먹는 것과 비슷한 쌀밥요리를 인도네시아에서도 만날 수 있다니, 매우 흥미로운 일이다.

달콤하게, 때로는 담백하게 즐기는 베트남 쌀국수

쌀국수는 베트남, 태국 등 동남아시아에서 밥만큼 자주 먹는 주식이다. 우리나라에 잘 알려진 것은 베트남식 쌀국수인 '퍼 pho'이다. 2000년경 한국에서 첫선을 보인 후 유행하기 시작한 베트남 쌀국수는 이제는 가장 손쉽게 발견하는 외국요리의 한 종류가 되었다. 이 기간 동안 한식 세계화 정책이 막대한 정부

예산으로 시행되었지만 우리 식당이 외국에 진출해 성공했다는 소식은 듣기 어려웠다. 반대로 베트남 쌀국수는 한국인이 가장 즐겨 찾는 음식이 되었다고 해도 과언이 아니다. 이 성공 배경은 쌀을 주식으로 하는 같은 쌀문화권인 한국에서 쌀국수라는 재료가 친숙하게 받아들여졌기 때문으로 보인다.

베트남은 대표적인 농업국가다. 전국민의 70퍼센트 이상이 농업에 종사한다. 쌀을 경작하는 데 최적의 자연환경을 갖추고 있어 연간 최대 3모작도 가능하다. 그래서 베트남의 한 해 쌀 생산량은 베트남 전체 농업 생산량의 절반에 육박한다. 이처럼 풍부한 쌀을 가공하여 만든 음식이 바로 쌀국수 '퍼'다. 퍼는 베트남 사람들이 분주한 아침에 간편한 식사로, 혹은 출출할 때 가볍게 먹을 수 있는 간식으로 사랑받는 매우 대중적인 음식이다. 쫄깃하게 삶아낸 면발에 쇠고기나 닭고기 육수를 넣고 신선한 채소를 듬뿍 곁들여 먹으므로 건강식이기도 하다.

하지만 베트남에서 퍼의 역사는 그리 길지 않다. 유래에 관한 설도 분분하다. 지금으로부터 100여 년 전인 19세기 말 방직공업이 번성했던 남딘Nam Dinh의 공장에서 하루 일과를 마친 노동자들이 고깃국물에 국수를 말아 먹던 것이 시초라는 설이 있다. 또 다른 설은 프랑스의 채소수프인 '포토푀Pot au feu' 유래설이다. 19세기 초 베트남에 소개된 프랑스요리 포토푀가 베트남의 식재료에 맞게끔 변형되었다는 것으로, 퍼 국물을 만들 때 사용되는 구운 양파와 생강이 포토푀를 만들 때 사용되는 것과 동일하고, 베트남 이외의 다른 아시아 국가에서는 이러한 조리 방법을 쓰지 않는다는 사실도 이 설을 뒷받침한다. 또 예로부터 베트남 농경사회에서는 노동력을 중요하게 생각해서 소를 신성시했다. 소를 식용하는 일이 드물었던 베트남에서 쇠고기 육수를 냈다는 사실은 프랑스인들과의 교류를 통해 퍼가 만들어졌다는 설을 지지한다.

퍼는 하노이 인근에서 서민들에게 사랑받는 대중음식으로 자리 잡은 후, 1950년내에 이르러 남부 지방과의 교류가 급속히 이루어지는 과정을 통해 베트남 대표음식이 되었다. 1954년 '제네바협약'으로 북부 지역은 월맹공산정권이 수립되고 프랑스군은 북위 17도선 이남으로 철군한다. 그 당시 남하한 사람들 중 상당수는 정치적인 신념이나 종교적인 문제 때문에 사이공 등의 대도시 주변에 자리 잡거나 해외로 망명을 떠나게 되었고, 이들은 생계를 위해 음식점을 차리거나 퍼를 등에 메고 다니면서 팔기 시작했다. 이렇게 시작된 퍼는 짧은 시간에 급속도로 남쪽 사람들의 입맛은 물론, 전세계인의 입맛까지 사로잡게 된다.

퍼는 들어가는 재료에 따라서, 혹은 육수의 종류에 따라 수십 가지 맛으로 나눌 수 있는데 지역마다 특색이 있다. 기본적으로 퍼는 쇠고기 육수에 숙주와 고수를 얹은 뒤 새콤한 라임즙을 짜넣어 함께 먹는다. 퍼의 맛을 내는 중요한 요소는 육수에 있다. 퍼는 쇠꼬리와 갈비, 사태에 계피 등의 향신료를 함께 넣어 오랫동안 우려낸 달콤한 육수에 쇠고기 편육을 얹어 먹는 쇠고기 쌀국수인 '퍼보Pho bo', 그리고 닭의 고기와 뼈를 푹 고아서 낸 담백한 닭국물에 닭살을 찢어 올린 닭고기 쌀국수인 '퍼가Pho ga' 두 종류로 나뉜다. 달고 기름진 음식을 선호하는 베트남 남부 사람들은 퍼보를 즐겨 먹는 반면, 담백한 맛을 즐기는 북부 사람들은 퍼가를 선호한다. 쌀국수를 통해 베트남 사람들의 지역 간 입맛 차이도 엿볼 수 있는 걸 보면, 음식이야말로 문화를 재는 척도라는 생각이 든다.

향신료를 듬뿍 사용하는 인도요리

인도요리는 프랑스요리, 중국요리 등과 어깨를 나란히 한다. 그만큼 전세계인이 즐기는 음식 중 하나다. 인도음식의 가장 큰 특징은 다양한 향신료를 듬뿍 사용한다는 점이다. 인도대륙은 매우 광활하여 지역, 민족, 종교, 계층에 따라 요리에도 변화가 크다. 크게 남부 인도요리와 북부 인도요리로 나누는데, 각각 채식요리와 비채식요리가 발달했다. 남부 인도요리는 쌀밥이 주식이고, 유제품보다 코코넛밀크를 많이 사용한다. 향신료도 북부 인도의 커민 대신 겨자와 커리리프*를 즐겨 사용한다. 겨자기름이나 참기름도 많이 쓴다. 채식주의자가 많아서 채소와 콩요리가 발달했지만, 생선을 사용한 요리도 많다.

인도의 주식은 크게 밥 종류와 빵 종류로 나눈다. 밥을 먹을

---

* 열대 지역이 원산지인 커리나무의 잎. 남아시아에서 커리나 고기요리에 쓰이는 향신료로, 요리가 완성되면 잎은 제거한다.

때는 보통 여러 가지 커리를 밥과 함께 손으로 비벼 먹는다. 커리와 함께 콩국인 달을 비벼 먹기도 한다. 북부 인도에서는 길쭉한 인디카종 쌀을 많이 먹고, 남부 인도에서는 자포니카종과 비슷하게 알이 둥근 쌀을 주로 먹는다. 그러나 쌀에 찰기가 적으며 조리법도 찰기를 억제한다. 정찬(미루스)은 바나나잎을 접시처럼 놓고 그 위에 쌀, 삼바르(매운 스튜), 라삼(수프), 요구르트, 아차루(고추절임), 처트니(달콤새콤한 소미료) 등을 담아 손으로 비벼 먹는다.

발효시키지 않고 화덕에 구운 납작한 빵인 '난naan'은 중앙아시아에서 유래했다. 난에는 여러 종류가 있는데, '차파티chapti'는 반죽을 밀대로 납작하게 밀어서 호떡처럼 부친 것이고, '루말리rumali'는 손수건만큼 얇게 굽는 빵이다. 보통 난이라고 하면 이들보다 좀 더 두껍게 부친 것을 이른다. 일반적인 빵을 가리키는 말은 '로티roti'다.

구스토gusto! 이탈리안 리소토

이탈리아음식 하면 대부분 스파게티를 떠올리지만, 스타게티는 파스타의 일종이고 파스타는 밀가루로 만든 음식을 아우르는 이탈리아말이다. 오래전 이탈리아로 여행을 갔다가 현지음식으로 스파게티를 주문했는데, 우리 식으로 국물이 있는 푹 삶은 음식이 나와 당황한 적이 있다. 한국인에게 익숙한 스파게티로 고안해낸 메뉴인 셈이지만 나의 이탈리아 스파게티에 대한 추억은 실망스럽게 남았다. 이탈리아 북부 지역에서는 파스타보다 리소토를 더 많이 먹는다. 이탈리아식당에 가면 다들 파스타를 시키지만, 밥을 좋아하는 나는 우리 밥과 유사한 리소토를 꼭 챙겨 먹는다.

리소토risotto는 팬이나 냄비에 버터를 두른 뒤 쌀을 볶다 화이트 와인과 육수를 넣고 졸여낸 음식이다. 기호에 따라서 해산물이나 다양한 버섯 종류를 첨가하여 만들 수 있으며 우리나라의 죽보다 좀 더 단단한 쌀맛이 우러나는 게 특징이다. 쌀을 볶을 때 심(쌀의 가운데 있는 단단한 부위)이 반 정도 남아 있을 정도로 볶고, 완성되기 직전 적절한 시간 동안 뜸을 들여야 제맛이 난다. 완성된 리소토는 접시를 기울였을 때 끈적끈적한 느낌이 나야 하는데, 베네치아 사람들은 이 상태를 '알론다all'onda'라고 표현한다. 리소토를 만들기 위해서는 수분 함량이 적은 쌀이 제격이다. 이탈리아 사람들은 카르나롤리, 아르보리오, 비아로네-나노 품종을 최적으로 친다. 리소토는 식사의 시작인 프리모 단계에서 먹으며, 완성된 리소토 위에는 치즈 가루를 뿌려 풍미를 배가시킨다.

이탈리아에서 인기 있는 리소토 중 하나인 밀라노의 '사프란리소토'는 값비싼 향신료인 사프란을 사용해 노란색을 내는 것이 특징이다. 16세기 초 성당의 스테인드글라스 창문에 색을 입히기 위해 사용하던 사프란을 한 일꾼이 요리에 응용하게 된 후부터 사프란리소토는 인기를 끌게 되었고 지금까지 이어지고 있다. 소시지와 아티초크를 넣고 구워낸 리소토는 리구리아 지역에서 전통적으로 내려오는 리소토다. 다른 리소토와 달리 일정 시간 전에 미리 만들어놓아야 하는데, 이 과정에서 아티초크의 맛이 리소토에 충분히 배어든다. 또한 송아지의 흉선sweetbread 부위를 넣는 것이 특징인데 어린 송아지의 흉선은 부드럽고 섬세한 맛을 지니기 때문에 다른 재료들과 함께 조리하면 훌륭한 풍미를 낸다.

리소토는 이탈리아 정찬에서는 전채요리와 메인요리 사이에 가볍게 먹지만, 가벼운 점심식사에는 리소토만 일품요리로 먹는다. 파스타와 마찬가지다.

북아프리카인들의 밥, 쿠스쿠스

쿠스쿠스couscous는 모로코, 튀니지, 리비아, 이집트 등의 지중해 지역에서 많이 먹는 것으로, 동그스름하고 노르스름한 작은 알갱이다. 듀럼밀을 1밀리미터 정도의 작은 알갱이로 만들고 다시 밀가루로 겉을 감싸 만든 것으로, 언뜻 보면 좁쌀처럼 보인다. 모로코와 알제리 북부에서는 밀이나 보리 외에 옥수수, 도토리 등을 재료로 사용하기도 한다.

우리가 "밥을 먹는다"고 할 때 대개 쌀밥을 먹거나 잡곡밥을 먹는 것처럼 쿠스쿠스는 서아시아와 북아프리카인들의 밥을 먹는다는 개념에 맞는 기본 음식이다. 쿠스쿠스는 한국의 밥과 마찬가지로 대개 반찬을 곁들여 먹는다. 프랑스, 스페인, 서아프리카, 시칠리아섬 등에서도 많이 먹는데, 밥을 지을 때처럼 쿠스쿠스를 익힌 뒤 접시 바닥에 깔고, 그 위에 양고기, 생선 등의 음식을 얹거나 스튜(찌개) 등을 끼얹어 먹는 것이 일반적이다.

과거에는 집집마다 쿠스쿠스를 만들었지만 요즘은 공장에서 대량 생산한 쿠스쿠스를 가게에서 사다 먹는다. 집에서 냄비에 물을 끓이고, 물이 끓으면 쿠스쿠스를 넣어 익혀 먹는 것이다. 그렇지만 지금도 결혼식과 같은 잔칫날에는 쿠스쿠스 전문가를 불러 수제 쿠스쿠스를 준비해 손님을 대접한다.

쿠스쿠스는 북아프리카의 원주민인 베르베르라는 유목민족이 발명한 것으로 알려져 있다. 베르베르족은 사하라 등 북아프리카 사막을 1년 내내 이동하며 살아간다. 무엇보다 영양이 풍부하면서 쉽게 상하지 않는 음식이 필수적이었으며, 만드는 방법도 단순해야 했을 것이다. 쿠스쿠스는 이러한 조건에 맞는 음식이다. 쿠스쿠스는 곡물가루가 물에 젖으면서 형성된 글루텐이 표면에 막을 형성해 산소와의 접촉을 차단하므로 쉽게 상하지 않고 장기간 보관이 용이하다. 제조 과정도 국수에 비해 간단하다. 그러면서 저렴하다는 장점도 있다. 즉 베르베르족은 생존을 위해 쿠스쿠스를 만든 것이다.

쿠스쿠스를 언제부터 먹었는지는 확실하지 않다. 쿠스쿠스를 만들 때 쓰이는 듀럼밀은 10세기경 아랍인들에 의해 에티오피아에서 북아프리카에 전해졌다고 한다. 또한 쿠스쿠스는 이슬람과 아랍 세력이 지배하던 스페인의 안달루시아 지방에서 쓰인 문서에 13세기경부터 자주 등장한다고 한다. 그래서 음식학자들은 쿠스쿠스가 11세기경에 탄생했다고 추정한다. 쿠스쿠스는 베르베르인에 의해서 북아프리카 전역과 서아프리카, 남유럽과 중동으로 전해졌다. 이탈리아의 시칠리아섬에는 '쿠스쿠스 트라파네제'라는 음식이 있고 이 트라파네제은 남미대륙의 브라질에도 있다. 또한 모로코, 알제리, 튀니지 등 북아프리카 사람들이 자신들을 식민 통치한 프랑스로 이주하면서 쿠스쿠스가 프랑스에 소개되었다고 한다. 현재는 북아프리카 출신은 물론, 프랑스인들도 쿠스쿠스를 즐겨 먹는다. 아마도 중동과 북아프리카인들에게 쿠스쿠스는 한국인의 밥과 같은 상징적인 음식일 것이다.

4부

밥의 과학

지금부터는 특별히 '밥의 과학'에 지면을 할애한다. 밥에 대해 인문학적으로 접근하기 위해 시작한 이야기지만, 인문학도 궁극적으로 과학적인 사실에 근거해야 한다고 믿는 탓이다. 밥에 관한 모든 논의 역시 그동안 인류가 축적한 밥과 쌀에 대한 기초적인 과학지식 위에서 이루어져야 한다.

세계의 민족은 음식을 잣대로 볼 때, '주식으로 밀가루로 만든 빵을 먹는 민족'과 '쌀로 지은 밥을 먹는 민족'으로 크게 나눌 수 있다. 그런데 오랜 시간이 지난 지금, 빵을 주식으로 하는 서구권 민족들이 비만 등 성인병에 시달리고 있다는 사실이 밝혀졌다. 반면, 밥을 주식으로 하는 민족들은 서구에 비해서 성인병에서 비교적 자유롭다. 무슨 이유일까? 수치로 따지자면 밀가루에 함유된 영양분이 쌀보다 높다. 문제는 그 영양소의 질이나 흡수율이 쌀보다 떨어진다는 점이다. 그래서 우리는 '쌀이 밀가루보다 상대적으로 우수하다'고 말하는 것이다.

이제부터 쌀이 밀가루보다 낫다고 말하는 근거, 그리고 과학적인 밥짓기를 살펴본다.

밥 먹는 법

정호승

밥상 앞에
무릎을 꿇지 말 것
눈물로 만든 밥보다
모래로 만든 밥을 먼저 먹을 것

무엇보다도
전시된 밥은 먹지 말 것
먹더라도 혼자 먹을 것
아니면 차라리 굶을 것
굶어서 가벼워질 것

때로는
바람 부는 날이면
풀잎을 햇살에 비벼 먹을 것
그래도 배가 고프면
입을 없앨 것

쌀의 이해

쌀은 정말 밀보다 우수할까?

쌀은 밀보다 우수하다. 영양소들이 질적으로 우수하다는 것이다. 보통 쌀은 탄수화물만 있는 식품이라고 알고 있는데 그건 사실이 아니다. 쌀에는 79퍼센트 정도의 탄수화물 외에 7퍼센트 정도의 단백질이 함유되어 있는데, 이 쌀 단백질의 질이 매우 좋다. 단백질 구성 비율만 보면 밀이 10퍼센트로 쌀보다 더 높다. 그러나 체내 이용률을 표시하는 기준인 단백가로 보면 밀가루는 42인 반면 쌀은 70이다. 쌀이 밀가루보다 더 우수하다고 말하는 근거다. 특히 쌀 단백질에는 필수 아미노산인 '리신 lysine'이 밀가루나 옥수수, 조보다 두 배나 많을 뿐만 아니라 몸에 흡수되어 활용되는 정도가 다른 곡식보다 높다. 그래서 질적인 면에서는 식물성 식품 중 쌀이 가장 우수한 것으로 평가받는다. 그런 이유에서 밀을 주식으로 하는 사람들이 빵을 먹으면서 고기를 같이 먹어 단백질을 보충하는 반면, 쌀을 상식하는 사람들은 특별히 고기를 많이 섭취할 필요가 없다.

쌀은 특히 자라나는 어린이나 청소년에게 좋다. 칼슘과 철, 인, 칼륨, 나트륨, 마그네슘 같은 미네랄이 함유되어 있고, 발암물질이나 콜레스테롤 같은 독소를 몸 밖으로 배출시키는 섬유질이나 비타민B$_1$ 등과 같은 다양한 영양분을 함유하고 있기 때문이다. 그래서 우리 조상들이 예로부터 밥과 국 그리고 김치나 반찬 한두 가지로 식사를 마친 것이다. 쌀을 주식으로 먹으면 영양 과잉도 막을 수 있으니 일석이조 아닐까? 쌀은 밀가루나 다른 곡물에 비해 소화도 잘 된다. 쌀에 있는 탄수화물의 소화흡수율이 98퍼센트에 달한다고 하니, 남녀노소 모두 부담을 느끼지 않고 먹을 수 있는 대단한 식품이다. 신생아에게 주는 최초의 이유식으로 쌀로 만든 미음을 먹이는 것도 이런 맥락에서다.

하지만 쌀이 무조건 좋기만 한 것은 아니다. 세상에 하자 없는 식품이 어디 있겠는가? 쌀도 마찬가지다. 우선 빵 종류의 음식에 비해 휴대하기가 불편하다. 쌀에는 수분이 많아 중량이 많이 나가기 때문이다. 또 수분이 많으니 여름철에 부패하기도 쉽다. 또 맛이 좋은 덕분에 밥을 위주로 먹게 됨으로써 비타민B$_2$나 일부 아미노산 같은 영양분이 결핍될 수도 있다. 물론 이런 단점은 거꾸로 장점도 된다. 수분이 많으니 먹기 쉽고 소화

[표 9] **밥 한 공기(210g)의 영양가** [36]

열량	313kcal	에너지의 근원
당질	69.1g	활동 에너지원
단백질	5.9g	근육, 피, 세포의 구성
지질	0.4g	저장과 에너지원
비타민B_1	0.09mg	당질대사, 신경계 필요
비타민B_2	0.03mg	단백질대사 필요
칼슘	12.6mg	골격, 치아 형성
철	1.2mg	빈혈 예방, 혈액 구성
마그네슘	10.5mg	동맥경화 방지
아연	0.9mg	피부 재생 도움, 항당뇨
식이성 섬유소	0.45g	변비나 대장암 예방

흡수가 좋다. 또 조리법 역시 간단해서 다른 곡식이나 채소, 어 패류 등을 섞어서 밥을 짓는 데 문제가 없다. 빵을 만들 때처럼 많은 도구나 기구가 필요하지 않아 쉽게 밥을 지을 수 있는 것 이다. 그러고 보면 쌀은 역시 훌륭한 식품임에 틀림없다.

쌀밥의 영양소

밥에는 탄수화물과 단백질뿐 아니라 비타민과 무기질 등 거 의 모든 영양소가 고루 함유되어 있다. 그 함량이 필요량에는 미치지 못하는 경우가 있지만, 부식을 골고루 먹으면 영양 결핍 을 걱정하지 않아도 좋다. 그런데 어떤 상태로 쌀을 먹느냐가 중요하다. 백미, 7분도미 및 현미를 조리했을 때를 비교하면 그 차이가 매우 크다. 백미(100퍼센트 도정)에는 비타민이 거의 없으나 7분도미(70퍼센트 도정)에는 23퍼센트, 현미에는 30퍼센트나 비타민과 무기질이 잔존한다. 영양밥을 지으려면 7분도미나 현미를 압력솥에 조리하는 것이 바람직하다. 또 쌀에 차조, 보리, 수수, 기장, 완두콩 등을 섞어 잡곡밥을 지으면 성인병을 예방할 수 있다. 그러나 백미에도 장점은 있다. 소화흡수율이 현미에 비해 뛰어나서 소화가 잘 안 되는 어린이나 노인은 백미를 선택하면서 반찬을 고루 갖추어 먹는 편이 더 좋다.

발아현미에는 비타민E가 풍부하다. 비타민E는 체내 세포나 혈관의 젊음을 유지시켜 노화방지 비타민이라 불린다. 하지만 도정 과정에서 배아가 깎여나간 백미에도 혈중 콜레스테롤을 떨어뜨리는 리놀산linolic acid이 함유되어 있다. 그뿐 아니다. 쌀과 쌀겨에는 혈압을 조정하는 성분도 있다. 현미는 백미에 비하여 당질의 함량만 적을 뿐 거의 모든 영양소가 더 많다. 지방질은 백미에 1.0퍼센트, 현미에 2.5퍼센트 들어 있다. 또 단백질은 백미에 6.8퍼센트, 현미는 7.2퍼센트 들어 있다. 조섬유와 회분도 많이 함유되어 있다. 현미는 백미에 비해 식미가 떨어지고 소화율이 낮지만 그 덕분에 오히려 다이어트식으로 섭취하는 데 무리가 없다. 하지만 모든 일이 그렇듯 남들이 좋다고 해서 무작정 따라할 건 아니다. 현미도 마찬가지다. 현미든 백미든 자신의 몸 상태에 맞게 선택해야 한다.

현대인이 과잉 섭취하는 것 가운데 가장 문제가 되는 영양소

[표 10] 쌀의 기능성 성분과 효능 [37]

성분	효능
필수 아미노산	성장발육 촉진, 두뇌 발달, 기억력 개선
GABA	고혈압 저하, 숙취 해소, 알콜중독 치료
식이섬유(저항전분)	당뇨병, 고혈압 예방
항산화 성분(오리자놀 등)	지방간, 동맥경화 예방과 치료
미네랄 성분(칼슘, 철 등)	빈혈, 골다공증 예방
PEP 저해물질	알츠하이머(치매) 예방

〈그림 24〉 쌀의 성분

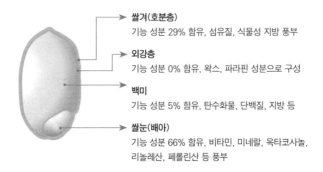

쌀겨(호분층)
기능 성분 29% 함유, 섬유질, 식물성 지방 풍부

외강층
기능 성분 0% 함유, 왁스, 파라핀 성분으로 구성

백미
기능 성분 5% 함유, 탄수화물, 단백질, 지방 등

쌀눈(배아)
기능 성분 66% 함유, 비타민, 미네랄, 옥타코사놀, 리놀레산, 페롤린산 등 풍부

는 단연 지방이다. 하지만 쌀밥에는 다행스럽게도 지방은 적게 함유되어 있다. 그래서 빵을 먹는 것보다 훨씬 유리하다. 식빵은 대부분 그냥 먹기 힘들어 다른 부재료, 특히 마가린이나 버터를 발라서 먹는 경우가 많으므로 쌀밥보다 지방을 많이 섭취하게 된다. 쌀에 포함된 지방산 조성을 보면 불포화지방산과 포

화지방산의 비율이 각 65:35이다. 불포화지방산이 훨씬 많고 그중에도 필수지방산인 리놀레산linoleic acid과 리놀렌산linolenic acid이 60퍼센트가량 함유되어 있어 질이 매우 우수하다.

옛날부터 우리나라 사람들의 주요 단백질 공급원은 밥이었다. 쌀에 부족한 아미노산인 리신 등은 콩에서 보충할 수 있었기 때문에, 콩으로 만든 된장국이나 된장찌개와 쌀밥은 궁합이 잘 맞는 음식이었다. 물론 쌀 단백질의 경우는 콩 단백질에 비하면 리신과 트레오닌threonine이 적지만 그 밖의 필수 아미노산은 잘 갖추어져 있어 식물성 단백질 중에서는 상위에 속한다. 최고의 영양식품이라고 하는 우유 단백질을 쌀 단백질과 비교하는 것은 터무니없는 일 같지만, 아미노산 조성이 아닌 몇몇 특성에 대한 연구에서는 제한적이긴 해도 오히려 쌀 단백질의 기능이 우수한 것으로 나타났다.

우유 단백질과 쌀 단백질을 실험동물에 투여하여 분변 중에 배설되는 지방질 성분과 담즙산 함량을 조사했더니 쌀 단백질의 투여에 따른 중성지질 배설량이 우유 단백질에 비해 60퍼센트가 높은 것으로 나타났다. 중성지질대사 촉진효과가 있다는 뜻이다. 또 총 콜레스테롤대사에 미치는 영향에 대한 실험에서도 쌀 단백질 투여가 우유 단백질에 비해 총 콜레스테롤 배설량이 70퍼센트가량 더 높은 것으로 드러났다. 게다가 콜레스테롤대사를 촉진한다는 실험 결과도 나왔다.

쌀에는 이러한 영양성분 이외에도 〈표 10〉에서 보듯이 여러 가지 기능성 성분이 함유되어 있다. 〈그림 24〉를 보면 알겠지만 대부분의 기능성 성분들은 주로 쌀눈인 배아에 들어 있다. 따라서 이러한 기능성 성분들을 생각한다면 백미를 먹는 것보다 현미를 먹는 것이 유리하다. 최근에는 이러한 기능성 성분들을 강화한 기능성 쌀도 나오고 있다. 기능성 쌀은 기능성 식품의 개발은 물론, 화장품 재료로 이어지고 있으니 쌀이 가진 잠재력은 실로 무한하다.

쌀밥에 대한 몇 가지 오해

쌀은 밀에 비해 영양적으로 우수하고 인류의 오랜 친구가 되어준 훌륭한 식품이다. 그러나 최근 들어 쌀밥에 대한 오해도 만만치 않게 대두되고 있다. 무엇이 문제일까? 우선, 밥은 종종 비만과 당뇨병의 원인으로 지적된다. 흰쌀밥을 먹을 경우 많은 영양소가 들어 있는 쌀겨와 쌀눈을 제거하게 되므로 영양소의 손실이 큰 것은 사실이다. 그러나 밥만 먹는 사람은 거의 없다. 밥을 먹기 위해서 반찬을 곁들이므로 밥을 주식으로 먹는다 해도 크게 문제될 것은 없다.

물론 현미는 백미에 비해 좋은 영양소가 많다. 그러나 소화 흡수율이 백미보다 많이 떨어진다. 특히 현미에는 파이테이트phytate라는 섬유성 성분이 다량 들어 있어 체내에 들어가면 칼슘과 결합하여 우리 몸의 칼슘을 몸 밖으로 끌고 나간다. 따라서 소화에 자신이 있는 건강한 상태라면 현미를 선택하는 것이 좋지만, 나이가 많거나 골다공증이 염려되는 경우라면 현미보다는 백미를 선택하는 것이 유리하다.

밥에 대한 오해 중 가장 흔한 것이 '마른 비만'의 원인으로 쌀밥 섭취를 지목하는 것이다. '마른 비만'이란 우리나라 사람에게 많이 나타나는 증상으로, 팔다리는 가는데 배만 나온 체형을 말한다. 이 마른 비만에 의한 당뇨병도 쌀밥 위주의 식사가 원인이라고들 주장한다. 과연 그럴까? 우리 몸은 하루 활동을 위해서 에너지원인 당질을 필요로 한다. 당질 대신에 지방과 단백질을 에너지원으로 쓸 수도 있지만 여기엔 한계가 있다. 또 지나칠 경우 몸이 산성으로 기우는 산독증을 유발할 수도 있다. 그래서 오랜 기간 인류는 쌀 혹은 밀을 당질 공급원으로 선택한 것이다. 인체의 현명한 선택이다. 생각하면 매우 신비로운 일이기도 하다. 그런데 쌀 전분은 밀 전분에 비해 소화흡수가 느리다. 이것이 급격한 혈당 상승을 방지하므로 비만과 당뇨병 예방에 효과적이다. 쌀의 전분을 '저항성 전분'이라고 부르는 것은 이런 이유에서다. 우리가 걱정하는 비만과 당뇨병은 쌀보다는 서구식 식습관과 육류지방 섭취가 주요 원인이다. 비만으로 고생하는 서구사회에서 쌀의 영양학적 가치에 주목하고 있는 작금의 상황을 보아도 알 수 있다. 우리가 외면하는 쌀이 서구에서는 인기 상종가다. 다양한 쌀 다이어트는 물론, 쌀을 소개하는 서적까지 인기를 누리고 있으니까!

쌀밥, 그리고
건강의 탄생

쌀밥과 당뇨병

쌀밥 등에서 탄수화물을 섭취하면 일정 시간까지는 혈당량이 증가하고 이에 따라 인슐린 분비량이 증가한 후에 다시 감소하여 정상 혈당 수준을 유지하게 된다. 식후의 빠른 혈당량 증가나 이에 따른 인슐린 분비량의 급격한 증가는 당뇨환자에게 가장 좋지 않다. 그래서 식품의 혈당지수glycemic index, GI가 높을수록 당뇨에는 해롭다.

쌀밥을 섭취하면 감자, 옥수수, 식빵을 섭취할 때에 비해 인슐린의 분비량이 서서히 증가한다는 연구 보고가 최근 발표되고 있다. 쌀밥은 서구인들의 빵보다 당뇨병 예방과 관리에 비교적 적합한 식품이다. 콩이나 잡곡 등을 섞어서 밥을 지으면 더욱 효과적이다. 더구나 쌀밥을 먹을 때 함께 먹는 생선이나 김치, 나물 같은 반찬류는 빵을 먹을 때 함께 먹는 음식에 비해 혈당의 급격한 상승을 억제하는 데 효과적이므로, 종합적인 측면에서 볼 때도 밥이 당뇨 예방에 효과가 있을 것으로 생각된다.

우리 몸은 음식이 체내에 들어왔을 때 연소하기 쉬운 에너지원부터 먼저 이용한다. 같은 탄수화물이라고 해도 밥과 빵, 설탕이 체내에 미치는 영향은 각각 다르다. 체내 혈당이 높으면 인슐린이 분비되어 혈액 속의 당을 글리코겐으로 합성해 저장하게 되는데, 빵과 설탕은 혈당량을 급격하게 높였다가 급격하게 떨어뜨리기 때문에 항상성 유지에 어려움을 느낀다. 그러나 밥을 먹으면 혈당량이 완만하게 올라갔다가 내려오기 때문에 체지방 합성을 촉진하는 인슐린 분비를 자극하지 않는다. 결국 적당량의 밥을 꼬박꼬박 먹는다는 것을 항상성을 유지하려는 신체 구조에 거스르지 않으려 노력한다는 말이다. 밥을 섭취한 사람의 혈중 인슐린 농도는 빵이나 감자를 먹은 사람보다 낮게 나타난다.

최근 동물을 이용한 연구에서 혈당지수가 높은 탄수화물을 먹이면 비만 위험이 증가한다는 것이 밝혀졌다. 수컷 쥐에게 식이 실험을 한 결과, 18주 동안 혈당지수가 높은 식이를 한 쥐는 저혈당지수 식이를 한 쥐보다 체중이 71퍼센트 더 무거웠다. 그런데 이 혈당지수는 일반적으로 흰빵이 흰쌀밥보다 높다. 그런데 같은 쌀밥이라면 백미밥이 현미밥보다 혈당지수가 높으므로, 당뇨가 있는 경우에는 현미밥을 선택하는 것이 혈당을 조절하는 데 좋다.

아침밥을 먹으면 수능 성적이 올라간다고?

아침밥을 먹어야 하는지 아니면 먹지 말아야 하는지에 대해 의견이 분분하다. 대부분의 영양학자들은 아침밥을 먹는 것이 좋다고 하지만 간혹 살을 빼기 위해서는 안 먹어도 좋다고 말하기도 한다. 그런데 활발한 두뇌 활동을 원한다면 아침밥을 꼭 먹을 것을 권한다. 실제로 밤늦게까지 활동하다 보면 아침에 일어나기 힘들고, 일어나더라도 아침을 먹고 싶은 생각이 들지 않는 경우가 많다. 우리 몸은 활동하지 않는 동안, 즉 수면 시에도 근육이나 간에 저장된 글리코겐이라는 에너지원을 소비한다. 따라서 아침에 잠에서 깰 때쯤이면 이미 글리코겐을 많이 소비한 이후라서 우리 몸은 에너지원이 부족한 상태가 된다. 에너지를 보충해야 하는 게 당연하다.

아침밥을 거르면 신체나 뇌가 배고픈 상태에서 무리하게 움직이기 시작한다. 체온도 낮고 뇌 활동도 적은 수면 상태의 신체 조건에서 그대로 활동해야 하는 경우가 되는 것이다. 그러면 기초대사가 저하되고 지방을 분해하는 능력이 떨어져 살찌기 쉬운 체질로 변하게 된다. 아침밥을 먹으면 살이 찐다고 생각하지만 사실은 오히려 반대다. 밥은 천천히 소화되기 때문에 혈당치가 장시간 안정 상태로 유지된다. 소위 만복감을 오래 유지할 수 있다는 장점이 있다. '밥은 당질이다'라는 인식 때문에 밥을 먹으면 살찐다고 생각하는데, 이는 오산이다. 당질이 부족하면 체내 지방을 연소시키느라 처음에는 살이 빠지는 효과가 있는 것처럼 보인다. 하지만 이 상태가 오래 지속되면 체내대사에 이상을 가져오게 된다.

아침에 곡류를 꾸준히 섭취하는 것은 체중 관리에 도움을 주고, 아이들의 학습 능력을 향상시키며, 무엇보다 하루 종일 기분을 좋게 해준다. 곡류를 통한 식이섬유 섭취로 포만감이 증대되면 간식도 덜 먹을 수 있다. 아침밥을 굶어서 포도당이 뇌에 제때 공급되지 않으면 오히려 스트레스가 올라가고 기분도 우울해진다.

실제로 농촌진흥청 농촌생활연구소에서 인터넷을 통해 대학생들의 아침식사와 수능 성적 및 내신등급에 관한 설문조사를 실시한 결과, 아침식사의 횟수와 수능 성적이 밀접한 관계를 가지고 있음이 드러났다. 아침식사를 할수록 수능 성적이 높았던 것으로 밝혀졌는데, 그중에서도 매일 아침밥을 먹은 학생들은 주 2회 이하로 먹은 학생들에 비하여 수능 성적이 평균 19점 높았다. 또 내신등급도 아침식사 횟수와 상관관계를 보였다. 아침에 밥을 먹는 것이 학생들의 학업 성취도에 직접적인 영향을 주는 것으로 밝혀진 것이다. 아침밥을 챙겨 먹는 규칙적인 식생활의 중요성을 증거하는 결과들이다.

쌀밥은 체력 증강에 좋다 : 옥타코사놀

'옥타코사놀Octacosanol'이라는 다소 어려운 이름의 물질은 쌀 겨에 들어 있다. 쌀밥을 지었을 때 밥알 표면을 반짝이게 하는 물질로, 지구력 향상에 도움을 준다. 옥타코사놀은 쌀 배아, 소맥 배아에도 들어 있고, 사과와 포도 껍질, 사탕수수, 식물의 잎 등에 극미량으로 존재하는 긴 사슬을 가진 지방족 고급 알코올이다. 이 물질은 1950년 미국 일리노이대학교의 큐러턴T. K. Cureton 박사에 의하여 철새가 이동할 때의 에너지원으로 밝혀졌으며 스태미너를 향상시키는 생리활성 물질로 알려져 주목을 받기 시작했다. 이 성분은 이후 인체와 각종 동물 실험을 통해 지구력을 증강시키며 피로회복 속도를 단축하는 효과가 뛰어나다는 사실도 밝혀졌다.

우리나라의 대학에서도 옥타코사놀에 대한 연구가 많이 이루어지고 있다. 그 결과에 의하면 운동회복 능력이 향상되고 운동 중 피로감을 20퍼센트 감소시켰다. 또한 나쁜 콜레스테롤을 감소시키고 좋은 콜레스테롤을 증가시켜 동맥경화지수를 낮출 뿐 아니라 혈당량 조절, 체지방 감소 등의 효과도 나타냈다. 그래서 이 성분을 활용한 다양한 기능성 식품을 개발하는 중이다. 한 가지 중요한 사실은 쌀 섭취를 통해 그 효과를 보려면 쌀눈 (배아)을 잘 먹어야 한다는 것이다.

쌀밥이 지구력을 키우는 데 밀보다 훨씬 효과적이라는 것을 보여주는 동물 실험도 있다. 쥐를 두 팀으로 나눠 각각 쌀과 밀을 먹이로 준 뒤 체력 실험을 실시하면 쌀이 밀보다 스태미너 유지에 우수함을 알 수 있다. 쥐들에게 체중의 10퍼센트에 해당하는 추를 꼬리에 달고 수조를 헤엄치게 하고, 그들이 지쳐서 헤엄을 못 치는 순간까지의 시간을 주1회씩 4주간 측정한 결과, 쌀을 먹은 쥐들은 수영 시간이 점점 길어져 마지막 주에는 밀을 먹은 쥐에 비해 두 배나 오래 버틸 수 있었다.

신경계를 책임진다 : 가바

가바gamma-aminobutyric acid, GABA라는 물질은 신경계에 유익한 물질로 최근 많이 연구되고 있다. 가바는 자연계에 존재하는 아미노산의 하나로 포유류의 뇌에만 존재하는 특이한 아미노산이다. 또 중추신경계 억제에 관여하는 물질로 추정된다. 가바는 뇌의 혈류를 활발히 하고 산소 공급량을 증가시켜 뇌세포대사를 촉진하기 때문에 뇌졸중 후유증이나 뇌동맥경화 등에서 오는 기억장애, 두통, 귀울림 등의 개선에 관여한다. 신장 기능을 활성화하고 염분 배설을 촉진하여 혈관을 확장하고 혈압을 강하시킨다.

바로 이 가바가 쌀의 배아에 풍부하다는 결과가 나왔다. 생쌀보다 물에 불린 쌀에서 가바가 크게 증가한다고 보고되었는데, 실험 결과에 따르면 40℃ 물에서 4시간 불린 뒤 재어보니 쌀 100그램당 가바 함량이 300밀리그램 이상 증가했다. 물에 담가두면 쌀의 배아가 발아 준비에 들어가면서 가바가 크게 늘어난다는 논리다. 우리가 쌀밥을 통해서 가바의 효과를 보고 싶다면 발아현미를 먹는 것이 좋고, 물에 불려 잘 발아시켜 먹으면 그 효과를 더욱 톡톡히 볼 수 있다.

비만을 예방하려면 빵보다 밥!

흔히 쌀밥이 비만을 일으킨다고 말하지만 이는 분명 오해다. 쌀밥을 잘 먹으면 오히려 비만을 방지할 수 있다. 탄수화물이나 단백질에 관해서는 앞에서 이미 이야기했으므로, 이제 비만에서 항상 문제가 되는 지방 이야기를 하겠다. 쌀의 지방 함량은 밀가루에 비해 3.5배가량 적다. 따라서 쌀밥을 먹는다고 비만에 걸릴 일은 없다. 밥을 위주로 하는 식습관을 들이면 아이들도 상대적으로 군것질을 덜 하게 되어 비만이 될 확률이 적어진다. 무엇보다 밥 중심으로 식단을 짜면 채소가 많아지고 육류가 적어지기 때문에 사전에 비만을 예방할 수 있다. 쌀을 주식으로 하는 사람들에게 비만이 적은 것은 이런 이유 때문일 것이다.

전세계를 휩쓰는 전쟁 가운데 가장 치열한 것이 무엇일까? 바로 '비만과의 전쟁'이다. 세계보건기구에 따르면 체중 관련 질병으로 사망하는 사람이 연간 250만 명으로 추산된다. 2020년에는 연간 500만 명에 달할 것이라고 추정된다. 지방세포는 다른 세포를 파괴하는 염증유발 물질을 분비한다. 따라서 비만 환자는 암, 당뇨, 심장병 등 심각한 질병에 걸리기 쉬운 것은 물론 대장암, 식도암, 간암 등 9종의 암을 유발할 수 있다는 연구 결과가 나와 비만의 심각성을 경고하고 있다. 미국암학회에서도 비만인은 정상 체중인 사람에 비하여 신장암과 식도암의 발생 위험이 3배나 높으며, 과체중이나 비만인 남성의 대장암 발병 위험률은 정상 체중인 남성보다 2배 이상 높다고 했다. 폐경 여성의 경우 과체중일 때 정상 체중의 여성보다 유방암 발병률이 30퍼센트 이상 높으며 비만 여성은 50퍼센트나 더 높다고 한다.

비만 때문에 고통을 받고 있는 사람들은 대부분 빵을 주식으로 먹는 나라의 국민들이다. 따라서 그 나라 국민들의 식생활에 문제가 있다고 추정하는 것은 당연한 일이다. 한 연구소에서 한국, 미국, 그리스 3국의 평균치 가정 식단을 모델로 각 식단의 장단점 및 질병과의 함수관계 등을 연구해 발표한 바 있는데, 이에 따르면 비만을 예방하는 데는 쌀밥과 김치로 이루어진 한국의 전통식단이 가장 좋았다고 했다. 또한 일본이 장수국가가 된 배경은 쌀을 주식으로 한 식생활에 있다는 것이 일반적인 생각이다.

그런데도 많은 사람들이 밥을 많이 먹으면 살이 찐다고 생각해서 밥의 양을 줄이려고 한다. 하지만 밥 섭취량이 줄어들면 인체는 이를 보충하려고 다른 간식을 찾는다. 그러면 살이 빠지기는커녕 오히려 체중이 증가한다. 밥 대신 빵이나 고기를 선택하는 것은 더 큰 문제를 유발한다. 최근 일본에서는 밥을 이용한 도시락 다이어트식이 화제다. 여성을 대상으로 연구한 결과 체지방과 체중이 모두 감소했기 때문이다.

세계인을 사로잡은 쌀 다이어트

일본의 대표적인 다이어트 학자 스즈키 소노코鈴木莊能子는 1980년대 《먹어야 살이 빠진다》[38]라는 다이어트 이론서를 내면서 일본의 다이어트 흐름을 혁신적으로 바꾸어놓았다. 하루 세 끼 정해진 양의 밥과 다시마, 미역, 김 등 해조류 중심의 부식을 먹는 것이 이 프로그램의 특징이다. 쌀과 함께 복합 탄수화물을 먹어 소화시키는 과정을 복잡하게 만들어 위에 머무는 시간을 길게 함으로써 같은 열량의 다른 음식을 먹는 것보다 포만감을 쉽게, 또 오래 느끼게 하는 것이다. 뿐만 아니라 세 끼를 정확히 챙겨 먹으면 체내 혈당량이 일정하게 유지되어 지방으로 변환되어 축적되는 포도당이 적어지고 식욕을 관할하는 식욕중추가 정상화되어 폭식이나 과식을 덜 하게 된다.

그러니까 스즈키 다이어트의 핵심은 다음과 같이 정리될 수 있다. 무엇보다 '적당량의 쌀밥 식사를 하루 세 끼 꼬박꼬박 할 것'과 '식사량의 에너지 소비, 즉 운동과의 균형을 제대로 맞출 것' 그리고 '기름을 사용하지 않고 찌고, 굽고, 삶는 조리법에 익숙해질 것' 등이다. 또 '밥 한 숟가락을 30회 이상 꼭꼭 씹어서 240~280그램(여성은 180~240그램)을 한 끼로 먹을 것'을 주문하는데, 내용을 보면 기존의 우리 밥상에서 해오던 식사법과 크게 다르지 않다.

일본만이 아니라 미국의 듀크대학교에서도 쌀을 이용한 다이어트 클리닉을 개설해 쌀 다이어트가 체중 감량에 탁월한 효과가 있다는 것을 의학적으로 증명했다. 듀크대 의대 산하 건강증진센터가 546명의 남녀를 대상으로 4주간 실시한 다이어트 실험 결과, 여성은 평균 8.6킬로그램, 남성은 13.6킬로그램 가량 몸무게가 줄었다. 다이어트 식이요법에서 중요한 것은 식이요법을 마치고 요요현상이 없는가 하는 점이다. 같은 연구에서 1년 후 그 체중을 얼마나 유지하고 있는지 조사했는데 전체 조사자의 68퍼센트가 1년 뒤에도 감량한 체중을 유지하고 있었다. 이 같은 연구로, 쌀 다이어트가 다른 다이어트 방법보다 부작용이나 요요현상이 덜하다는 것이 밝혀졌다. 덕분에 미국에서도 쌀 소비가 눈에 띄게 증가했다.

밥을 주식으로 하면 암 발생률이 낮아진다

현대에 들어 많은 국가에서 암 발생률이 높아지고 있지만 암으로 사망하는 비율은 감소하고 있다. 암 발생의 원인을 제거하지는 못하고 암의 조기발견과 조기치료에 힘을 기울이고 있기 때문이다. 암 발생의 원인은 다양하고 복잡하다. 그러나 가장 큰 원인은 식습관으로 보고 있다.

한국인의 암 발생률을 보자. 최근 들어 한국인의 암 발생률의 패턴은 변하고 있다. 2011년을 기준으로 암 유병자는 거의 100만 명에 이르며 연평균 3.6퍼센트 증가하였는데, 남성의 연평균 증가율은 1.6퍼센트, 여성은 5.7퍼센트이다. 특히 2000년 이후 대장암, 유방암, 전립선암의 발생률이 증가하였는데 대장암과 유방암의 연간 증가율은 약 6퍼센트, 전립선암은 13.5퍼센트로 높은 증가율을 보이고 있다. 우리 국민의 지방 섭취량 증가를 비롯한 식습관 변화와 관련이 깊다. 서구식 생활이 가져온 영향이라 볼 수 있다. 이와 같은 현상은 쌀과 채소를 중심으로 하는 한국인의 전통적인 식습관을 버린 까닭이다. 쌀 중심의 한식은 비타민과 무기질을 골고루 함유하고 열량이나 지방질의 과다 섭취를 초래하지 않아 체내 면역기능을 유지하는 데 유리하다.

밥은 오히려 탄수화물 중독증을 예방한다

밥 이야기를 하다 보면 많은 사람들이 궁금증을 갖는다. 밥은 주성분이 탄수화물인데, 이를 많이 먹으면 탄수화물 중독증이 생기지 않느냐는 것이다. 그래서 밥을 기피한다고 했다. 그게 사실일까? 그렇지 않다. 이를 제대로 이해하기 위해서는 탄수화물 중독증을 잘 알아야 한다. 탄수화물 중독증이란 단 빵이나 과자 등 탄수화물이 든 음식을 자제하지 못하고 끊임없이 먹는 경우를 말하는데, 주로 케이크, 쿠키, 도넛처럼 당질이 많이 함유된 음식을 억제하지 못하는 증상을 일컫는 것이다.

이를 피하려면 탄수화물을 먹지 않으면 된다고 생각하기 쉽다. 그런데 그렇게 하면 더 큰 문제가 생긴다. 우리 뇌가 활동을 못하게 되기 때문이다. 우리 뇌는 에너지원으로 탄수화물만 사용하는데 바로 단당류인 글루코스로부터만 얻는다. 글루코스를 뇌에 제대로 공급하기 위해서는 규칙적으로 밥을 먹어 공복에 빠지지 않도록 해야 한다. 그런데 밥을 규칙적으로 먹지 않으면 머리를 많이 쓸 때 단 음식이 당기거나 당을 공급하는 혈당이 떨어져 짜증이 나게 된다. 이럴 때 단것을 섭취하면 뇌에서 도파민이란 신경전달 물질이 분비되어 기분을 좋게 만들어 준다. 이런 자극이 반복되다 보면 점점 더 강한 단맛의 탄수화물을 찾게 되고, 나중엔 탄수화물을 안 먹으면 집중력이 떨어지거나 우울해지는 금단증상까지 일으킬 수 있다.

제때 밥을 먹지 않으면 혈당이 떨어져 이런 증상이 더 심하게 나타나고 이를 빵이나 케이크, 아이스크림, 과자로 해결하게 된다. 그러나 현미밥에 국, 나물 등의 식사를 충분히 한다면 전혀 배가 고프지 않으며 굳이 우리 뇌가 당을 달라고 하지도 않는다. 탄수화물 중독증은 제대로의 탄수화물을 충분히 포함하는 밥을 먹고 바른 식사를 하는 것으로 풀어야 한다. 오히려 제때 밥을 먹지 않아 배가 급격히 고파지면서 빵이나 과자들을 찾게 되면서 나타나는 증상이기 때문이다. 탄수화물을 잘못 이해하는 바람에 밥까지 거부하는 것은 잘못된 현상이다.

뇌는 반드시 탄수화물을 에너지원으로 필요로 한다는 사실을 알고 제때 제대로 된 밥을 먹는 것이 무엇보다 현명한 대처다.

밥 짓기는
요리가 아니라 과학이다

무궁무진한 밥의 종류

우리나라를 대표하는 음식으로 알려진 김치는 그 종류가 무려 200여 종이 넘는다. 한국인 최대의 발명품이라고 하는 이유 가운데 하나다. 그에 비해 사람들은 밥에 대해서는 '기껏해야 현미밥을 비롯한 잡곡밥밖에 더 있겠는가'라고 생각한다. 하지만 단순해 보이는 밥에도 종류가 수십 종 있다고 이야기하면 다들 깜짝 놀란다. 사실이다. 쌀에 첨가하는 부재료에 따라 밥의 종류는 90~100여 종으로 나뉜다. 우리 민족이 얼마나 다양한 밥을 지어 먹었고, 또 이를 즐겼는지 알 수 있다. 밥은 요즘에도 첨가하는 재료가 무엇인지에 따라서 점점 더 세분화·다양화되

[표 11] 다양한 밥의 종류

분류	밥의 종류
쌀밥	백미밥/현미밥/찹쌀밥
잡곡밥	보리밥/조밥/수수밥/차조밥/옥수수밥
두류(콩)를 넣은 밥	콩밥/팥밥/홍반(팥물밥)/완두콩밥
서류(감자, 고구마)를 넣은 밥	감자밥/고구마밥
견과류밥	밤밥/호두밥/잣밥/땅콩밥/별밥/약밥
오곡밥	쌀, 보리, 콩, 조, 기장을 함께 넣은 밥
비빔밥	골동반/헛제삿밥/육회비빔밥/산채비빔밥
장국밥	온반/대구탕반/원반
채소밥	곤드레밥/방풍밥/나물밥/무밥/죽순밥
김치밥	김치볶음밥/갱식
육류밥	불고기덮밥/돼지고기볶음밥
해산물밥	굴밥/홍합밥/조개밥

고 있다. 실제 그 종류를 가늠하기 어려운 형편이다. 밥의 세계
는 실로 무궁무진하다. 하지만 일반적으로 우리가 많이 접하는
밥의 종류는 첨가하는 부재료의 특성에 따라 크게 〈표 11〉과 같
이 정리할 수 있다.

쌀을 알아야 밥맛이 산다

세계에는 다양한 품종의 쌀이 존재한다. 품종, 생산지의 기후
나 토질, 재배 방법 등에 따라 쌀의 맛은 다 다르다. 쌀의 품종

과 재배지를 중시하는 것은 이런 이유 때문이다. 하지만 전체적으로는 별로 차이가 나지 않는 것처럼 보인다. 실제로 영양소 측면에서는 큰 차이가 없다. 일반적으로 탄수화물·단백질·지방·무기질·비타민 등 많은 영양소를 함유하고 있으며, 다른 곡류에 비해 아미노산 조성이 우수한 편이다. 쌀겨를 제거한 백미는 현미보다 탄수화물 함량은 높으나 단백질과 지방 함량은 적은데, 이는 지방이 주로 쌀겨와 배아에 분포되어 있기 때문이다. 멥쌀의 탄수화물은 약 20퍼센트의 아밀로오스amylose와 약 80퍼센트의 아밀로펙틴amylopectin으로 구성된다. 우리가 좋아하는 찰기가 흐르는 밥은 아밀로펙틴이 많은 찹쌀류이고, 멥쌀은 이보다 아밀로오스의 함량이 많다.

좋은 쌀 고르기

다양한 쌀 가운데서 좋은 쌀을 고르려면 일정한 기준이 필요하다. 먼저, 쌀알이 통통하고 반질반질한 광택이 있으면서 분이 없는 쌀이 좋은 것이다. 또 부서진 낱알이 없어야 한다. 부서진 낱알이 많으면 전분이 흘러나와 냄새가 나고 밥알의 모양이 흐트러져 밥을 짓고 나면 질척해진다. 다음으로 중요한 것은 '언제 도정했느냐'다. 갓 도정한 쌀이 최상이지만 적어도 도정 후 15일 이내의 쌀이 좋다. 그래야 수분 함유량이 많아 맛이 좋은 밥이 된다. 쌀의 형태나 모양도 중요하다. 쌀 표면에 잔금도 없어야 한다. 잔금이 있는 쌀은 밥이 되면서 잔금 사이사이에서 전분이 흘러나와 영양도 떨어지고 밥맛도 떨어진다.

흑미가 좋은 이유

최근 색을 가진 쌀이 화제에 오르면서 대중의 관심을 받고 있다. 건강에 좋다는 이유에서다. 유색미는 쌀겨 고유의 색 이외에 붉은색이나 자색을 띠는 쌀을 말한다. 주로 흑자색, 적색, 자색 등으로 나타나는데 흰쌀에 비해 단백질·무기질·비타민의 함량이 높다. 이러한 색상은 꽃이나 과실에서 많이 볼 수 있는 안토시아닌 성분 때문에 나타나는데, 항산화제로 기능한다. 노화를 방지하는 성분이다. 흑미의 쌀겨에 있는 이소비텍신 isovitexin은 항염증 작용 등 생리 작용이 탁월해 식품의 부패를 방지한다. 또 노화를 방지하는 DNA 손상 억제물질을 함유하고 있어 암세포 제거와 위궤양 치료 등의 효능이 있다. 이처럼 좋은 성분 때문에 요즘 들어 흑미를 필두로 한 유색미들이 술·떡·제과 등 가공식품에 널리 이용되고 있다.

밥 짓기의 원리

곡류는 맛을 좋게 하고 인체에 흡수되었을 때 소화율을 증진시키기 위해 반드시 조리해서 먹는다. 밥은 쌀 전분을 호화시킨 것이다. 하지만 쌀에는 전분 이외의 다른 성분도 함께 존재한다. 따라서 쌀이 밥으로 되는 과정에서 전분이 단독으로 호화될 때와는 다른 면이 있음을 고려해야 한다. 물론 쌀의 조리 과정에서 가장 중요한 것은 전분의 호화 현상이다.

전분의 호화

밥이 되는 것은 쌀의 생전분이 열에 의해 호화gelatinization되는 과정이라고 보면 된다. 생전분은 물에 녹지 않으므로 물을 가하면 일부는 가라앉고 일부는 물에 뜬 '부유 상태'를 형성한다. 이 상태에서 전분을 가열하면 전분 입자는 물을 흡수한 뒤 팽창하기 시작한다. 그러다가 70~75℃ 정도에서 전분 입자가 크게 팽창하여 점도와 투명도가 높은 반투명 콜로이드 상태가 되는데 이러한 변화를 '호화'라 한다.

호화가 일어나는 것은 전분 입자의 수소결합이 열에 의해 약해지기 때문인데, 호화가 일어나기 시작하면 입자 안에서 분자의 재배열이 일어나 결정체로서의 구조가 깨져버린다. 이렇게 배열 상태가 파괴된 것이 호화 전분인 'α-전분'이다. 전분에 묽은 산을 넣고 가열하거나 전분분해 효소를 첨가해 최적 온도를 유지하면 쉽게 가수분해된다. 식혜나 엿은 이러한 성질을 이용하여 만든 음식이다. 식혜는 전분을 부분적으로 당화시킨 것이고, 엿은 쌀을 완전히 당화시켜 농축시킨 것이다.

호화는 어떤 조건에서 잘 이루어질까?

• 쌀의 호화는 60~65℃에서 시작하여 80℃ 이상에서 속도가 빨라진다. 98℃에서는 20~30분 만에 호화가 끝난다. 온도가 높을수록 호화가 빠르게 진행된다. 압력솥은 이런 원리를 이용해 빠른 시간 안에 밥을 짓기 위해 만들어진 것이다.

• 호화되기 위해서는 30~40퍼센트의 수분이 필요하다. 수분

함량이 많을수록 호화가 잘 된다.

• 물이 전분 입자의 내부까지 침투하려면 5분 이상의 침수 시간이 필요하다.

• 쌀의 도정 정도가 클수록 호화가 빠르고, 낮은 온도에서도 쉽게 호화된다.

• 알칼리에 가까울수록 낮은 온도에서 호화된다.

• 전분 입자의 크기가 작을수록 호화 온도가 낮아진다.

• 가열 용기의 열전도율에 따라 호화율이 달라진다. 열용량은 철이 가장 크고, 도기와 알루미늄은 거의 차이가 없다. 열전도를 고려하면 도기, 철, 알루미늄의 순서로 호화율을 보인다. 보온성이 호화율과 관련된다는 것을 알 수 있다. 돌솥으로 밥을 하면 온도가 오래 유지되고 밥맛이 좋은 것은 이런 이유 때문이다.

전분의 노화

호화된 전분을 상온에 오래 방치해두면 밥맛이 떨어진다. 이는 밥을 상온에서 보관하면 질감이 서서히 단단해지면서 노화 retrogradation 현상이 일어나기 때문이다. 많은 양의 물을 흡수해서 벌어진 상태로 있던 전분 입자들은 가까운 입자와 뭉치려는 성질을 가진다. 이때 전분 입자들끼리 수소결합을 이루어 부분적으로 재결정 구조를 형성해 원래의 생전분으로 돌아가는 현상을 '전분의 노화' 또는 'β화'라고 한다. 노화된 전분은 투명도가 떨어지고 소화율도 떨어지는데, 재가열하면 다시 α-전분으로 되돌아간다. 호화된 전분이 노화되면 품질이 저하되므로 노화를 억제해야 한다. 노화를 방지하려면 건조시켜서 수분 함량을 15퍼센트 이하로 조절하거나 냉동 혹은 냉동건조법을 쓴다. 설탕을 첨가하여 탈수 작용에 의한 수분 함량을 감소시켜도 노화를 억제할 수 있다. 그 밖에 유화제를 쓰기도 한다.

노화의 조건

- 아밀로오스의 함량이 높은 멥쌀밥이 찹쌀밥에 비하여 노화가 빠르게 진행된다.
- 낮은 온도에서 가열한 경우, 가열 시간이 짧을수록 노화가 쉽게 진행된다.
- 60℃ 이상에서 저장하거나 -10℃ 이하에서 냉동 저장할 경우 노화를 억제할 수 있다.
- 수분 함량이 15퍼센트 이내일 경우에는 노화가 완전히 정지된다. 'α-미' 같은 것은 이러한 원리를 이용한 것이다.
- 산성에서 노화가 더 잘 일어난다. pH6보다 pH2에서 노화가 더 잘 진행된다. 식초를 첨가한 초밥이 보통 밥보다 빨리 단단해지는 것은 이 때문이다.

맛있는 밥, 이렇게 짓는다

요즘에는 전기밥솥에 밥을 짓는 사람들이 대부분이다. 그러나 맛있는 밥을 위해 돌솥, 무쇠솥, 옹기솥 등 다양한 솥을 이용해 밥 짓는 사람들도 늘어나고 있다. 한국 사람들이 밥맛을 얼마나 중요하게 생각했는지는 1980년대경 김포공항 풍경에서 잘 드러난다. 바로 일본 관광을 다녀온 주부들의 손에 들려 있던 '코끼리표 밥솥' 사건이다. 당시 일본 전기밥솥의 성능이 좋다는 소식에 관광 갔던 주부들이 너도 나도 밥솥을 하나씩 사들고 들어왔던 일이다. 지금 생각하면 좀 우스운 일이다. 이제는 밥의 민족답게 우리의 전기압력밥솥을 일본에 수출하고 있는 실정이기 때문이다. 시간도 모자라고 바쁜 마당에 무슨 밥 짓기 타령이냐고 할지도 모르지만, 평생을 먹고 사는 밥인데 기왕이면 맛있게 지어 먹는 게 좋지 않을까? 과학이 알려주는 맛있는 밥 짓기의 원리를 알아보자.

쌀을 제대로 씻어야 한다(세미)

멥쌀은 일반적으로 찬물로 세 번 정도 씻는다. 첫 물은 되도록 빨리 헹구는 것이 좋다. 쌀 표면에 묻어 있던 쌀겨 냄새가 씻는 동안 쌀에 밸 수 있기 때문에 가급적 씻는 시간을 단축해야 한다. 이 과정에서 쌀은 10퍼센트 정도의 수분을 흡수하는 효과가 있어 맛있는 밥을 지을 수 있다.

물에 잘 불려야 한다(불림)

쌀을 씻은 다음 물에 불리는 과정은 배유층이 팽윤하는 과정이다. 즉 전분 속의 비결정성 부분에 물이 들어가고, 아밀로오스와 아밀로펙틴의 결합이 느슨해져서 쌀 전분이 부풀게 된다.

불림 과정은 온도와 매우 밀접한 관련이 있어 여름에는 30분, 겨울에는 90분쯤 지나면 수분이 20~30퍼센트 흡수되며, 이 정도면 수분 흡수가 포화 상태에 이른다. 그러나 장시간 쌀을 물에 불리면 오히려 가용성 물질인 단백질·무기질 성분과 전분질이 용출되어, 밥맛이 떨어지고 밥알의 모양도 흐트러져 맛이 없어 보인다.

물의 양을 잘 잡는다

밥을 짓는 데 필요한 물의 양은 맛과 소화율에 영향을 미친다. 쌀의 종류 및 건조 상태, 가열 방법, 가열 용기 등에 따라 수분의 보유 정도가 다르므로, 밥을 지을 때는 반드시 물의 양을 조절해야 한다. 물은 쌀 무게의 1.3배 정도가 필요한데 가열할 때 손실되는 부분을 고려해 쌀 무게의 1.4~1.5배를 넣는다. 그러나 가열 온도가 낮거나 가열 용기가 밀폐된 것, 가압 가열이 가능한 경우나 햅쌀인 경우는 물의 비율을 낮게 잡고, 밥솥이 얇으면 두꺼운 것보다 물을 더 많이 붓는 등 상황에 따른 지혜가 필요하다.

가열 시간과 가열 온도가 중요하다

가열 시간과 가열 온도는 밥의 맛과 질감을 살리는 데 가장 중요한 요소다. 가열 시간은 쌀의 양, 용기, 가열 온도에 따라 다르나 온도별로 3단계로 나눈다. 처음에는 센 불 가열이 필요하다. 불리는 과정에서 이미 수분 20~25퍼센트를 흡수한 쌀알은 온도가 높아지면 더 많은 양의 수분을 흡수하면서 전분이 팽창한다. 물의 대류에 따라 쌀이 움직이므로 처음엔 센 불이 좋다. 가열이 진행될수록 전분은 투명도와 점성이 증가하는데(이러한 상태가 호화다), 전분 입자 내의 아밀로오스와 아밀로펙틴의 결합이 대단히 느슨해지고, 분자량이 적은 아밀로오스의 일부가 전분 입자 밖으로 빠져나온다. 특히 80℃ 이상이 되면 전분 입자가 파괴되는 현상이 나타난다. 따라서 이 시간이 지나치게 길면 호화된 전분의 일부가 용출되어 쌀이 부스러지는 경우가 생기므로 바람직하지 않다. 그다음, 불 줄이기 과정이 중요하다. 쌀은 수분을 계속 흡수하고 온도가 상승하면서 전분의 호화 과정이 진행된다. 호화가 진행되면서 쌀의 온도가 70~75℃가 되면 전분 입자의 형태가 없어진다. 85~95℃가 되면 점성이 생기며, 쌀 내부 온도가 100℃가 되면 전분 입자는 더 이상 움직이지 않는다.

뜸들이기는 필수!

전분 입자의 호화는 느리기 때문에 불을 끈 뒤 10~15분 동안 뜸을 들여야 하는데, 쌀 내부까지 완전히 호화되는 단계다. 이 과정에서 쌀알 표면에 있던 수증기가 흡착되어야 맛있는 밥이 된다. 그러나 뜸들이는 시간이 너무 길면 수증기가 밥알의 표면에 응축돼 밥맛이 떨어진다. 따라서 전기밥솥으로 밥을 할 때는 보온 시간 중에 밥을 가볍게 뒤섞어주어야 수증기의 응축을 막고 고슬고슬한 밥을 지을 수 있다. 또한 가스 불로 지은 밥은 장작을 이용한 경우에 비하여 밥맛이 덜한데, 이는 열원이 쉽게 제거되는 가스 불에 비하여 장작은 타고 남은 재에 의해서 그 온기가 쉽게 제거되지 않아 밥을 적당히 보온하기 때문이다.

밥 짓기가 궁금해!

재치기가 뭐지?

우리말 가운데 '재치기'라는 재미있는 말이 있다. 이는 뜸들 이기를 뜻하는 옛말이다. 재치기는 쌀알의 중심부에 있는 전분 까지 완전히 호화되고 쌀 주위에 있는 수분이 쌀알의 내부로 스 며들게 하는 과정을 가리키는데, 이것은 밥맛을 좌우할 만큼 중 요한 과정이다. 밥의 온도가 급격하게 떨어지면 밥알이 단단해 지고, 밥알 사이에 있던 수증기가 물방울이 되어 밥알끼리 달라 붙게 한다. 재치기는 이런 현상을 방지하기 위해 필요한 과정 이다. 재치기의 효과는 밥의 양이 많을수록, 두께가 두꺼운 솥 을 사용할수록 좋다. 또 장작, 솔가리, 숯과 같이 불을 끈 뒤에도 화기가 오래 남아 있는 연료일수록 보온성이 좋아 재치기가 잘 이루어진다. 무쇠솥에 장작불로 지은 밥이 맛있다고 하는 것도 무쇠솥과 장작불이 화기를 오래 간직하는 덕분이다. 이에 반해 가스나 석유같이 불을 끄면 쉽게 화기가 없어지는 연료로 지은 밥은 밥맛이 쉽게 떨어진다.

어떤 밥솥이 좋을까?

우리나라에서 전통적으로 사용한 솥은 무쇠솥이다. 커다란 뚜껑에 꼭지가 달린 모양새다. 솥은 보통 부釜나 정鼎, 노구로 분류된다. 부는 보통 가마솥이라 불리는 것으로 밑이 편편한 큰 솥이고, 정은 부와 같은 모양에 다리가 세 개 달린 솥이며, 노구는 자유로이 옮겨 걸어놓고 사용할 수 있게 만든 작은 솥이다. 예로부터 밥솥의 으뜸은 곱돌솥으로 쳤다. 그다음이 오지탕관, 가장 대중적으로 쓰인 것이 무쇠솥이다.

전기밥솥에 지은 밥은 왜 시간이 지나면 누래질까?

전기밥솥으로 밥을 하고 시간이 지나면 보온 열과 수분에 의해 밥맛이 떨어진다. 이는 전기밥솥의 보온 열에 의해 밥에 있는 당과 단백질이 반응하는 마이야르maillard 반응이 일어나는 탓이다. 이로 인해 색이 누렇게 변하고 동시에 밥 특유의 향도 날아간다. 그래서 전기밥솥으로 밥을 할 경우엔 밥이 다 되면 전원을 끄고, 마른 헝겊을 밥 위에 덮어 수분 증발을 어느 정도 막아주는 게 좋지만 이는 현실적으로 어렵다. 또 한 가지, 밥솥의 뚜껑에 붙은 물기는 반드시 닦아내야 수분이 다시 밥 속으로 들어가지 않는다. 그래서 일단 밥이 다 되면 주걱으로 밥을 훌훌 뒤섞어주라고 하는 것이다. 이렇게 하면 밥 내부에 있는 여분의 수분이 증발하여 고슬고슬한 밥을 먹을 수 있다.

누룽지의 참맛은 어디서 나올까?

곱돌솥이나 오지탕관 또는 무쇠솥으로 밥을 지으면 누룽지가 생긴다. 누룽지는 뜸을 들일 때 생기는데 고소한 냄새가 솥 가득히 퍼지면서 밥맛은 더욱 좋아진다. 전기나 가스가 아닌 장작불로 밥을 지으면 솥 밑바닥의 온도는 200℃ 이상이 되고 수분이 거의 남아 있지 않게 된다. 이때 솥 밑바닥의 쌀 낱알은 갈변하게 되고 동시에 휘발성 화합물을 생성한다. 이 휘발성 물질이 밥알에 스며들어 누룽지 특유의 구수한 향미를 내는 것이다.

찹쌀밥은 어떻게 지어야 맛있나?

찹쌀밥은 멥쌀밥과 달리 찰기가 있다. 이는 아밀로오스와 아밀로펙틴의 구성 비율이 다르기 때문이다. 아밀로펙틴은 미립자 구조로 전체적으로는 구형의 구조를 띠며 가열하면 끈기를 갖게 하지만, 아밀로오스는 엉기는 성질을 갖고 있다. 찹쌀은 아밀로펙틴 함량이 많아 멥쌀밥보다 끈기와 찰기가 있다. 따라서 찰밥은 메밥과 다르게 지어야 맛있다.

찹쌀을 2~4시간 침수시켜 물을 충분히 흡수하게 한 뒤 강한 불로 쪄야 한다. 찜기의 중앙 부분을 비워서 증기가 빠르게 표면층으로 전달되도록 해야 충분히 호화될 수 있다. 20분 동안 찐 쌀에 물을 뿌려서 수분 공급이 고르게 이루어지도록 하고, 10분 간격으로 한두 번 더 반복하며 30~40분 동안 찐다. 그러니까 찹쌀로 만드는 약식의 경우는 이렇게 해야 끈기가 오래가고 맛있게 만들 수 있다. 멥쌀과 같은 방법으로 밥을 지으면 점성이 너무 높아지므로 찹쌀만으로 밥을 하는 경우는 드물다. 찹쌀을 이용해 밥을 지을 때는 물 대신 팥 삶은 물로 점도를 떨어뜨리는 것도 좋은 방법이다. 그래서 조선 왕실에서는 팥물을 이용하여 찹쌀로 홍반을 지었다. 찹쌀밥의 장점은 멥쌀밥에 비해 노화가 더디게 일어나므로 오랫동안 찰기가 유지된다는 것이다. 그래서 조상들은 찹쌀을 쪄서 약식을 만들어 두고두고 먹거나 길을 떠날 때 가지고 다니기도 했다.

5부

밥은 힘이다
_ 색색가지 밥 짓기

"우리 민족은 밥심(힘)으로 사는 민족이다." 예전부터 어른들
이 즐겨 하시는 말씀이다. 밥심으로 살려면 밥이 맛있어야 하
고, 밥맛이 좋으려면 무엇보다 밥을 잘 지어야 한다. 그래서인
지 우리 민족이 밥을 짓는 데 들이는 정성은 놀랄 만하다. 밥 짓
기가 기술을 넘어선 '예술'이 된 지도 이미 오래다.

　밥 짓기가 예술의 경지에 이르러서일까? 밥을 일컫는 표현도
매우 다양하다. '밥' 말고도, '수라', '진지', '메'라는 표현이 있다.
수라는 임금님께 올리는 밥이고, 진지는 밥의 높임말이고, 메는
제사상에 올리는 밥이다. 이렇게 밥 하나를 놓고 섬세하게 구분
한 걸 보면 밥은 그야말로 우리의 힘이었던 듯하다. 또 우리 음
식문화의 중추임이 틀림없다. 여기에서는 우리가 즐겨 먹는 여
러 가지 밥 이야기와 그 밥을 만드는 법을 이야기해보겠다.

꽃밥

엄재국

꽃을 피워 밥을 합니다
아궁이에 불 지피는 할머니
마른 나무 목단, 작약이 핍니다
부지깽이에 할머니 눈 속에 홍매화 복사꽃 피었다 집니다
어느 마른 몸들이 밀어내는 힘이 저리도 뜨거울까요
만개한 꽃잎에 밥이 끓습니다
밥물이 넘쳐 또 이팝꽃 핍니다
안개꽃 자욱한 세상, 밥이 꽃을 피웁니다

밥심은
밥맛에서 나온다

밥 짓기의 예술

우리 문화에서는 밥에 대한 용어가 구분되어 있는 것은 물론,
쌀을 부르는 용어도 제각각이다. 쌀의 상태에 따라 부르는 말이
다르다는 것이다. 쌀의 최초 상태는 '벼'다. 탈곡한 벼의 껍질을
방앗간에서 깎아내면 그제서야 '쌀'이 된다. 그러나 이 상태도
먹을 수 있는 단계는 아니다. 그다음 밥의 상태가 되어야 먹을
수 있다. 우리가 흔히 말하는 '밥'은 이런 과정을 거쳐 먹을 수
있는 형태로 만들어진 다음에 부르는 말이다. 그런데 요리하지
않는 남성들도 맛있는 밥에 대한 집착이 컸던 모양이다. 조선
후기에 서유구가 쓴 《임원십육지》는 《옹희잡지》에 나오는 다음

의 글을 인용한다.

청나라의 장영이라는 사람은 〈반유십이합설〉에서 "조선 사람들
은 밥 짓기를 잘한다. 밥알에 윤기가 있고, 부드러우며, 향긋하고,
또 솥 속의 밥이 고루 익어 기름지다. 밥 짓는 불은 약한 것이 좋고
물은 적어야 이치에 맞는다. 아무렇게나 밥을 짓는다는 것은 하늘
이 내려주신 물건을 낭비하는 결과가 된다"라고 하였다.

조선시대 사람들은 이웃 나라 사람이 칭송할 만큼 밥을 잘 지
었다. 그런데 전세가 역전되었다. 최근에는 우리보다 일본이 '밥
잘 짓는 기술'로 유명하다. 일본음식 하면 떠오르는 세계인의
음식 '스시'의 기본이 바로 맛있는 밥이다. 스시에 쓰는 밥은 만
드는 법도 좀 색다르다. 가장 좋은 쌀을 쓰는 것은 물론 밥의 온
도도 매우 예민하게 맞춘다. 이렇게 태어난 오묘한 밥맛이 세계
인의 입맛을 사로잡은 것이다. 최근 한식 세계화의 기수로 떠오
른 비빔밥 역시 맛있는 밥이 필수다. 따라서 밥을 잘 짓기 위한
여러 가지 방법도 논의 중이다.

하지만 여러 가지 방법이란 게 특별난 것은 아니다. 가장 특
별한 방법은 '특별한 물을 사용해서 밥을 짓는 것'이다. 그중에
서도 깨끗한 물이 가장 많이 이용되었다. 그런가 하면 어떤 경
우에는 밥에 감칠맛을 더하기 위해 육수를 이용하기도 한다. 이
와 관련된 재미난 일화가 있다.

조선시대 어느 집의 밥맛이 유난히 맛있다는 소문이 돌았다.

그래서 다른 집 마님이 밥이 맛있다는 집에 몰래 첩자를 보낸다. 그집 밥맛의 비밀을 알아내기 위해서다. 그랬더니 과연 밥물이 여느 집과 달랐다. 기이하게도 그 집은 쇠머리 육수를 사용하여 밥을 지었다.

이렇게 육수로 지은 밥으로 비빔밥을 만들면 그 맛이 단연 최고라고 한다. 하지만 쇠머리 육수로 밥을 짓는 데에도 문제가 많다. 제대로 된 육수를 이용하려면 쇠머리 하나에 밥이 몇 그릇밖에 안 나오기 때문이다.

어찌됐든 우리 조상들은 이렇게 맛있는 밥 짓는 데 관심이 무척이나 많았다. 그리고 그 결과, 예술과 같은 밥 짓기 기술이 탄생한 것이다. 세계인이 사랑하게 된 비빔밥도 그렇게 탄생했다.

다양하게 먹어야 맛있다

밥은 하루 3식을 상용하기 때문에 변화를 주지 않으면 아무리 밥맛이 좋아도 계속 먹기가 힘들다. 따라서 밥상에도 변화를 주어서 식욕을 돋워야 한다. 우선 쌀 자체에도 그 깎은 정도에 따라 등급이 있다는 것을 알아두어야 한다. 원곡原穀 그대로 먹는 현미부터 깎는 정도(도정도搗精度라고 한다)에 따라 반쯤만 찧는 5분도미, 70퍼센트만 찧는 7분도미, 그리고 쌀겨를 다 깎아낸 백미 등이 있다. 이런 쌀을 가지고 여기에 다양한 잡곡과 두류를 넣어 보리밥, 조밥, 수수밥, 옥수수밥, 콩밥, 팥밥 등 다양한 밥을 짓는다.

그뿐만이 아니다. 계절에 따라 먹는 밥이 다르다. 봄에는 거피팥(시루떡에 고물로 쓰는 팥)을 섞어 만든 밥을 먹고, 여름에는 햇보리밥, 초가을에는 강낭콩밥이나 청태콩밥, 겨울에는 붉은 팥을 삶아 쌀과 함께 지은 밥이나 검은콩밥 등을 먹는다. 이런 것을 보면 우리 민족이 밥을 얼마나 다양하게 즐겼는지 알 수 있다.

우리가 아는 밥도 여러 가지다. 특히 계절 따라 나는 채소나 견과류를 섞어서 만든 밥은 유명하다. 가령 집에서 쉽게 해 먹는 콩나물밥이나 완두콩밥은 물론 무밥, 감자밥, 밤밥, 김치밥 등이 있다. 심지어 해산물인 굴을 넣어 짓는 굴밥도 있다. 나도 통영에 갔을 때 굴밥을 먹어보았는데 '굴하고 밥이 어울릴까' 하던 처음의 의구심과 달리 먹어보니 아주 별미였다. 요즘엔 서울에도 '굴밥 체인점'이 많이 생겼다. 이처럼 밥은 주재료인 쌀 외에 무엇을 첨가하느냐에 따라 다양한 맛과 영양을 즐길 수 있는 전천후 음식이다.

색색가지 밥,
색색가지 맛

요람에서 무덤까지, 우리는 밥심으로 산다

밥은 한국인의 모든 것이다. 밥은 한국인의 먹을거리 중심에 놓여 있고 한국 역사를 설명하는 데 절대 놓쳐서는 안 될 중요한 요소다. 또 한국인의 전통 신앙과 의식을 지배하는 문화의 핵심코드이기도 하다. 밥은 한국인에게 곧 생명의 원천이자 삶의 동의어다.

쌀은 단순한 먹을거리의 한 종류가 아니라 한국인의 탄생과 죽음까지 전체의 삶을 주관한다. 아이가 태어나기 이전 이물질을 제거한 정한 쌀로 산모가 먹을 쌀을 준비하고, 아이가 태어나는 장소에는 볏짚을 깐다. 인간이 어미의 품에서 떨어져 최초로 입에 넣는 것이 미음이며 생을 마감한 망자의 입속에 넣어주는 것도 한 술의 쌀이다. 요람에서 무덤까지 한국인은 밥과 함께 삶을 시작하고 밥으로 삶을 마무리했던 것이다.

쌀과 밥이 온통 우리의 의식과 생활을 지배해온 증거는, 밥을 소재로 한 헤아릴 수도 없이 많은 표현 방식을 보아도 알 수 있다. 아이가 태어나면 "밥숟가락 하나 늘었다"고 하며, 사람이 죽으면 "밥숟가락 놓았다"고 말한다. 자신의 경제적 정도를 표현할 때도 "밥이나 먹고 살지요"라고 말하고, 일자리를 잃으면 "밥줄 떨어졌다"고 한다. 돈이 많은 사람을 비꼬아 말할 때도 "밥알이 덕지덕지 붙었다"고 표현하고, 못마땅한 사람을 이를 때는 "밥값도 못한다"고 한다. 화가 날 때는 "밥알이 곤두선다"고 말하고, 상대하기 싫은 사람을 흔히 "밥맛이 떨어지는 인간"이라고 칭한다. 절대 비밀을 지켜야 한다는 뜻으로 "쌀독 속과 마음속은 남에게 보이지 말랬다"고 표현한다. "밥 먹었니?", "진지 드셨습니까?"라는 말도 아마 우리 민족만 사용하는 다정한 인사일 것이다.

이렇게 밥은 귀한 것, 소중한 것, 경건한 것, 즉 '밥이 하늘'이었기 때문에 밥알을 흘린다거나 밥을 남기는 것은 절대 금기시되었다. 밥그릇은 '한 톨도 남김없이' 비워야 하는 것이며, 밥을 젓가락으로 깨작거리면 복이 달아난다고 했다. 예로부터 복스럽게 밥을 잘 먹는 남자가 바람직한 사윗감으로 여겨졌고, 날씬한 여자를 선호하는 현대에도 '소담스럽게 밥 잘 먹는 여자'가 사람들 눈에 예뻐 보인다. 우리 유전자 속에 각인된 밥 사랑의 결과다.

일반적으로 밥이라는 단어는 곡류에 물을 넣어 지은 모든 음식의 통칭이다. 밥에는 쌀밥, 찰밥, 보리밥, 조밥, 차조밥, 팥밥, 콩밥 등이 있으며, 잡곡이 섞인 것은 잡곡밥이라 한다. 이 모든 종류의 밥에서 기본이 되는 것은 쌀과 물로만 지은 흰밥이다. 밥의 정점을 이루는 것이 쌀과 물로만 지은 흰밥이다. 쌀이 귀했던 옛날에 서민들에게는 생일이나 잔칫날에만 먹을 수 있는 귀한 음식이 이 흰밥이었다. 모든 곡류 중 가장 부드럽고 맛이 좋으며 소화가 잘 되는 것이 흰밥이기에, 반찬과 잘 어우러지는 흰밥은 한국음식의 기본이다.

동양에서 받드는 흰색의 성스러움은 그대로 먹을거리에도 이어진다. 우주의 성스러움을 받드는 인간의 정성을 보이기 위해 사용하는 것이 흰밥이다. 따라서 하늘에 올리는 천신제에는 반드시 흰밥을 놓고 조상을 대접하는 제상에도 흰밥을 올리며, 생일이나 잔칫상에는 반드시 흰밥을 올린다. 흰밥을 지을 때는 몸도 마음도 정갈하게 하고 정성을 다해야 함은 물론이다.

러시아의 대문호 톨스토이가 했던 '인간은 무엇으로 사는가?'라는 근원적인 질문을 한국인에게 던진다면, 아마 십중팔구는 "밥심으로 산다"고 대답할 것이다. "음악을 향한 당신의 끝없는 에너지는 어디에서 오는가?"라는 질문에 음악인 서태지는 "밥심이죠!"라고 우스갯소리를 했다. 그만큼 '밥의 힘'은 우리에게 메타포와 알레고리를 넘어선 생명의 근원이며 생활의 원천이자 에너지 그 자체다. 따라서 "인간은 빵만으로는 살 수 없다"는 서구의 관념적 고뇌는 "밥심으로 살아간다"는 한국인의 자연주의적 응답 앞에 웃음거리가 되고 만다. 한국인에게는 '밥이 보약'이다. 영양학적으로도 이 말은 진실이고, 철학적 사유로도 이 말은 진실이다. 한국인에게 '밥은 곧 하늘'이니까!

흰쌀밥

재료 쌀 2컵, 물 3컵

만드는 법

1. 쌀을 3~4번 정도 씻는다.
2. 씻은 쌀에 물을 붓고 30분에서 1시간 정도 불려준다.
3. 불린 쌀과 물을 그대로 밥솥에 넣는다.
4. 뚜껑을 닫고 강불에서 끓여준다.
5. 밥이 끓기 시작하고 5분 후 약불로 줄여 5분간 더 끓인 후 불을 끄고 뜸을 들인다.

영양성분(1인 기준)

열량(kcal)	당질(g)	지방(g)	단백질(g)
313	69.1	0.4	5.9

지혜가 빚어낸 효능은 덤이다, 오곡밥

우리나라 사람들은 늘 쌀 부족에 시달려서 쌀밥보다는 보리밥을 더 많이 먹어야 했고, 여러 가지 잡곡을 섞어 만든 밥을 많이 먹었다. 내가 연구한 바에 의하면 잡곡밥은 우리의 전통에만 존재했던 것으로 보인다. 이런 잡곡밥 중에 내가 가장 관심

오곡밥

재료 멥쌀 80g, 찹쌀 80g, 수수 20g, 차조 20g,
　　　 팥 10g, 검은콩 7g, 물 3컵 반

만드는 법

1. 멥쌀과 찹쌀, 수수, 콩, 차조를 깨끗하게 씻어 물에 불려놓는다.
2. 팥을 깨끗이 씻은 후 물을 넣고 끓인다.
3. 팥 삶은 물을 섞어 밥 지을 물을 만든다.
4. 차조를 제외한 나머지 재료와 물을 넣고 밥을 짓는다.
5. 물이 끓으면 중불로 낮춘 후 차조를 넣어 뜸들여 완성한다.

영양성분(1인 기준)

열량(kcal)	당질(g)	지방(g)	단백질(g)
383	80	2.05	10.87

을 갖는 것이 바로 '오곡밥'이다. 대개 정월 보름에 오곡을 섞어
지어 먹는 밥이라고 알려져 있다. 그런데 이 밥은 자기 식구들
끼리만 먹는 밥이 아니다. 반드시 이웃과 나누어 먹어야 했다.
이때 말하는 오곡이 어떤 곡식인지, 오곡밥엔 어떤 효능이 있는
알아보자.

　오곡밥은 쌀, 수수, 조, 콩, 팥 이렇게 다섯 가지 곡식을 한
데 섞어 지은 밥을 말한다. 구성요소를 보아 과거 쌀이 부족했
던 상황에서 만들어 먹은 음식임을 알 수 있다. 그러나 오곡밥
은 단지 쌀의 부족을 해소하기 위한 것만은 아니다. 음양오행
설에 입각해 오곡의 조화를 꾀해 쌀밥이 가진 영양상의 문제를
해결하려는 목적으로 만든 음식이기도 하다. 곡류는 도정한 것

〈그림 25〉 민족의 생명줄이었던 여러 가지 잡곡밥

보다 도정하지 않은 형태로 먹는 것이 바람직하다. 비타민 같은 중요한 물질들이 배아에 많이 들어 있기 때문이다. 배아에는 우리 몸에 좋은 섬유소도 풍부하게 들어 있다. 따라서 배아가 떨어져나간 백미만 먹으면 이러한 영양소들을 섭취할 수가 없다. 오곡밥은 바로 이 점을 보완한다. 여러 가지 비타민을 풍부하게 함유하고 있고 식이섬유소도 풍부하다. 성인병 예방에도 탁월하다. 쌀의 부족을 해소하기 위해 만들어낸 오곡밥이 오히려 현대에 와서 성인병 예방 효과가 있다고 하니, 그런 음식을 만들어 먹었던 조상들의 지혜가 놀랍다.

구황과 풍류를 한번에 해결한 채소밥

우리 민족이 즐겨 먹는 밥 가운데에는 여러 가지 채소를 이용한 밥이 많다. 그중에서도 특히 콩나물밥이 유명하다. 이런 밥 가운데에서 한 종류만을 잘 만들어서 유명해진 식당도 있는데, 아마도 콩나물밥에 간장을 비벼서 먹던 기억이 날 것이다. 즉 그런 식의 채소밥이 많다는 이야기도 된다. 콩나물뿐만이 아니다. 다양한 향이 있는 식물들을 이용한 밥이 조선시대 이후의 기록에 나타난다. 그 대표적인 책이 《임원십육지》인데 이 책에는 쌀과 같이 섞어 먹을 수 있는 여러 채소가 소개되어 있다. 가령 지금은 추어탕에 주로 넣어 먹는 산초나 줄풀 열매, 국경, 국화, 연뿌리와 연잎 등이다. 사실 이러한 식물들은 과거부터 구황용 식품으로 개발되었고 오랜 세월 구황식품으로서 역할을 다했다. 그런데 배고픔을 해결해주면서도 한편으로 맛과 향이 좋아 풍류를 더해주는 역할도 했다.

그래서 현자들은 이것을 "풍류를 겸한 구황용 밥"이라고 표현했다. 참으로 적절한 표현이다. 구황이란 '기근으로부터 구한다'는 뜻이다. 항상 우리 민족은 쌀 부족에 시달려왔기에 쌀을 보충하기 위해 채소를 넣어 먹은 것이다. 다시 말해 채소를 넣고 밥의 양을 늘려서 허기를 면하려고 한 것이다. 그런데 여기에 사용한 채소들이 좀 남다르다. 모두 향기가 은은하고 그윽하다. 비록 배가 고파서 채소를 섞어 먹었지만 그런 급박한 상황에서도 채소의 그윽한 향기를 즐겼다는 것이다. 가난한 가운데에서도 인생의 멋을 찾았던 조상의 품격이 느껴진다.

신과 인간이 함께 먹다, 헛제삿밥

비빔밥은 과거의 고조리서에는 없다가 1800년대 말경의 조리서에 등장하는 비교적 최근의 음식이다. 하지만 비빔밥의 원조격이라고 할 수 있는 음식들은 이미 과거에도 있었다. 섣달그믐이면 남은 음식들을 다 섞어 함께 나누어 먹는 '섣달 골동반' 등이다. 명절이나 잔칫날, 그리고 각종 제삿날이면 많은 음식을 장만하는 특성을 가진 우리 민족에게는 행사가 끝나고 나면 남은 음식을 함께 비벼서 먹는 고유한 풍습이 있었다. 제삿날에 먹는 음식을 '제삿밥'이라고 불렀다. 제삿날이면 함께 먹는 제사용 비빔밥으로, 신과 인간이 함께 먹는 신인공식神人共食의 음식으로서 의미가 있다. 그렇지만 남는 음식들을 비벼서 먹는 것을 굳이 요리라고 할 수는 없었기에 고조리서에 등장하지 않은 것이다.

그런데 이 음식의 맛이 기가 막혔던 모양이다. 제사를 지내지 않는 평상시에도 먹고 싶어했다니 말이다. 그래서 일부러 제사 때 먹는 음식들을 굳이 만들어서 다시 이 음식들로 비빔밥을 만들어 먹었다는 것이다. 그러니 제사를 가짜로 지내고 만들었다는 헛제삿밥이 된 셈이다. 우리 민족이 음식에 미련이 얼마나 많은 사람들인가를 보여주는 재미있는 일화다. 굳이 헛제사까지 지내면서 만들어낸 음식이라니. 더 재미있는 것은 이렇게 탄생한 헛제삿밥이 이제 안동 지역 경제에 도움이 되는 중요한 향토음식이 되었다는 점이다. 지역을 방문하는 관광객의 주머니를 터는 음식. 전형적인 양반마을 안동에 가면 관광과 더불어 으레 헛제삿밥 전문식당을 들르게 되었다.

과거를 넘어 경북 안동 지역의 향토음식으로 자리 잡은 헛제삿밥은 대표적인 비빔밥의 일종이면서 우리 음식의 특징인 '섞음의 미학'을 넘어, 나아가 신과의 일체감을 추구한 신인공식의 음식이다. 음식의 내용을 보아도 신에게 바치는 음식이었기에 파, 마늘 같은 강한 양념을 피하면서 무친 각종 나물에 밥을 비벼서 간간하게 찐 조기, 도미, 상어고기 등을 곁들여 먹는다. 그러니까 보통의 비빔밥에 들어가는 고추장을 전혀 넣지 않은 음식이다. 신과 인간이 함께 먹으면서 공동체의식을 다졌던 음식으로 기억하자고 한다면 지나친 과장일까?

비빔밥, 상처받은 영혼을 치유하다

비빔밥은 밥 위에 여러 종류의 나물과 고기, 고명 등을 가지런히 얹어 만들며, 식탁에 옮겨진 다음 먹는 사람의 식성에 따라 참기름이나 고추장 등의 양념장을 넣어 비벼 먹는 밥이다. 비빔밥은 하얀 쌀밥 위에 다양한 색채의 나물들을 얹고 그 가운데 달걀노른자를 올려놓아 마치 밥 위에 잘 가꾸어진 작은 화원을 옮겨놓은 듯 아름다워, 진주에서는 화반(꽃밥)이라 불리기도 한다. 외형이 아름다울 뿐 아니라 육류와 각종 나물들의 진미가 뒤섞여 특별하고 고유한 맛을 만들어낸다. 게다가 다양한 영양소를 고루 포함하고 있으면서도 칼로리는 비교적 낮은 음식이어서 계층과 지역을 불문하고 모두에게 사랑받고 있다.

비빔밥은 단품요리 중에서 한국인과 외국인이 모두 첫손으로 꼽는 대표음식이다. 한국을 방문한 마이클 잭슨과 패리스 힐튼, 니콜라스 케이지도 비빔밥의 맛에 매료되었다고 한다. 할리우드 스타들의 살빼기 노하우를 공개하는 TV 프로그램에서는 귀네스 팰트로가 날씬한 몸매의 비결이 한국의 비빔밥이라고 고백한 바 있다. 항공기의 기내식으로도 선정되는 등 이제는 공간을 초월하여 사랑받는 비빔밥은, 한국인의 정서와 문화를 상징적으로 보여주고 있기도 하다. 혹자는 한국 문화의 특성을 '비빔'에서 찾는다. 여러 가지 재료를 한데 모아 뒤섞는데도 조화스런 맛을 내는 비빔밥을, 다양한 개성을 지닌 개체들을 하나로 모으는 융합의 정신에 비유하기도 한다. 원래 비빔밥은 제사 후 남은 음식들을 모두 모아서 섞어서 비벼 먹었다는 데서 그 기원을 찾기도 한다. 즉 공동체문화의 소산이라는 것이다.

이러한 비빔밥문화론은 정치, 사회, 예술 등 전 분야에 걸쳐 '비빔밥의 메타화'를 만들어내기도 했다. 한 정당의 원내대표는 "조화와 균형을 이루는 국민통합의 비빔밥 정치를 실행하겠다"는 논평을 내놓기도 했다. 백남준을 인터뷰한 최일남 작가는 기사 제목을 '백남준의 비빔밥 예술론'이라 붙인 바 있는데, 백남준 스스로도 생전에 '비빔밥의 정신과 대전엑스포'라는 글을 쓴 적이 있다. 그 글을 그대로 옮겨보면 "대전엑스포 현장을 거닐면서 절로 생각나는 것은 우리의 비빔밥문화이다. 즉, 정보량이 폭주하는 현대 전자문명에서의 명쾌한 해답이 혼합 매체Mix Media 정신이다"라는 내용이다. 어느 대학의 총장 취임식에서는 참석자 모두가 나누어 먹을 수 있는 거대한 비빔밥을 만들어 다 함께 주걱을 들고 비비는 퍼포먼스를 연출하기도 했으니, 비빔밥은 이제 언어적 비유의 차원을 넘어 상징적 예술행위가 된 듯하다.

화합이 필요한 행사에 비빔밥만큼 상징적인 음식이 없다. 실제로 남북한 정상회담의 음식도 비빔밥이었다. 국가와 지역, 재료, 조리 방법을 가리지 않고 끊임없이 재창조되는 비빔밥은 언제 어디서든 쉽게 만들 수 있는 국민요리다. 한 인터넷 포털사이트에 "여자들은 왜 실연당하거나 화가 날 때 비빔밥을 먹을까요?"라는 질문이 올라온 적 있었는데 답글의 내용 또한 비빔밥의 종류만큼이나 다양했다. 드라마나 소설을 보면 누군가와 싸우고는 분이 풀리지 않을 때, 일이 제대로 풀리지 않아 스트레스가 쌓여 있을 때, 아무 일도 손에 잡히지 않고 무기력할 때, 특히 실연당한 후 한참을 울고 나서는 일종의 치유의식처럼 냉장고에 남아 있는 모든 반찬을 한꺼번에 큼직한 그릇에 쓸어담고 밥과 고추장 한 술을 얹어 마구 비벼 먹는 모습을 볼 수 있다.

실제로 비빔밥은 건강 차원에서뿐만 아니라 심리치료에도 좋다고 한다. 즉 밥, 국, 반찬 등속을 갖추어 밥상을 '차린다'는 일상의 질서와 통념을 깨뜨린다는 신선함이 있다는 것이다. 모든 것을 뒤섞어 마구 비빈다는 행위에서 스트레스는 날아가고 젓가락으로 한 가지씩 집어 먹는 밥상의 기본 예의를 무시하며 고추장을 넣어 빨개진 비빔밥을 한 숟가락 그득 담아 한 번에 입속으로 넣는 순간 응어리진 마음이 풀어지기 시작한다. 속에서 나는 불을 매운맛으로 푸는 이열치열의 특별한 효능은 '상처받은 영혼의 치유'에 있지 않을까?

비빔밥

재료 쌀 360g, 물 450ml, 콩나물 120g, 시금치 120g,
애호박 80g, 불린 고사리 100g, 도라지 80g, 쇠
고기(우둔) 150g, 당근 80g, 생표고버섯 80g, 달
걀 1개, 다진 쇠고기 30g, 소금 적당량, 참기름 적당량, 후춧가루
약간, 식용유 적당량, 약고추장(고추장 3큰술, 물 2큰술, 다진 우둔
살 20g, 설탕 1작은술, 참기름 1작은술, 깨소금 적당량)

만드는 법

1. 쌀은 씻어 30분 정도 불린 후 분량의 물을 넣어 고슬고슬하게 밥을
   짓는다.
2. 콩나물은 꼬리를 떼고 살짝 데친 후 소금, 참기름으로 무친다.
3. 시금치는 뿌리를 제거한 후 끓는 물에 데쳐 소금, 참기름으로 양념
   한다.
4. 애호박은 돌려 깎은 후 채썰어 소금에 살짝 절여서 팬에 볶는다.
5. 고사리는 소금, 후추로 양념한 후 팬에 살짝 볶는다.
6. 도라지는 채썰어 소금에 절인 후 살짝 볶는다.
7. 쇠고기는 가늘게 채썰어 소금간을 한 후 볶는다.
8. 당근과 표고버섯은 채썬 후 소금간을 하고 팬에 볶는다.
9. 다진 쇠고기에 소금, 후추로 간을 하여 0.5cm의 완자를 빚은 뒤 팬
   에 볶아 익힌다.
10. 달걀은 황백으로 나누어 소금간을 한 뒤 지름 4cm로 둥글게 떠넣
    은 뒤 완자를 넣어 알쌈을 만든다.
11. 고추장, 설탕, 참기름, 깨소금을 섞어 약고추장을 만든다.
12. 그릇에 밥을 담고 재료를 돌려 담은 뒤 약고추장을 올리고 만들어
    둔 알쌈을 고명으로 올린다.

영양성분(1인 기준)

열량(kcal)	당질(g)	지방(g)	단백질(g)
504	86	8	22

시청각요리, 돌솥비빔밥

똑같은 요리라도 담는 그릇에 따라 맛과 품위가 달라지는 음식이 있다. 예로부터 비빔밥에는 유기방자라는 놋그릇과 백자기, 돌솥 종류의 비빔기를 사용해왔다. 약밥이나 찰밥 등 별미밥을 지을 때 사용하는 곱돌솥을 비빔밥에 응용한 것이 돌솥비빔밥이다. 한국음식을 소재로 하여 온 국민의 사랑을 받았고 외국에서도 큰 인기를 끈 〈대장금〉에서 요리의 적수인 두 상궁의 비빔밥 대결에서, 최 상궁이 만든 게장알비빔밥을 한 상궁의 돌솥비빔밥이 누른 것을 기억할 것이다. 궁중에서 임금의 골동반은 곱돌솥을 사용하여 정성을 다하여 지었다고 한다. 세계에 알려지고 있는 비빔밥 종류 중 가장 인기 있는 비빔밥이 이제는 돌솥비빔밥이 되고 있다.

대체로 돌솥은 비빔밥을 따뜻하게 먹을 때 사용한다. 곱돌솥에 밥을 지으면 뜸이 고르게 들고 밥이 쉽게 식지 않는 장점이 있다. 또한 밥을 먹는 동안 음식의 온도를 뜨겁게 유지해줄 뿐 아니라 날라져 오는 동안에도 밥이 지글지글 끓고 있어 조리의 완성이 주방이 아니라 식탁에서 되는 특별한 음식이기도 하다. 완성된 요리가 식탁에 먹기 좋은 형태로 제공되는 것이 아니라 먹는 사람이 직접 눈과 귀로 조리의 마무리 단계를 확인하면서 먹게 되는 것이다. 불판에서 지글거리며 익어가는 숯불고기가 한국의 음식 트렌드로 지난날 인식되었다면, 불이라는 조리 요소가 주방에서 직접 식탁으로 옮겨지는 원시적 방식을 뛰어넘어 조리가 완성되는 순간의 살아 있는 맛과 음향을 즐기게 하는 세련된 음식이 돌솥비빔밥이다. 따라서 시각적 아름다움을 극대화한 음식인 전통 비빔밥에 소리의 미학이 더해진 요리라 할 수 있다.

돌솥비빔밥은 주방에서 식탁으로 옮겨지는 과정에서도 그릇 자체에서 방출되는 원적외선이 우리의 상상력을 자극해 미각을 북돋는다. 그리고 식탁에 옮겨진 후에도 우리의 상상을 배신하지 않는다. 일단 밥 위에 얹힌 고명이 꽃처럼 아름답다. 레스토랑에서 우아하게 고기를 썰 때 배경으로 깔리는 잔잔한 클래식 음악이 분위기를 돋운다면, 돌솥비빔밥의 지글거리는 소리와 누룽지 만들어지는 소리는 요리 자체가 내는 천연의 음향효과라고 볼 수 있지 않을까. 시각과 청각이 어우러져 미각을 돋우는 공감각적인 음식은, 접대되는 과정에서부터 충분히 시적인 요리가 되는 것이다. 뜨거운 돌솥 때문에 외국인들이 기피할 것으로 생각했지만, 현재 일본과 중국, 미국의 한국음식점에서 돌솥비빔밥은 매우 인기 있는 음식이다.

그렇다면 곱돌에 담긴 비빔밥은 왜 더 맛있는 것일까. 곱돌은 가열할 때 다량으로 발생되는 원적외선으로 음식의 내부 깊숙이까지 열을 전달시켜 적은 열만으로 식재료의 영양가를 그대로 유지시킨 채 요리를 가능하게 한다. 또한 천천히 달아오르면서 불에서 내려도 오래 열을 유지하기 때문에 밥을 먹는 내내 뜨거운 맛이 유지된다. 누룽지 없이 만들어지는 요즘의 압력솥 밥과 달리 예전의 가마솥 밥처럼 구수한 밥맛과 누룽지가 만들

어지는 것이다. 구수한 옛날을 상기시키는 구수한 밥맛을 찾는
미각이 돌솥비빔밥과 맞아떨어진 것이다.

돌솥비빔밥

재료 쌀 360g, 물 430ml, 콩나물 200g, 시금치 150g,
건표고버섯 8장, 당근 100g, 고사리 200g, 도라
지 200g, 쇠고기 150g, 청포묵 200g, 달걀 1개,
진간장, 고추장, 다진 쇠고기, 물엿

만드는 법
1. 쌀을 씻어 물을 붓고 밥을 지은 다음 참기름, 소금을 넣고 섞는다.
2. 꼬리를 딴 콩나물과 시금치는 각각 삶아서 무친다.
3. 표고버섯과 당근은 채썰고, 고사리는 5cm로 썰어 양념해 볶는다.
4. 도라지는 소금으로 주물러 헹궈 쓴맛을 우린 후 5cm 정도로 썰고
   양념하여 볶는다.
5. 쇠고기는 결대로 채썰고 양념하여 볶는다.
6. 청포묵은 굵게 채썰어 끓는 물에 투명하게 데친 뒤 소금과 참기름
   에 무친다.
7. 달걀은 황백을 분리해 지단을 부쳐내고 5cm로 채썬다.
8. 고추장, 다진 쇠고기, 물엿, 적당량의 물을 넣고 약고추장을 만든다.
9. 돌솥에 밥을 반쯤 담고 준비된 재료들을 보기 좋게 얹는다.

영양성분(1인 기준)

열량(kcal)	당질(g)	지방(g)	단백질(g)
585.0	89.6	14.5	22.0

채식주의자를 위한 산채비빔밥

돌솥비빔밥과 함께 여러모로 한국음식의 특별한 면모를 보여

주는 음식으로 산채비빔밥이 있다. 산이 국토의 대부분을 차지하고 있어 예로부터 산나물이 자연스럽게 대중화된 한국음식 중에서, 산채비빔밥은 그 특성과 맛이 고유한 음식이다. 산채비빔밥은 동물성이 배제된 천연 야생 나물들로 만든다는 점에서 요즘의 웰빙 트렌드와 코드가 일치하며, 불교문화를 기반으로 한 사찰음식과도 맥을 같이한다. 일반인은 이름도 모르는 수많은 야생의 산나물과 들나물이 식탁에 오를 수 있다는 점에서 감탄을 넘어 경외감마저 느끼게 된다.

잘 차려진 전통 비빔밥이 곱게 단장한 새색시처럼 현란한 색채의 조화로 우리 마음을 끈다면, 산채비빔밥은 세파에 오염되지 않아 소박하면서도 내면의 깊이를 간직한 여염집 처녀의 아름다움을 보여준다. 산채비빔밥은 땅에서 나는 온갖 식물을 재료로 쓸 수 있다는 점에서 상식을 뛰어넘는 음식으로 손꼽힌다. 지천에 널린 망초, 곰밤부리, 나락나물, 쑥부쟁이, 냉이꽃 등이 식탁의 요리 재료로 쓰일 수 있다는 점은 자연에 대한 경외심마저 불러일으킨다.

산채로 만든 비빔밥은 채식주의자들에게 가장 이상적인 요리로, 채식을 해야 하는 스님들이 즐기는 사찰음식이기도 하다. 산채비빔밥은 건강식의 대표음식이면서 담백하고 오묘한 맛으로도 다른 음식에 뒤지지 않는다. 사찰음식은 맛의 측면에서도 음식의 맛, 기쁨의 맛, 기氣의 맛 이 세 가지를 충족시킨다. 음식의 맛이란 식품 그 자체가 주는 맛이고, 기쁨의 맛이란 음식으로 인해 마음이 기뻐지는 것으로, 그 기쁨으로 인해 음식이 좋

산채비빔밥

재료 쌀 2컵, 참나물 50g, 냉이 100g, 깻잎순나물 50g,
머위나물 50g, 유채나물 50g, 당근 50g, 진간장
조금, 양파 1/4개, 홍고추 1/2개, 국간장, 다진
파, 다진 마늘, 깨소금, 참기름, 고춧가루, 된장, 고추장

만드는 법

1. 참나물은 끓는 소금물에 데쳐내고 물기를 꼭 짜 무친다.
2. 냉이는 깨끗이 씻어 끓는 소금물에 1분간 데치고 물기를 짜 무친다.
3. 깻잎순의 줄기는 떼어내고 끓는 소금물에 데친 뒤 물기를 꼭 짜고 채썬 양파와 양념을 넣어 무친다. 마른 팬에 양파가 숨이 죽을 때까지 볶다가 채썬 홍고추를 넣고 마무리한다.
4. 당근은 곱게 채썰어 양념하여 볶는다.
5. 머위나물은 깨끗이 씻어 끓는 소금물에 데치고 물에 30분 정도 담가 쓴맛을 뺀다. 양념을 넣고 무쳐 마른 팬에 볶다가 들깻가루 1작은술을 넣고 마무리한다.
6. 유채나물은 깨끗이 씻어 끓는 소금물에 데치고 물에 30분 정도 담가 쓴맛을 뺀다. 양념을 넣고 무친다.
7. 고슬고슬 지은 밥 위에 준비한 나물을 올린다.

영양성분(1인 기준)

열량(kcal)	당질(g)	지방(g)	단백질(g)
484	70.71	12.95	23.04

은 약이 될 수 있다. 마지막 기의 맛이란 바로 수행으로 얻을 수 있는 맛이다. 사찰음식은 이 세 가지, 즉 음식의 맛, 기쁨의 맛, 기의 맛을 모두 포함하고 있다. 기의 맛을 갖춘 사찰음식은 정적인 음식이다. 정적인 음식을 먹으면 밖으로 표출되는 힘이 생기는 것이 아니라 내면이 충실해진다. 음식이 육체의 건강을 넘

어 정신건강에까지 영향을 미친다는 사실이 알려지면서 현대
인은 가공식품보다는 점점 더 자연과 가까운 음식을 찾고 있다.
사찰음식이 민간에게 알려지고 산채비빔밥을 찾아 식도락 여행
을 떠나는 요즘 세상이다. 사찰음식을 제대로 맛보려면 음식을
만들 때나 섭취할 때 맛의 세 가지 측면을 다 만끽할 수 있는 구
도자의 자세를 견지할 수 있어야 한다고 생각한다.

산채비빔밥은 채식 위주의 식사를 원하는 사람들에게 적합한
음식이다. 기름진 식사로 인한 '생활습관병'을 예방하는 건강식
으로 추천하고 싶다.

간편하면서 영양 좋은 대중의 밥, 김밥

밥에 여러 가지 고명을 넣고 김으로 돌돌 말아 싼 음식이 김
밥이다. 이 김밥을 두고 일본음식이냐 한국음식이냐는 원조
논쟁이 벌어지기도 했다. 김밥의 역사는 오래되었을 것으로 추
측하고 있다. 김 재배 기록은 삼국시대로 거슬러 올라가고, 최
초의 기록으로는 《동국세시기》에 나오는 복쌈을 들 수 있다. 근
대 조리서에는 '김쌈'이 등장한다.

초기의 김밥은 매우 단순한 형태의 주먹밥이나 김에 밥을 얹
어 싼 것에서 출발했을 것이다. 이후 참기름과 소금으로 양념한
밥에 시금치나 단무지 등을 김에 싸서 기본적인 맛을 내는 단계
를 지나 다양한 속재료를 넣은 다양한 김밥이 만들어졌다.

김밥은 쉽게 휴대할 수 있고 먹을 수 있다는 편리성 때문에

김밥

재료 쌀 2컵, 김밥용 김 8장, 쇠고기 100g, 달걀 2개,
시금치 100g, 우엉 50g, 당근 100g, 깻잎 2묶음,
소금, 참기름, 참깨

만드는 법

1. 쌀은 깨끗이 씻어 고슬고슬하게 밥을 하고 양념한다.
2. 채친 쇠고기를 진간장, 설탕, 참기름, 깨소금 약간으로 양념해 볶아
   낸다.
3. 달걀은 잘 풀어 도톰하게 부쳐낸 뒤 길게 썰어둔다.
4. 시금치는 다듬어서 끓는 소금물에 데친 후 무친다.
5. 우엉은 껍질을 벗겨 길게 썰고 식초, 물에 살짝 데쳐낸 뒤 물 1컵,
   설탕 2큰술, 진간장 4큰술, 청주 2큰술, 물엿 2큰술에 색이 나도록
   조린다.
6. 당근은 채썰어 기름을 두른 팬에 볶아낸다.
7. 김발 위에 김을 깔고 양념한 밥을 펴 올린다. 준비한 깻잎, 쇠고기,
   달걀, 시금치, 우엉조림, 당근을 가지런히 올려 단단히 만다.

영양성분(1인 기준)

열량(kcal)	당질(g)	지방(g)	단백질(g)
446.0	68.9	13.4	11.5

꾸준히 사랑을 받아왔다. 특히 소풍이나 여행을 갈 때 김밥만
큼 적합한 것이 없다. 이제는 다양한 종류의 김밥집 메뉴판을
볼 수 있다. 누드김밥, 쇠고기김밥, 채소김밥, 참치김밥, 김치김
밥, 치즈김밥, 날치알김밥, 계란말이김밥, 돈가스김밥, 모둠김
밥……. 종류도 무궁무진한 데다 현재진행형으로 김밥 전문 프
랜차이즈가 생겨나고 있다. 이른바 신세대의 이국 취향을 겨냥

한 김밥의 출현도 있는데, 세계화 시대답게 이름도 프랑스김밥, 캘리포니아김밥 등이다. 프랑스김밥은 프랑스인들이 김 비린내 때문에 김을 채소 속에 넣어 먹는 데서 착안, 김밥을 거꾸로 말아 밥이 겉으로 나오고 김이 안으로 들어가게 만든 것이다. 요즘 유행하는 누드김밥의 원조격이다.

김밥처럼 변화무쌍한 음식도 드물 것이다. 시각적으로도 아름답게 어우러지는 각종 재료의 선택과 가감이 그렇고, 취향과 필요에 따라 끊임없이 변신을 거듭하는 모습 또한 그렇다. 간단하게 포장해 다닐 수 있다는 점에서 최적의 도시락 메뉴이자 대표적인 야외음식이 될 수 있는 이상적인 조건을 갖춘 미래형 음식이다. 다양하게 변신이 가능한 김밥 중에 지역 대표음식으로 자리 잡은 충무김밥이 있다.

충무김밥에는 해방 이후 남해안의 충무항에서 고기잡이 나가는 남편이 바다에서 식사를 거르고 술로 끼니를 대신하는 모습이 안쓰러워 아내가 만들어준 김밥이라는 이야기가 있다. 처음에 아내가 싸준 김밥은 잘 쉬어서 못 먹게 되는 일이 많았다. 그래서 밥과 속재료인 반쯤 삭힌 꼴뚜기무침과 무김치를 따로 담아주었는데 김밥이 쉬 상하지 않아 유행하게 되었다고 한다.

이처럼 지방의 음식일 뿐이던 충무김밥이 전국적으로 유명세를 떨치게 된 것은 1981년 여의도에서 열린 '국풍 81' 행사였다. 이 장터에 이두익 할머니가 충무김밥을 광주리에 담아 등장했는데, 이 코너에 사람들이 몰려 장사진을 이루어 가히 '김밥파동'이라 부를 만큼 인기가 좋았다. 이후 충무김밥은 세간에 널리 알려져 프랜차이즈도 생기고 지금도 통영에 가는 사람은 반드시 충무할매김밥을 찾는다.

충무김밥은 김과 밥 사이에 아무런 재료가 없어도 김밥이라는 요리가 가능함을, 그냥 가능한 것이 아니라 지극히 맛있게 가능함을 보여준 창조의 원형이라고 불러도 될 것이다.

김치의 매력은 영원하다, 김치볶음밥

누구나 만들 수 있는 가장 손쉬운 요리는 무엇일까? 답은 김치볶음밥이다. 물론 라면과 달걀프라이를 제외하고다. 별다른 요리 경험이나 지식이 없어도 만들 수 있는 음식이 김치볶음밥이라는 데는 이견이 별로 없다. 만들기도 쉽거니와 만드는 노력에 비해 맛도 훌륭하다. 김치볶음밥의 맛은 요리사의 솜씨에 좌우되기보다 주재료인 김치에 달려 있기 때문이다. 김치를 잘게 썰어서 기름을 두른 프라이팬에 밥과 함께 볶기만 하면 된다. 이미 양념이 된 김치를 재료로 하기 때문에 다른 양념을 첨가할 필요가 없고 식재료를 손질하거나 따로 조리하는 번거로움을 덜 수 있다. 더구나 김치볶음밥은 먹고 남은 밥을 사용하기 때문에 밥하는 수고를 덜어준다. 물론 볶음밥 위에 달걀프라이를 얹는다거나 마늘, 고추장 등을 넣어 맛을 조절하기도 하고 양파, 햄 등 다른 재료를 잘게 썰어 함께 볶기도 한다. 하지만 김치볶음밥의 기본 맛은 김치와 밥이며 다른 재료나 양념 없이 요리가 성립된다.

김치볶음밥의 또 다른 장점은 반찬이 필요 없다는 데 있다. 이는 한국인의 최소한의 한 끼 식사가 밥과 김치만 가지고도 가능한 것과 마찬가지다. 그래서 별다른 식재료가 없을 때, 상차림이 번거로울 때, 특별히 구미가 당기는 음식이 생각나지 않을 때, 특히 찬밥은 있는데 딱히 처리할 방법이 생각나지 않을 때 김치볶음밥을 하게 된다. 밥과 김치만 놓고 먹는 초라한 식탁에 비해 똑같은 재료로 맛도, 외형도 그럴듯한 단품요리가 되는 것이다. 거기에 조금 재미를 더해 밥 모양을 하트 모양으로 찍어 담고 곁에 색색의 채소나 후식으로 먹을 수 있는 과일을 곁들이면 정성이 담긴 요리로 변모해 상대를 감동시킬 수 있다. 이것이 김치볶음밥을 모든 한국인이 사랑하는 이유다.

그러나 한국인이면 누구나 만들 수 있고 또 좋아하는 이 김치볶음밥은 옛 문헌에 나타나지 않으며 그 유래는 무척 짧다. 밥과 김치, 즉 식재료는 오래전부터 먹어왔지만 조리 도구인 프라이팬을 사용한 요리법은 그리 오래되지 않았기 때문이다. 밥을 프라이팬에 기름과 함께 볶는 요리는 일제강점기 때 서양요리나 중국요리가 소개되면서부터 시작되었다. 《조선무쌍신식요리제법》이라는 책을 보면 '푸라이라이스 보금밥'이라는 요리를 만드는 방법이 자세히 안내되어 있는데 서양요리로 분류되어 있다. 김치볶음밥은 볶음밥이라는 새로운 메뉴와 조리 방법이 서양요리로든 중국요리로든 소개된 후, 그리고 중국집 볶음밥에 익숙해진 후, 각 가정에서 김치를 재료로 하여 만들게 된 한국형 볶음밥요리라 볼 수 있겠다.

김치볶음밥

재료 찬밥 4공기, 김치 1컵, 햄 100g, 달걀 4개, 실파
10g, 굴소스, 소금

만드는 법

1. 김치는 한입 크기로 송송 썰고 햄은 잘게 다진다.
2. 팬에 기름을 두르고 김치와 햄을 볶은 후 따로 담아둔다.
3. 기름을 두른 팬에 찬밥을 고슬고슬하게 볶은 뒤 김치와 햄을 넣어
   다시 한 번 볶는다.
4. 굴소스와 소금으로 간을 맞추고 달걀프라이를 올린다.
5. 실파를 썰어 볶음밥 위에 뿌린다.

영양성분(1인 기준)

열량(kcal)	당질(g)	지방(g)	단백질(g)
374.0	58.3	10.0	11.0

해물과 밥의 결합, 오징어덮밥

예의를 중시하던 우리 조상들은 밥은 밥대로, 반찬은 반찬대로 따로 차려내는 게 격에 맞는 상차림이라고 보았다. 덮밥의 출현은 중국이나 일본에 근원을 둔 것으로, 시간 단축을 중시하는 현대 생활에 적합한 식사 유형이다. 밥과 국, 반찬 등 구색을 갖추어 차려내는 전통적 상차림은 차리고 내오는 것이 번거로울 뿐만 아니라 먹는 데도 시간이 많이 걸린다. 구색과 정성을 갖춘 비빔밥과 같은 음식이 아닌 다음에야 밥 위에 뭔가를 얹는다는 것은 옛사람들 눈에 상차림의 예의가 부족한 멋대로의 음식으로 보였을 것이다.

오징어덮밥

재료 쌀 2컵, 오징어 1마리, 홍고추 1개, 청고추 1개,
    양파 1/2개, 고추장, 고운 고춧가루, 설탕, 다진
    마늘, 진간장, 참기름

만드는 법

1. 쌀을 깨끗이 씻어 밥을 안친다.
2. 오징어는 내장과 껍질을 제거하고 내장 있던 쪽 살에 칼집을 넣은
   뒤 석당한 크기로 자른다. 오징어 다리는 껍질과 빨판을 제거하고
   적당한 길이로 썬다.
3. 양파는 0.5cm 너비로 채썬다. 청고추, 홍고추는 어슷하게 썬다.
4. 팬에 기름을 두르고 양파, 청고추, 홍고추를 볶는다.
5. 팬에 기름을 두르고 오징어를 넣고 볶는다. 거의 다 익었을 때 볶아
   놓은 채소와 양념장을 넣고 볶는다.
6. 마지막에 참기름을 넣어 마무리한다.

영양성분(1인 기준)

열량(kcal)	당질(g)	지방(g)	단백질(g)
443.0	76.7	4.9	21.7

그러나 이러한 전통적인 예의범절은 시간을 다투는 현대사회
의 가치관 앞에 무너져버린 것 같다. 현대의 덮밥문화는 이제는
트렌드가 되어 분식집의 주메뉴로 등장한다. 수많은 덮밥요리
중 만만한 것이 바로 오징어덮밥이다. 오징어는 한국인의 간식
으로 꼽힐 만큼 그 쓰임새나 조리법이 다양하다. 동물성 단백질
의 훌륭한 공급원이면서도 일반 육고기와 달리 기름기가 전혀
없다는 점에서 고단백·저지방 다이어트 식품으로도 꼽힌다. 특
히 오징어의 타우린 성분은 간 기능에도 좋고 콜레스테롤을 낮

추는 효과가 있는 중요한 영양소다. 밀가루음식이 아닌 '밥'으로 한 끼를 택할 때 오징어덮밥은 동물성 단백질로 포만감을 느끼면서도 살찔 염려가 없는 음식으로 단연 인기 최고다.

숙취 해소에 좋은 콩나물국밥

숙취 해소에 탁월한 콩나물국은 사시사철 맛볼 수 있는 대표적인 국요리다. 육수에다 콩나물과 대파, 다진 마늘만 있으면 쉽게 만들 수 있어 초보주부나 싱글족도 밥상에 자주 올리는 메뉴다. 게다가 콩나물은 워낙 서민적인 식재료라 달걀국과 함께 가장 적은 돈으로 만들 수 있는 국이 아닐까 싶다. 서양 사람들은 콩나물을 먹지 않는다. 콩나물 대신 녹두 싹인 숙주나물을 먹는 정도다. 동양에서도 숙주나물을 먹는 나라는 많지만 콩나물을 먹는 나라는 거의 없다.

콩나물국을 잘 끓이려면 우선 좋은 콩나물이 있어야 한다. 그리고 콩 비린내가 나지 않게 콩나물이 익기 전에 뚜껑을 열지 않는 것만 주의하면 콩나물국이 완성된다. 콩나물국 만들기에 자신이 붙었다면 콩나물국밥에 도전해볼 수 있다. 멸칫국에 삶은 콩나물을 넣고 끓이면 콩나물국을 만들 수 있다. 이 콩나물국에 밥을 말아 새우젓으로 간을 하고 고춧가루와 송송 썬 파를 넣으면 맛있는 콩나물국밥이 된다.

콩나물의 전통적인 재배 방법은 어두운 색의 천을 씌운 질시루에 재를 넣고 물에 불린 콩을 넣어 일정 시간마다 물을 갈아주는 것이다. 콩나물은 주로 국을 끓이거나 끓는 물에 데쳐서 양념에 무쳐 먹는 것이 일반적인데, 국밥으로 만들면 훌륭한 한 끼 식사도 될 수 있다. 한국에서 최초로 콩나물을 재배한 시기는 삼국시대 말기나 고려 초기로 추정한다. 고려 태조가 나라를 세운 후 후삼국을 재통일하기 위한 전쟁을 벌이던 시기에, 태광 태사 배현경이 식량 부족으로 허덕이던 군사들에게 콩을 냇물에 담가 싹을 틔워 먹인 데서 유래했다는 설이 있다. 고려 고종 때 문헌인《향약구급방》에 보면 "대두를 싹 틔워 햇볕에 말린 것을 약으로 썼다"는 내용이 나온다. 전라도 지방에서는 어린아이가 백일기침을 하면 꿀에 콩나물을 넣어 콩나물이 즙이 될 때까지 햇볕에 두었다가 그 물을 마시도록 했다고 한다. 콩나물을 식용으로도, 약용으로도 썼던 것이다.

콩나물에는 단백질, 비타민, 무기질이 비교적 많고 비타민B_1, B_2, C 등의 함량도 높다. 콩 자체에는 들어 있지 않은 비타민C 는 콩이 발아해 콩나물이 될 때 생겨나는데 콩나물 한 접시에는 하루 필요량의 반이나 되는 비타민C가 들어 있다. 콩나물에는 아미노산의 일종인 아스파라긴산이 있어 해장국의 재료로 이용된다. 콩나물에 들어 있는 아스파라긴산이 독성이 강한 알코올의 대사산화물을 제거함으로써 숙취 해소에 좋다는 사실이 최근 국내 연구진에 의해 밝혀졌는데, 예로부터 감기와 숙취에 콩나물을 먹던 습관이 과학적 근거에 바탕을 둔 것임이 사실로 증명된 것이다.

과학적 연구가 이루어지기 전, 예로부터 조상들이 콩나물을 우리 몸에 아주 좋은 식품으로 여겨왔다는 것이 참으로 흥미롭다. 이러한 콩나물을 주재료로 한 콩나물국밥이 우리 민족의 삶의 지혜가 담긴 음식으로 그 맥을 이어갔으면 한다.

콩나물국밥

재료 찬밥 150g, 김치 20g, 김 5g, 다시마 5g, 다시용 멸치 10마리, 북어대가리 1개, 대파 1/2대, 양파 1/4개, 무 30g, 콩나물 50g, 청양고추 1/2개, 장조림 20g, 다진 마늘, 새우젓, 소금, 후춧가루

만드는 법

1. 물 5컵에 다시마, 다시용 멸치, 북어대가리, 대파, 양파, 무를 넣고 15분 정도 끓여 국물을 낸다.
2. 육수를 면보에 거르고 꼬리를 떼어낸 콩나물을 넣고 끓인다. 소금, 다진 마늘, 후춧가루로 간을 한다.
3. 청양고추와 김치는 송송 썬다. 김은 0.5cm 너비로 길게 썬다. 장조림은 먹기 좋게 가늘게 찢는다.
4. 뚝배기에 찬밥을 넣고 콩나물국을 덜어넣고 한 번 끓여준 후 청양고추, 김치, 김, 장조림, 새우젓을 보기 좋게 올린다.

영양성분(1인 기준)

열량(kcal)	당질(g)	지방(g)	단백질(g)
445.2	91.9	2.5	14.4

따뜻하고 영양 많은 영양돌솥밥

영양돌솥밥은 돌솥에다 밤, 은행, 잣, 표고버섯, 콩, 채소 등 신선한 재료를 넣고 즉석에서 조리한 밥으로, 맛뿐 아니라 영

양적으로도 훌륭한 균형을 갖추고 있다. 다 먹고 나면 물을 부어 누룽지를 불려 먹을 수도 있다. 영양돌솥밥은 옛 궁중에서 귀한 손님을 접대하던 음식이라는 설도 있고, 조선시대 때 궁중에서 귀한 손님이 법주사로 불공을 드리러 왔을 때 이들을 대접하기 위하여 사찰에서 구하기 쉬운 음식 재료를 돌솥에 담아 바로 밥을 지은 데서 유래했다고도 한다. 또한 조선 숙종 때 우수한 곱돌 산지인 전북 장수의 최씨 문중에서 왕실에 진상품으로 곱돌솥을 올려 사용하게 되면서부터 만들어지게 되었다고도 한다.

온갖 곡물과 견과류로 만든 영양밥은 돌솥에 지어야 그 진가가 살아난다. 밥은 짓는 솥과 방법에 따라 그 맛이 확연히 달라진다. 예전에는 신분에 따라서 밥의 종류뿐만 아니라 밥 짓는 방법과 도구가 달랐다. 일반 서민들은 주로 큼직한 무쇠솥에 쌀과 보리, 조 등을 섞어 안치고 콩과 감자 등을 얹기도 했는데, 솔가지와 장작을 지펴 뜸을 푹 들여 지은 구수한 밥 냄새는 울타리를 넘어 온 동네에 퍼지게 마련이었다.

지금도 어르신들은 전기밥솥으로 지은 밥보다 직화로 지은 밥을 더 좋아한다. 직화로 지으면 누룽지를 만들 수 있기에 전기밥솥에서는 맛볼 수 없는 숭늉의 깊은 맛을 볼 수도 있다. 하지만 시간이 돈인 현대사회에서는 직화로 밥을 지어 먹기가 현실적으로 어려워 가마솥밥의 향수에 젖는 사람들이 많다. 전통 부엌의 주인공이 가마솥이었다면 궁궐의 수라간에서는 어떠했을까? 임금의 수라상에 오르는 밥은 1인용 옥돌솥에 쌀밥과 팥물밥을 따로 안치고, 은은한 향의 소나무 숯불로 서서히 뜸을 들였다. 이렇게 지은 밥은 입안에서 녹는 듯 부드러운 맛을 내며 우리 밥 최고의 경지를 보인다. 또한 특별한 행사나 절기, 귀한 손님을 접대하는 경우에는 일반 돌솥밥이 아닌 온갖 견과류와 다양한 식재료를 넣은 영양돌솥밥을 지어 바쳤다.

돌솥밥은 최근 들어 짓는 방법이 더욱 다양해져, 옛날 임금도 상상하지 못했을 별미밥들이 선보이고 있다. 쌀만 해도 찹쌀과 멥쌀은 물론 흑미 등을 함께 넣는 경우가 많고 인삼과 밤, 대추, 은행, 해바라기씨, 잣 등은 물론, 새우와 굴 등 해물을 얹기도 한다. 밥물도 약수와 미리 뽑아놓은 콩물이나 육수를 부어 별미 겸 영양식의 효능까지 갖추고 있다. 탄수화물 위주의 밥에다 여러 가지 해물을 넣어 단백질을 보강하고 또 필수지방산이 풍부한 견과류를 넣으면 영양가가 매우 높은 음식으로 재탄생한다. 거기다 인삼까지 넣어주면 따로 보약이 필요 없다.

요즘은 밥 잘하는 여자가 아니라 돌솥밥을 잘하는 여자를 원한다는 우스갯소리도 있다. 변덕스럽게 오르락내리락하는 아파트 시세에 불안해진 투자자들은 단독주택이 돌솥이라면 아파트는 냄비라는 표현도 쓰고 있다. 쉽게 분개하고는 심수봉의 노랫말처럼 "돌아서면 잊어버리는" 한국인을 비하하여 냄비근성이라는 자조적 표현을 사용하지만, 소위 조국의 근대화가 전국민을 숨 가쁘게 몰아붙이던 몇 십 년 전에는 '은근과 끈기'가 우리 민족의 성정으로 알려져 있었다. 언제부터인가 돌솥이라는 단어가 여기저기서 비유로 쓰이고 있는 것으로 보아 조만간 돌솥밥처럼 맛깔 나는 한국인 본래의 모습을 되찾을 수 있으리라는 희망을 가져본다.

영양돌솥밥

재료 멥쌀 1.5컵, 찹쌀 0.3컵, 표고버섯 2개, 밤 5개, 대
　　　추 5개, 수삼 1뿌리, 은행 10알, 양지머리 육수

만드는 법

1. 멥쌀과 찹쌀은 잘 씻어 불린다.
2. 밤은 껍데기를 까고 2~4등분으로 자른다. 대추는 씨를 제거하고 은
   행은 껍질을 벗기고 수삼은 흙을 제거한다. 표고버섯은 밑동을 제
   거하고 채썬다.
3. 불린 쌀과 양지머리 육수를 1:1로 넣고, 소금 약간과 손질해놓은
   밤, 대추, 표고버섯을 넣어 밥을 한다.
4. 밥물이 끓으면 수삼과 은행을 넣는다.
5. 밥이 다 되면 불을 끄고 5~10분간 뜸을 들인다.

영양성분(1인 기준)

열량(kcal)	당질(g)	지방(g)	단백질(g)
353.0	77.2	0.8	7.7

불고기와 밥을 한번에 먹는 불고기덮밥

불고기덮밥은 밥 위에 불고기를 얹은 것이다. 불고기가 덮밥
의 재료로 쓰이면서 전국 각지의 음식점이나 분식집의 단골 메
뉴가 된 것은 불고기의 일상화 또는 대중화 덕분이다. 고기 자
체가 귀했던 옛날에, 고기란 잔칫날이나 가족만의 특별한 날에

불고기덮밥

재료 쌀 2컵, 불고기용 쇠고기 400g, 양파 1/2개, 당근
1/4개, 대파 1대, 팽이버섯 1/2봉지, 마늘 3쪽,
간장, 설탕, 물엿, 깨소금, 참기름, 물

만드는 법

1. 쌀은 깨끗이 씻어 안친다.
2. 양파는 굵게 채썰고 당근은 양파 길이에 맞춰 편으로 썬다.
3. 대파는 어슷하게 썰어 준비해둔다.
4. 다진 파, 다진 마늘, 간장, 설탕, 물엿, 깨소금, 참기름을 섞어 양념장
   을 만든다.
5. 쇠고기, 양파, 대파, 당근, 양념장을 잘 섞어 30분 정도 재운다.
6. 재운 고기와 물을 팬에 붓고 볶듯이 끓인다.
7. 다 익으면 마지막에 팽이버섯을 넣어 마무리한다.
8. 밥에 완성된 불고기를 얹어서 낸다.

영양성분(1인 기준)

열량(kcal)	당질(g)	지방(g)	단백질(g)
447.0	76.5	8.1	15.1

조리해서 나누어 먹는 것이었다. 이런 전통은 현대에도 예외가
아니어서 어느 고깃집을 가더라도 1인분은 주문할 수 없는 것
이 상식이다. 삼겹살 1인분, 불고기 1인분이란 고기를 먹고 더
추가해서 시킬 때나 쓰는 말이다. 공동체와 음식나눔의 미학이
라는 한국적 전통은 특히 고기 요리에서 예외 없이 나타난다.

그러나 공동체와 집단의식이 상실되고 있는 현대사회에서
는 혼자서 식사하는 경우가 많아지고 있어 1인분 요리가 증가
하였다. 덮밥이 주류가 된 현대의 단품요리 중에서 불고기만큼

덮밥으로 성공한 것이 있을까. 불고기덮밥은 불고기란 두 사람 이상이 되어야만 먹을 수 있다는 통념을 깬 음식이다. 불고기를 혼자 먹을 수 있다는 것, 이것은 대단한 발상이다. 한국처럼 여럿이 나누어 먹는 문화가 지배하는 사회에서는 분명 혁신적인 아이디어에 속한다. 불고기덮밥은 한국의 불고기를 좋아하고 1인 메뉴를 선호하는 외국인들에게도 충분히 매력적일 것이다. 세계 속의 대표적인 한식 메뉴로도 자리 잡을 만하다고 보인다.

쌈의 민족, 쌈밥

쌈밥은 채소 잎에 밥과 장을 얹어 둥글게 싸서 손으로 먹는 음식을 말한다. 쌈밥의 대표격인 상추쌈은 모든 사람에게 두루 사랑받는 음식이다. 마당 한편에 상추를 심어놓고 식사 때마다 뚝뚝 따서 고추장과 된장을 얹어 쌈을 싸 먹으면 다른 반찬이 없어도 밥 한 그릇을 뚝딱 먹어치울 만큼 맛이 있다. 상추는 고려시대 때 중국에서 천금처럼 비싼 채소라 천금채千金菜라고 불렀을 만큼 값비싸고 인기 있는 채소였다.

식재료를 보자기로 물건을 싸듯 요리하는 음식에는 쌈밥뿐만 아니라 삶은 돼지고기를 배추 등에 싸서 먹는 보쌈과 배춧잎으로 보자기처럼 잘 덮은 모양으로 싼 보쌈김치 등이 있다. 즉 채소 잎을 사용하여 밥과 고기 등을 싸서 먹는 음식에는 쌈이라는 말이 붙는다. 김밥의 기원이 되는 김쌈도 김에 밥을 얹어 둥글게 싸는 데서 생긴 말이니 쌈밥의 일종이라고 할 수 있다.

쌈은 먹을 수 있는 채소라면 뭐로든 쌀 수 있어서 계절에 따라 어떤 쌈이든 만들 수 있다. 이런 채소를 한 가지 혹은 여러 가지를 겹쳐서 쌈을 싼다. 쌈을 싸는 채소로는 일반적으로 상추, 쑥갓, 깻잎, 배춧잎을 들 수 있는데 취, 미나리 잎, 머윗잎, 씀바귀, 고춧잎, 소루쟁이(또는 소리쟁이)잎, 아주까리 잎, 콩잎, 우엉잎 등 잎이 넓은 채소들은 모두 쌈 재료가 될 수 있다. 채소뿐 아니라 김, 미역, 다시마 같은 해조류도 훌륭한 쌈재료다. 밥을 먹을 때 잘 익은 넓은 김치 잎사귀를 밥 위에 얹어 젓가락으로 둥글게 싸서 먹기도 한다.

쌈밥은 싸는 재료만이 아니라 쌈 안에 들어가는 재료 역시 무궁무진하다. 채소 위에 올라갈 수 있는 식재료는 다 싸서 먹을 수 있다. 제육볶음이나 불고기를 먹을 때도 쌈 잎이 곁들여 나오고 생선회에도 쌈을 쌀 수 있는 채소들이 옆에 놓인다. 쌈 잎을 제공하지 않는 삼겹살집은 거의 없다. 북한에는 '닭알쌈밥'이란 것도 있다고 한다. 달걀덮밥을 일컫는 말이다. 그러고 보면 쌈밥만이 아니라 간편한 단품요리로 요즘 유행하는 온갖 덮밥 종류의 기원 역시 우리만의 독특한 보자기문화에서 찾을 수도 있다. 흰밥을 조각보처럼 아름답게 뒤덮은 비빔밥 역시 보자기문화의 일면을 드러낸다고 하겠다.

무엇이든 싸기 좋아하는 한국인의 문화를 일컬어 '보자기문화' 또는 '보쌈문화'라고 한다. 보쌈문화의 구체적인 사례는 헤아릴 수 없이 많다. 패물의 보관에서부터 가방처럼 사용한 책

쌈밥

재료 쌀 2컵, 간 쇠고기 50g, 케일 잎 20g, 적근대 잎 20g, 깻잎 20g, 오징어 1마리, 쌈다시마 50g, 간장, 다진 파, 다진 마늘, 고춧가루, 참기름, 깨소금, 후춧가루

만드는 법

1. 쌀을 씻어 밥을 한다.
2. 쇠고기는 소금으로 간을 하고 볶아내 밥과 섞어 간한다.
3. 끓는 소금물에 케일 잎, 적근대 잎, 깻잎, 쌈다시마를 데쳐낸다.
4. 오징어는 껍질을 벗기고 칼집을 내 끓는 물에 데쳐낸 뒤 썬다.
5. 양념한 밥을 한입 크기로 뭉친 뒤 데쳐낸 케일 잎, 적근대 잎, 깻잎, 쌈다시마, 오징어로 감싼다.
6. 양념간장, 재료를 한데 섞어 양념간장을 만든 뒤 쌈밥에 곁들인다.

영양성분(1인 기준)

열량(kcal)	당질(g)	지방(g)	단백질(g)
398.7	87.7	0.6	7.9

보따리, 보부상의 봇짐과 이삿짐의 이불 보따리, 심지어는 사람마저 둘둘 마는 멍석말이나 과부보쌈까지, 눈에 보이는 것은 무엇이든 보자기로 싸기 좋아하는 민족이 바로 한국인이다. 이러한 보쌈문화는 먹을거리나 일상의 물건들에 국한된 것만이 아니었다. 제우스의 쌍둥이 아들들이 왕녀를 약탈하던 신화시대부터 많은 민족에게서 보이는 약탈혼의 일종인 '과부보쌈'을 보면, 사람까지도 보자기에 싼다는 발상을 볼 수 있다. 이 경우에 보쌈문화의 의례적인 측면을 적용한다면 다른 민족과 달리 여자를 '그래도 무엇인가에 싸서' 데려온다는 점에서 동방예의지

국이라는 말이 틀린 것은 아닌 듯하다.

그러나 한국의 음식문화에서 쌈밥은 예의나 체면을 차릴 필요가 없는 음식이다. 비빔밥처럼 재료나 먹는 사람의 사정, 취향에 따라서 얼마든지 융통성 있는 변주가 허락되는 음식이 쌈이니, 쌈밥은 만드는 방법이 아닌 '먹는 방법' 때문에 붙여진 이름일 수 있다.

식이섬유소가 풍부한 무밥

우리의 밥에는 다양한 채소를 이용한 채소밥들이 무궁무진하게 존재한다. 향긋한 향이 일품인 방풍나물을 얹은 방풍나물밥, 요새 유행하는 곤드레밥, 취나물밥 등 다양하다. 여기서는 그중에서도 가장 흔한 식재료인 무를 이용한 무밥을 소개한다. 특히 무가 제일 맛있어지는 가을에는 무밥이 제격이다. 무는 담백한 맛이 일품이면서 소화 효소와 식이섬유소가 풍부해 과식에 찌든 현대인에 적합한 밥이다.

무에 들어 있는 식이섬유소는 당질의 소화흡수를 억제하고 소량의 인슐린 분비만으로도 당분의 흡수를 도와 식사 후 혈당량이 높아지는 것을 막아준다. 식이섬유소는 위와 장에서 흡수되어 포만감을 줌으로써 비만을 예방한다. 또한 식이섬유소 자체가 당분의 농도 상승을 막고 흡수를 지연시킬 뿐 아니라 체내 노폐물의 배설을 촉진해 고혈압, 당뇨 같은 생활습관 질환의 예방에도 효과가 있다.

무밥

재료 쌀 360g, 무 200g, 물 400ml, 양념장(간장 4큰술,
다진 파 1큰술, 다진 마늘 1/2작은술, 참기름 2작은
술, 고춧가루 2작은술, 깨소금 2작은술)

만드는 법

1. 쌀은 깨끗이 씻어 30분 정도 불린다.
2. 무는 깨끗이 씻어 채쳐놓는다.
3. 솥에 쌀을 넣고 그 위에 무를 올린 뒤 물을 맞춰 밥을 짓는다.
4. 양념장을 만들어 곁들인다.
5. 숙주를 무와 함께 곁들여 밥을 지어도 좋다.

영양성분(1인 기준)

열량(kcal)	당질(g)	지방(g)	단백질(g)
357.0	73	5	10

수분이 많은 무는 칼로리가 무척 낮아서 비만에 대한 우려를
해소시켜준다. 또 우리 몸에 이로운 영양소도 풍부하게 함유하
고 있다. 전분분해 효소인 아밀라아제amylase를 비롯하여 몸에
해로운 과산화수소를 분해하는 효소들이 골고루 들어 있어 소
화는 물론 신진대사를 원활하게 한다. 영양 면에서도 대부분이
수분이지만 비타민B군과 비타민C가 풍부하다.

무를 많이 먹으면 속병이 없어진다는 말이 있을 정도로 무의
효능은 뛰어나다. 따라서 무를 넣어 지은 무밥은 맛도 좋을 뿐
아니라 건강을 지켜주는 밥이라 할 수 있다.

아버지의 밥

밥에 관한 글쓰기는, 힘들지만 아름다운 작업이었다. 밥 원고와 씨름하는 동안 다시 요리를 하게 되었고, 어느 순간 행복하기도 하였고 또 그만큼 어렵기도 하였다. 그렇게 원고 작업을 마치고 출판사에 보내고 나서도 나는 밥으로부터 도저히 헤어나올 수 없었다. 오히려 더 많은 밥들이 순간순간 튀어나왔다. 아마도 이 책이 출판되고 나서도 나는 밥으로부터 자유롭지 못할 것이다.

아버지의 쌀

우대식

아버지가 쌀을 씻는다
쌀 속에 검은 쌀벌레 바구미가 떴다

어미 잃은 것들은 저렇듯 죽음에 가깝다

맑은 물에 몇 번이고 씻다 보면

쌀뜨물도 맑아진다

석유곤로 위에서 냄비가 부르르 부르르 떨고 나면

흰쌀밥이 된다

아버지는 밥을 푼다

꾹꾹 눌러 도시락을 싼다

빛나는 밥 알갱이를 보며 나는 몇 번이나 눈물을 흘렸다

죽어도 잊지는 않으리

털이 숭숭 난 손으로 씻던

그,

하, 얀,

쌀

　정부는 2014년 7월 18일 그동안 미루어왔던 '쌀 개방(관세화)' 선언을 하게 된다. 드디어 2015년부터 쌀 시장을 개방하게 된 것이다. 이에 따라 농민들의 저항은 거세다. 나는 우리 민족이 세계 어느 민족보다도 우리 쌀에 대한 애정이 강하다고 생각한다. 쌀에 대한 그 강한 애정만큼 이 현실을 잘 타개하리라고 생각하고, 이 책이 작은 도움이라도 되기를 바라면서 세상에 내보낸다.

참고문헌

1   로렌 코데인 지음, 강대은 옮김, 황금물고기, 2012.

2   리처드 랭엄 지음, 조현욱 옮김, 사이언스북스, 2011.

3   〈쌀의 새로운 가치〉,《농촌진흥청 인터러뱅》6호, 2011. 2. 23.

4   와타나베 미노루(渡邊實) 지음,《日本食生活史(일본식생활사)》, 吉川弘文館, 1983, 42쪽.

5   와타나베 미노루, 위의 책, 23쪽.

6   Kosis.kr/statisticsList/statisticsList_01List.jsp?vwcd=MT_ZTITLE&parentld=A#SubCont(2014. 1. 14)

7   정인수 외, 〈농촌지역 독거노인 생활공동체 거주만족도〉,《한국농촌건축학회논문집》제14권 1호, 2012. 2.

8   〈소셜다이닝 '집밥' 33번째 모임〉,《중앙일보》, 2012. 7. 4;〈이 식당 주인이 누구더라?〉,《한겨레21》제920호, 2012. 7. 23.

9   강인희 지음, 삼영사, 2000, 73쪽.

10 윤서석 지음,《한국식품사연구》, 신광출판사, 1974, 63쪽.

11 와타나베 미노루, 위의 책, 33쪽.

12 김부식 지음,《삼국사기》열전 제5.

13 박용구 지음,《한국식료품사》, 정음사, 1974, 43쪽.

14 김부식 지음,《삼국사기》고구려본기, 대무신왕 4년조.

15 《국역 고려사절요》, 제15권 고종 33년, 민족문화추진회, 1966.

16 《국역 고려사》, 세가 30권 충렬왕 3년, 경인문화사, 2011.

17 《고려사절요》, 제18권, 원종 국역 II, 민족문화추진회, 1966.

18 유형원 지음, 《반계수록》, 속편 적전.

19 한치윤 지음, 《해동역사》, 제26권 곡류.

20 이중환 지음, 《택리지》, 황해도 편 국역 I, 명지대학교 출판부, 1977, 78~79쪽.

21 김유 지음, 윤숙경 편역, 《수운잡방》, 신광출판사, 1998.

22 오페르트 지음, 한우근 옮김, 《조선기행》, 일조각, 143쪽.

23 최윤규 지음, 《근현대 조선경제사》, 갈무지, 1988, 88쪽.

24 더 많은 내용을 알려면 다음을 참조할 것. 공제욱, 〈국가동원체제시기 혼분식장려운동과 식생활의 변화〉, 《경제와 사회》 77호, 2008.

25 Jeremy MacClancy, *Consuming Culture: Why You Eat What You Eat*, Henry Holt & Co, April 1993.

26 그리피스 지음, 신복룡 옮김, 《은자의 나라 한국》, 집문당, 1999.

27 그리피스, 위의 책.

28 그리피스, 위의 책.

29 달레 지음, 정기수 옮김, 《조선교회사서론》, 탐구당, 1966.

30 그리피스, 위의 책.

31 《아시아경제》, 2012년 2월 1일.

32 이성우 지음, 《한국식경대전》, 향문사, 1981.

33 김유 지음. 위의 책.

34 《전라도닷컴》, 2006년 6월호, 2006.

35 김중미 지음, 낮은산, 2002.

36 농촌진흥청, 식품성분 분석표, 2012.

37 〈쌀의 새로운 가치〉, 《농촌진흥청 인터러벵》 6호, 2011. 2. 23.

38 스즈키 소노코 지음, 편집부 옮김, 삶과꿈, 2001.

밥의 인문학

한국인의 역사, 문화, 정서와 함께해온 밥 이야기

지은이 정혜경

초판 1쇄 발행 2015년 5월 10일
초판 5쇄 발행 2021년 10월 15일

펴낸곳 도서출판 따비
펴낸이 박성경
편 집 신수진
디자인 이수정

출판등록 2009년 5월 4일 제2010-000256호
주소 서울시 마포구 월드컵로 28길 6(성산동, 3층)
전화 02-326-3897
팩스 02-6919-1277
메일 tabibooks@hotmail.com
인쇄·제본 영신사

ISBN 978-89-98439-15-6 03380

이 도서의 국립중앙도서관 출판예정도서목록(CIP)은 서지정보유통지원시스템
홈페이지(http://seoji.nl.go.kr)와 국가자료공동목록시스템(http://www.nl.go.kr/kolisnet)에서
이용하실 수 있습니다.(CIP제어번호: CIP2015011576)

값 16,000원